孙发平　张立群　高永宏　崔耀鹏　郭斌／著

大众创业万众创新实践与探索

以青海为例

PRACTICE AND EXPLORATION OF MASS ENTREPRENEURSHIP AND INNOVATION

A Case Study of Qinghai

社会科学文献出版社
SOCIAL SCIENCES ACADEMIC PRESS (CHINA)

前　言

大众创业万众创新（简称“双创”）或创业创新是新时代的必然选择，是推动经济社会持续健康发展的动力之源。党的十八届三中全会提出全面深化改革的重大要求，实施创业创新改革是其重要体现，是贯彻落实党中央、国务院战略部署的内在要求。2014 年以来，青海省委省政府积极贯彻落实国家创新驱动发展战略，大力推动创业创新改革，取得良好成效。2017 年，为客观、全面、准确地认识青海省创业创新工作，梳理青海省对中央各项创业创新政策的贯彻落实情况，总结青海省创业创新中形成的切实可行的主要做法与成功经验，进一步扎实推进创业创新工作，青海省社会科学院专门组建课题组，配合青海省委改革办委托的评估工作，对全省大众创业万众创新工作进行了全方位的深度调查。

本书在阐述大众创业万众创新的时代背景、重大意义、基本原则和主要内容的基础上，以国务院《关于大力推进大众创业万众创新若干政策措施的意见》为主要依据，通过对十八届三中全会以来青海省大众创业万众创新工作深入调查和科学评价，从创业创新协同机制建设、体制机制创新改革、财税金融改革、创业服务改革、创业创新平台建设、各类社会群体创业、城乡创业改革等方面进行了分析研判，认真总结了主要做法及成效，同时，查找了大众创业万众创新工作中存在的突出问题与不足，提出了有针对性的对策建议。

Contents

目　录

第一章

大众创业万众创新是新时代增强中国发展活力的重大改革举措

大众创业万众创新是一项宏大的系统工程。它根植于独特的时代背景，遵循全面参与、市场导向、开放共享、教育引导和深化改革原则，涉及创业创新体制机制改革、创业投资改革、创业创新平台建设、创业创新孵化服务、财税金融支持创业创新等诸多方面，并不断呈现出新特点，成为增强我国发展活力和实现经济社会发展转型升级的重大改革举措，促使更多民众在创业创新实践中脱颖而出，成就梦想。

第一节　大众创业万众创新时代背景与重大意义

大众创业万众创新产生于我国经济社会发展新旧动能转换的时代背景下，是打造经济增长新引擎与突出社会就业和社会发展的统一，是协调精英创业与草根创业的统一，深刻阐释了创业创新活动的内在规律和根本要求，具有重大的理论意义和现实意义。

一　大众创业万众创新的内涵

经济学、管理学等领域的专家学者对创业创新都进行过研究和探索。经济学家约瑟夫·熊彼特是公认的创新理论鼻祖。他认为，创新是生产要素重组，并且，只有当一种发明被应用于经济活动时才能被称为创新。在约瑟夫·熊彼特看来，创新是一个经济概念，而不是技术概念。经济学家道格拉斯·诺斯说，正是技术创新和制度创新的相互作用推动了经济发展。管理学家彼得·德鲁克认为，创新有两种范式：一是技术创新，二是社会创新。这两种创新均是赋予资源以新的创造财富能力的行为。

对于创业的一般看法是，创业是市场主体发现和捕捉商机，并以此为基础创造新产品和新服务的过程。其标志性特征是建立新企业或缔造新组织。当然，创业也不仅仅是创办新企业，也包括企业中具有创业精神的企业家。创业和创新既有区别，又有联系。创新是创业的基础和前提，创业本身就是一种创新活动。经济学界认为，创新更加强调其与经济增长的辩证关系，而创业的内涵较创新丰富，它不仅包含创新的内容，也涉及经济发展和公平正义，如就业问题等。

创业创新活动的开展受制于诸多因素的影响，如基础设施、教育水平、专业化服务、政策环境等。其中，人是核心和关键。大众创业万众创新凸显人在生产力系统中的活跃性作用和巨大的能动效能。亿万人民群众的力量是决定经济社会发展的根本力量。大众创业万众创新坚持把创业、创新、人和企业紧密地联系在一起，它是打造经济增长新引擎与突出社会就业和社会发展的统一，是协调精英创业与草根创业的统一，深刻阐释了创业创新活动的内在规律和根本要求，是指导创业创新的理论指南。

二　大众创业万众创新时代背景

大众创业万众创新有着深刻时代背景。从经济发展看，我国经济进入新常态，发展速度、发展动力和产业结构都发生深刻变化；从政府职能看，我国不断加大政府职能转变力度，深化简政放权，加快建设人民满意的服务型政府；从扩大就业看，随着我国经济进入新常态，就业形势也发生了深刻变化。

（一）中国经济发展进入新常态

2014 年 5 月，习近平在考察河南行程中第一次提及“新常态”。他指出，中国发展仍处于重要战略机遇期，我们要增强信心，从当前中国经济发展的阶段性特征出发，适应新常态，保持战略上的平常心态。“新”是针对“旧”而言，“常态”即正常固有的状态。“新常态”主要适用于经济领域，它意味着我国经济已进入一个与过去三十多年高速增长期不同的新阶段。我国经济发展呈现出的新常态的主要表现：从速度上看，从高速增长转为中高速增长，不再保持过去 30 多年 10% 左右的增长速度；从结构上看，不断优化三次产业结构，经济结构不断优化升级；从动力上看，要实现新旧动能转换，从要素驱动、投资驱动转向创新驱动，实现经济高质量发展。习近平指出，新常态将给中国带来新的发展机遇。一是经济增速虽然放缓，实际增量依然可观。即使是 7% 左右的增长，无论是速度还是体量，在全球也是名列前茅的。二是经济增长更趋平稳，增长动力更为多元。我国发展战略明确，政策储备充足，有信心、有能力应对可能出现的各种风险。在协同推进新型工业化、信息化、城镇化、农业现代化的过程中，更多依赖国内消费需求拉动，避免依赖具有外部风险的出口，化解各种“成长的烦恼”。三是经济结构优化升级，发展前景更加稳定。近年来，消费对我国经济增长的贡献率越来越大，高新技术产业增速越来越快，单位 GDP 能耗逐渐下降，我国经济发展逐渐向质量更好、结构更优转变。我国经济发展进入新常态是大众创业万众创新产生的根源，而大众创业万众创新也必将推动我国经济发展迈上新的台阶。

（二）进一步转变政府职能

政府职能转变，是指国家行政机关在一定时期内，根据国家和社会发展需要，对其应担负的职责和所发挥的功能、作用、内容、方式的转移与变化。政府职能转变是时代发展的必然。改革开放以来，我国基于建设中国特色社会主义市场经济实际需要，不断推进政府职能随经济社会发展需要进行转移和变化。随着中国特色社会主义发展进入新时代，政府职能也需要进一步改革创新。党的十九大报告指出，要转变政府职能，深化简政放权，创新监管方式，增强政府公信力和执行力，建设人民满意的服务型政府。十九届三中全会提出，转变政府职能、优化政府机构设置和职能配置，是深化党和国家机构改革的重要任务。这直接关系国家治理体系的完善和治理能力的提升，对各领域改革发挥着体制支撑和保障作用。我国经济已由高速增长阶段转向高质量发展阶段，需要进一步理顺政府与市场、政府与社会的关系，推动市场在资源配置中起决定性作用、更好发挥政府作用，让政府和市场各就其位、各得其所，以实现更高质量、更有效率、更加公平、更可持续的发展。通过转变政府职能，突出问题导向，向体制机制弊端发力，补齐监管和服务的短板，进一步释放发展活力，加快构建系统完备、科学规范、运行高效的党和国家机构职能体系，为创业创新厚植根基，增强经济发展的内生动力。

（三）积极扩大就业

就业是最大的民生。我国经济发展进入新常态，就业形势也随之发生变化。一是经济增速换挡，新增就业岗位减少。实践证明，经济社会发展速度与就业岗位数量呈正相关关系。目前，我国经济正处于高速增长向中高速增长转换的时期，新增就业岗位减少，就业压力增加。二是随着经济结构调整，结构性失业增加。经济与产业结构调整是一把“双刃剑”，它在优化社会经济发展模式的同时，也会产生一定的“结构性失业”问题。当前，我国经济与产业结构调整同就业问题叠加，煤炭、钢铁等大多数产业都面临结构调整，一些产能过剩、附加值较低的行业和项目将会被淘汰，导致部分劳动力离开企业，重回就业市场，面临再就业的困难。三是由于经济增长动力转换，劳动力市场竞争加剧。当前我国经济增长方式正在由改革开放初期的要素驱动和投资驱动向创新驱动转变，这对劳动力的素质和能力提出了更高的要求。从我国劳动力市场看，劳动力受教育程度低、专业素养不高、综合能力欠缺等问题普遍存在，这不仅影响和制约经济社会发展，也对解决劳动者就业问题提出严峻挑战。为此，党的十九大报告强调指出，要坚持就业优先战略和积极就业政策，实现更高质量和更充分的就业。大规模开展职业技能培训，注重解决结构性就业矛盾，鼓励创业带动就业。提供全方位公共就业服务，促进高校毕业生等青年群体、农民工多渠道就业创业。破除妨碍劳动力、人才社会性流动的体制机制弊端，使人人都有通过辛勤劳动实现自身发展的机会。

三　大众创业万众创新重要意义

实施大众创业万众创新具有重要意义。它是新时代适应我国社会主要矛盾新变化的必然要求，是加快建设创新型国家和实施创新驱动发展战略的现实路径，是推进供给侧结构性改革的重要内容，也是我国进入发展新阶段和现代科技进步条件下的必然选择。

（一）大众创业万众创新是新时代适应我国社会主要矛盾新变化的必然要求

党的十九大报告指出，中国特色社会主义进入新时代，我国社会主要矛盾已经转化为人民日益增长的美好生活需要和不平衡不充分的发展之间的矛盾。这是党中央、国务院根据我国经济社会发展进入新阶段的国情做出的重大研判。在新时代历史条件下，我国社会主要矛盾的两个方面都发生了根本性变化。从需求方面看，“人民日益增长的美好生活需要”内涵更深、范围更宽、层次更高；从供给方面看，“不平衡不充分的发展”是根据我国经济发展的实际情况做出的科学判断，它既说明我国国民经济发展已达到较高水平，已经跨越贫穷和温饱阶段，全面建成小康社会进入决胜阶段，也深刻指出新时代条件下我国经济发展的突出矛盾和短板。

大众创业万众创新能够创造幸福美好生活。大众创业万众创新不是“天才”的专利，而是广大人民群众火热的生活实践。人民群众中蕴藏着无穷尽的智慧和力量，“双创”可以充分发挥我国人力资源雄厚的强大优势，促使广大人民群众的各种奇思妙想转变为现实，大力解放和发展生产力，有助于社会最终实现共同富裕。以残疾人创业创新为例，2015 年 7 月，李克强在第五届全国残疾人职业技能竞赛暨第二届全国残疾人展能节上做出的重要批示指出，提升残疾人职业技能、促进他们就业和增收，既是保障基本民生、加快残疾人小康进程的要求，也是践行大众创业、万众创新的生动体现。各地区、各部门要进一步加强残疾人职业教育和技能培训，让他们掌握更多实用技术，进一步落实和完善残疾人就业创业的各项扶持政策，督促用人单位依法安排残疾人就业，进一步加大农村残疾人扶贫开发力度，兜住和筑牢底线，帮助每一个有条件的残疾人实现就业创业梦想，通过劳动创造更加幸福美好的生活。

大众创业万众创新有利于解决我国经济发展不充分不平衡问题。解决发展不充分问题，需要在保证高质量发展的基础上，保持适当增长速度。要实现充分发展，就必须转变经济增长方式，以创新为第一驱动力，从资本扩张型、低成本劳动投入型、资源消耗型、环境牺牲型的经济增长方式转变为技术创新驱动型、资源节约型、环境友好型、质量优先型的经济发展方式。发展是解决我国一切问题的基础和关键。在推动我国经济充分发展的同时，必须把平衡协调发展问题提到重要议事日程中来，把社会公平正义放在优先考虑的位置，着力解决收入分配不均、城乡差距较大、区域发展不平衡、经济与社会发展不相协调、生态环境被破坏等问题。以大众创业万众创新解决我国经济发展的不平衡和不充分问题，要让二者相互关联，有机结合，做到以经济持续健康的高质量发展推动平衡协调，以平衡协调发展促进高质量发展。

（二）大众创业万众创新是加快建设创新型国家和实施创新驱动发展战略的实现路径

党的十九大报告指出，要加强国家创新体系建设，强化战略科技力量，加快建设创新型国家。创新是引领发展的第一动力，是建设现代化经济体系的战略支撑。习近平总书记强调，实施创新驱动发展战略刻不容缓，必须紧紧抓住科技创新这个“牛鼻子”，切实构建实施创新驱动发展战略的体制机制和良好环境，加快形成我国发展新动源。李克强总理指出，实施创新驱动发展战略，要坚持把科技创新驱动发展战略摆在国家发展全局的核心位置，既发挥好科技创新的引领作用和科技人员的骨干中坚作用，又最大限度地激发群众的无穷智慧和力量，形成大众创业万众创新的局面。

深入推进大众创业万众创新，要依托新一轮科技信息技术革命，积极发展“四众”（众创、众包、众扶、众筹）新模式，营造科技创新良好社会氛围，捋顺科技成果转换链条，实现创新链和产业链无缝对接，培育创新发展新优势。要把科技创新融入日常百姓生活和生产实践，既要集合众智突破关键核心科学技术，也要通过大众创业万众创新的火热实践，推动科技成果转化为现实生产力。从而实现“顶天”与“立地”齐头并进，协同发展。

大众创业万众创新致力于初创企业（start-up）的培育。初创企业是创新的源泉之一。实践证明，经济社会发展历史上很多重大科技创新和发明以及商业化运作均是由初创企业完成的。此外，初创企业也是增加就业的重要来源和渠道。通过大量创业企业的努力实践，新产品和新服务不断涌现，我们的生活和生产方式也发生深刻变化，就业机会被大量创造。目前，新能源、新材料、生物制药等新行业和领域的创业者，推动着新兴产业的发展和转型升级，为解决中国乃至全球资源环境问题做出了重要贡献。

大众创业万众创新还致力于推动大型企业内部创业。与我们理解的白手起家创业者不同，大型企业内部创业也是创业创新不可分割的组成部分。企业内部创业在中国逐渐勃兴。与初创企业一样，大型企业也需要创业创新精神。只有继续弘扬创业创新精神，才能实现企业利润增加和企业长久发展。大型企业内部创业具有自身特点，它拥有品牌、技术、人才、资金和市场等明显优势，在大众创业万众创新中发挥着举足轻重的作用。推动大型企业内部创业，一方面，它可以收购中小企业创新商业理念和专业技术，迅速实现产品商业化，提供巨大盈利空间；另一方面，它可以围绕企业核心品牌和市场发展需求，通过建立孵化器、众创空间、创新工场等方式，培育和孵化出很多小型企业，形成集聚效应，同时，也激发了企业员工积极性和主人翁意识，增强了企业创新活力和发展持久力。

（三）大众创业万众创新是推进供给侧结构性改革的重要内容

党的十九大报告强调，要深化供给侧结构性改革。建设现代化经济体系，必须把发展经济的着力点放在实体经济上，把提高供给体系质量作为主攻方向，显著增强我国经济质量优势。激发和保护企业家精神，鼓励更多社会主体投身创业创新。2015 年 9 月 10 日，李克强在夏季达沃斯开幕式上发表致辞时指出，大众创业万众创新是结构性改革的重要内容。大众创业万众创新是推动发展的强大动力，是扩大就业的有力支撑，是发展分享经济的重要推手，是对收入分配模式的重大创新，是促进社会公正的有效途径。

由此可见，当前和今后一个时期，中国经济发展的重要任务之一是深入推进供给侧结构性改革。供给侧结构性改革，也称为供给端改革，主要是对需求侧、需求端对立面的供给端、供给侧的关键性改革。供给侧结构性改革包含的内容十分丰富，其核心是通过对劳动、土地、资本、金融等要素的改革和生产供给的改革，弘扬企业家精神，把消费者的潜在需求变为现实需求，提升经济发展质量和效益，创造出更多满足消费者个性化需求的新产品和新服务。

大众创业万众创既是供给侧结构性改革的重要内容，也是推动供给侧结构性扎实深入发展的重要推动力。一方面，大众创业万众创新能够为社会创造就业机会，极大地缓解当代中国巨大的就业压力。据统计，我国每年新增城镇劳动力约 2000 万人。通过创业来带动就业是拉动经济增长的重要途径。另一方面，政治和行政体制改革与大众创业万众创新和供给侧结构性改革密切相关。通过深化政治体制改革，让更多的市场主体参与到中国经济社会发展的行列中，充分激发微观经济主体的活力。当前，要以大众创业万众创新为引领，深入推进科技体制、投融资体制、行政审批体制、行政监管体制等关键领域和环节的改革，强化新能源、新材料、生物医疗、资源与环境等重点领域改革。比如，传统行业要借力“互联网＋”的技术平台、大数据技术手段等新方式，开展技术革新，实现专业转型升级；推进物流、电力以及金融、法律、审计第三方服务等领域改革，降低小微企业创业成本，减轻创业创新包袱；推进行政体制改革，加强要素支撑，营造有利于创业创新的环境氛围。

（四）大众创业万众创新是中国进入发展新阶段和现代科技进步条件下的必然选择

经济社会发展史表明，三次产业结构优化调整是经济社会发展进步的重要表现。二战后，欧美等西方国家进入后工业化时代，服务业迅猛发展。我国改革开放以来，也经历了三次产业结构优化升级的发展历程。特别是2013年以来，我国第三产业在GDP中的占比首次超过第二产业，成为吸纳劳动力就业的主渠道，其吸纳劳动力就业数量也超过第二产业。这是我国经济社会发展的必然规律。

在城镇化不断推进背景下，随着工业技术和劳动效率的提高，资本密集型和劳动密集型工业已远远不能解决我国日益增产的劳动力就业需求，进一步发展有强大的吸纳劳动力能力的服务产业成为现实要求。大众创业万众创新正是撬动服务业进一步发展壮大的杠杆。此外，信息社会和互联网时代的到来，使网络创新成果与各产业深入融合，以互联网为基础平台的创业创新悄然兴起。创新的商业模式改变了传统创业创新内涵和路径，同时也改变了消费者的消费需求、消费方式和消费结构。商业形态和商业模式的不断创新，推动人们不断思考商业模式中资源、关系、结构和边界。基于各类平台上下延伸、横向扩张的机遇，现代商业模式所表现的衍生能力和拓展能力，催生出无限商机。党的十八届五中全会强调指出，创新是发展的第一动力。包括商业模式创新在内的各类创新，驱使我国经济社会发展必须调动最广大人民群众的参与积极性，激发人民群众所蕴藏的巨大知识能量和创新能量。

第二节　大众创业万众创新基本原则

大众创业万众创新是一项宏伟的系统工程，既要坚持以十八届三中全会关于全面深化改革重大战略思想为指导，深入贯彻习近平总书记系列重要讲话精神，也要深刻把握我国经济社会发展特点与实际需求，遵循一定的基本原则，按照推进大众创业万众创新改革的内在要求和方法流程加以实施，确保改革工作有序进行。

一　全面参与原则

十八大以来，经济社会发展取得的成绩是具有全面性和开创性的，创业创新改革也不例外。因此，进一步推进大众创业万众创新工作要突出一个“众”字。亿万人民群众中蕴藏着无穷无尽的智慧和力量。人类社会发展史证明，创新往往是从小处开始的，而不是一开始就表现为宏大规模的实践。一个主意、一个点子再小，只要能够满足实践需求，就一定能够表现出强大的生命力。例如，微软公司在未成名之时专注于被 IBM 放弃的软件业务，最终成为世界上最有价值的跨国公司之一；苹果公司利用 Xerox 不重视的创新技术，依靠 Macintosh 奠定了科技信息界的主导地位。市场主体是创业创新的主要力量，只有做到让亿万民众充分参与，才能夯实大众创业万众创新的实践基础。大众创业万众创新不仅需要高层推动与正确领导，还有赖于社会与市场主体的全面参与。所以，对具有创业创新意愿的社会与市场主体进行鼓励和支持，特别是对其创业意识和创新精神进行教育培养，以激发其积极性和责任感就变得十分重要。在任何时间、任何地点和任何条件下，对任何具有创业创新意愿的社会主体和市场主体都要进行鼓励和支持，通过完善法律制度，为有梦想、有创造能力的社会各类主体打通社会纵向流通渠道，使人民能够公平地获得信息、资源、技术和资金，通过自我价值实现，成就个人梦想。

二　市场导向原则

2017 年联合国大会通过决议，将每年 4 月 21 日确定为世界创意和创新日。这说明，在世界范围内，创业创新推动经济社会发展的作用与功能越来越强。在国内，创业创新优惠政策力度越来越大，资助金额也不断增加。但是，政府在创业创新中只能起到辅助、支持与推动的作用，并不能包办一切，创业创新的主动权始终掌握在市场主体自己手里。创业应坚持以市场导向为主。市场即是需求。坚持市场导向，就是坚持需求导向，充分发挥市场在资源配置中的决定性地位，进一步明确政府和市场的界限，提升社会市场主体的积极性和主动性，避免政府干预创业创新活动的行为，使市场充分享有主导权，在依靠所创中培育经济增长新动能。

三　开放共享原则

推进大众创业万众创新要突出一个“创”字。新时代条件下，各种资源和信息的排他性约束大为减少，某一种资源被多个社会主体与市场主体使用的可能性越来越大，其边际成本不断降低。这必将深刻影响社会治理和国家治理。坚持开放共享，是对各种创业创新资源的有效整合，特别是要依托“互联网 +”、大数据和云计算等先进技术，以开放共享为突破口，激发各类社会主体和市场主体的积极性、主动性与创造性，推动大众创业万众创新蓬勃发展。以“互联网 +”为例，它并不完全等于“ + 互联网”，也并非互联网与快递、餐饮等传统行业和业态的简单相加，而是强调二者的深度融合，从而创造出新模式、新业态。“互联网 +”强调跨界融合、创新驱动和结构重塑。通过互联网平台，将创新成果与社会传统行业和领域进行融合，重组社会要素和产业结构，提升发展活力与动力。

四　深化改革原则

大众创业万众创新不是老百姓个人的私事，也不仅是一种市场行为，而是中国经济发展的新引擎。它实际上是一个改革，是结构性改革的重要内容，是推动经济社会转型升级的新动能，是收入分配模式改革的重要突破，也是促进社会公平正义的有效途径。全面深化改革永远在路上，只有进行时，没有完成时。在推动大众创业万众创新改革实践的过程中，持续改进是一个永恒的目标追求，它包括：了解现状、明确目标、评价效果、增强效能等。实现国家繁荣富强，需要发挥人民群众的无限创造力，而根源在于政府作用的发挥。政府要为激发市场活力清除障碍、开辟道路，进一步放宽市场准入标准和条件，进一步推动简政放权，减少创业创新成本和时间。此外，还需要搭建平台，特别是对小微企业，要提供低廉租金，进一步减轻税费，引导创业投资基金助力科技型小微企业壮大腾飞。

五　教育引导原则

创业创新从来不是一件容易的事情。客观地说，中国传统文化并不鼓励出头冒尖，更强调“致中和”。创业创新精神表现为敢于冒险和运用可选择性，即参与到合理的试错活动中，胜不骄、败不馁，特别是要能做到耻辱感的降低以至丧失，进而重新来过。以日本为例，长期的经济衰退，创业者的失败耻辱感抑制了日本企业家精神的发展。推进大众创业万众创新，要发挥市场在资源配置中的决定性作用，也要更好发挥政府的作用。地方各级政府要创造条件、改进服务，组建创业创新智囊团和导师团，帮助创业创新主体少走弯路，帮助其解决创业创新过程中的一些难题。否则，大众创业万众创新会出现处处碰壁、破财伤力的不良局面。此外，在推进供给侧结构性改革的背景下，政府要加强引导与扶持，从高处着眼，协调市场、资金、技术、生产、人才等创业创新要素，摒弃出售原材料，生产低附加值产品的低层次、低效益发展模式，推动产业转型升级。

第三节　大众创业万众创新主要内容与特点

大众创业万众创新是一项系统工程，它涉及创业创新体制机制改革、创业投资改革、创业创新平台建设、创业创新孵化服务、财税金融支持创业创新等。随着大众创业万众创新的发展，它不断呈现出新的特点，如创业创新主体从少数人向多数人转变、创业创新服务从政府主导向市场发力转变、创业创新理念从科研成果单方面供给向市场需求导向转变、创业创新从内部组织向全社会开放转变、尖端技术创业创新不断涌现等。

一　大众创业万众创新主要内容

2015 年 6 月，国务院印发《关于大力推进大众创业万众创新若干政策措施的意见》（以下简称《意见》），目的是改革完善创业创新相关体制机制，构建普惠性政策扶持体系，以资金链引导创业创新链、创业创新链支持产业链、产业链带动就业链，最终实现中国经济增长动能的战略性转变。该《意见》在阐释了推进大众创业万众创新的重要意义和总体思路的基础上，从创新体制机制、优化财税政策、搞活金融市场、扩大创业投资、发展创业服务、建设创业创新平台、激发创业活力、拓展城乡创业渠道、完善协同机制等方面对大众创业万众创新进行了宏观布局。总体来看，推进大众创业万众创新工作应该从以下八个方面着力。

（一）推进创业创新协同机制建设

1. 强化创业创新工作组织领导

主要包括创业创新工作组织领导情况、推进创业创新的联席会议制度等内容。

2. 建立健全政策协调联动机制

主要包括政策协调联动机制、政策协调审查制度等内容。

3. 政策落实情况督察

主要包括普惠性政策措施落实情况督察督导机制、政策执行评价体系和通报制度等内容。

（二）建立健全创业创新体制机制

1. 构建公平竞争市场环境

主要包括清理妨碍创业发展的制度和规定、出台公平竞争审查制度、清理规范涉企收费项目及管理制度、建立和规范企业信用信息发布制度、行政审批制度改革等内容。

2. 深化商事制度改革

主要包括“五证合一”“一照一码”“先照后证”改革，放宽新注册企业场所登记条件限制，建立市场准入负面清单，依托企业信用信息公示系统建立小微企业名录等内容。

3. 切实推进知识产权保护工作

主要包括推进知识产权交易、完善知识产权维权机制、查处侵犯知识产权大案要案等内容。

4. 健全创业创新人才培养与流动机制

主要包括国民教育体系创业教育和培训制度化、破除人才自由流动障碍、建立创业创新绩效评价机制等内容。

（三）优化财税金融支持创业创新结构与布局

1. 优化财政政策

主要包括强化财政资金支持力度、优化减轻创业者负担政策、政府购买公共服务、扩大创业创新奖补范围、设立创业投资引导基金、创业型城市建设等内容。

2. 优化税收政策

主要包括强化税收政策支持力度、扩大税收政策受益率、强化普惠性税收措施、扶持小微企业发展税收优惠政策、研发费用加计扣除、高新技术企业认定办法、促进各类社会群体创业创新税收优惠政策等内容。

3. 强化金融政策

主要包括强化金融政策支持力度、扩大金融政策受益率、创新银行等金融机构支持方式、拓展融资渠道、提高针对创业创新企业的金融服务水平、落实完善创业担保贷款政策等内容。

（四）推进创业服务改革

1. 优化创业孵化服务

主要包括做大做强众创空间、创业孵化器、天使投资、创业投资、高校和科研院所技术成果转移等内容。

2. 提供第三方专业服务

主要包括企业管理、财务咨询、市场营销、人力资源、法律顾问、知识产权、检验检测和现代物流等内容。

3. 创新“互联网 +”创业服务

主要包括“互联网 +”创业网络体系建设、互联网数据开放共享等内容。

（五）构建创业创新平台支撑体系

1. 构建创业创新公共平台

主要包括创业政策集中发布平台、各类创业创新平台建设、各类创业创新大赛、中小企业公共服务平台网络建设、创业创新统计指标体系建设、创业创新活动周等内容。

2. 构建创业创新技术平台

主要包括资源开放共享平台、社会化服务平台、技术转移平台等内容。

3. 构建创业创新区域平台

主要包括小微企业创业基地城市示范、为创业者提供低成本办公场所和居住条件等内容。

（六）鼓励和支持各类人员创业创新

1. 鼓励和支持科研人员创业创新

主要包括高校和科研院所专业技术人员离岗创业、创业创新激励制度等内容。

2. 鼓励和支持大学生创业创新

主要包括大学生创业引领计划、大学生创业服务体系、弹性学制管理办法等内容。

3. 鼓励和支持其他人员创业

主要包括残疾人创业、妇女创业等内容。

（七）构建城乡一体化创业创新体系

1. 大力推广农村电子商务

主要包括市场化网商创业平台、农村互联网创业、电子商务第三方交易平台建设等内容。

2. 促进农牧区创业与返乡创业

主要包括农牧区创业与返乡人员创业、农牧区基层创业平台建设等内容。

3. 建立基层创业支撑服务

主要包括城乡基层创业人员公共服务体系建设、职业技能培训体系建设、乡村技术和服务网络建设等。

（八）大力推进创业投资改革

主要包括建立创业投资引导基金、直接融资平台建设、创业投资“引进来”与“走出去”相关政策等内容。

二　大众创业万众创新主要特点

近年来，在党中央和国务院的高度重视和大力推动下，我国大众创业万众创新工作取得显著成效，“双创”观念与时俱进，创业带动就业效能倍增，“双创”潮流势不可挡，大众创业万众创新呈现如下特点。

（一）创业创新主体从少数人向多数人转变，大众创业万众创新蓬勃发展的良好局面逐渐形成

近年来，在各级政府的大力支持和推动下，创业主体不断增加且日益丰富，包括大学生、科研人员、企业高管、海归人员以及社会基层民众，创业创新已经成为一种生活方式和价值追求。2016 年，全国新登记市场主体 1651.3 万户，同比增长 11.6%，平均每天新登记 4.51 万户。新登记企业 552.8 万户，平均每天新登记企业 1.51 万户，其中服务业新登记企业 446 万户，同比增长 24.7%，占新登记企业总数的 80.7%。[①] 个体工商户和农民专业合作社也是创业主体的重要组成部分。2016 年，个体工商户较 2015 年保持稳定增长，占新登记市场主体的 64.7%。新登记农民专业合作社 29.6 万户，较 2015 年增长 19.0%。[②] 2017 年，全国新设市场主体 1924.9 万户，同比增长 16.6%，增长率比上年提高 5 个百分点，平均每天新设 5.27 万户，高于 2016 年的 4.51 万户，全年新设企业 607.4 万户，同比增长 9.9%，平均每天新设 1.66 万户，高于 2016 年的 1.51 万户。[③] 2018 年上半年，市场主体总量突破 1 亿大关，达到 1.03 亿户。其中新设市场主体 998.3 万户，同比增长 12.5%，新设企业 327.4 万户，同比增长 12.5%。上半年，日均

① 国家发展和改革委员会编《2016 年中国大众创业万众创新发展报告》，人民出版社，2017，第 73 页。

② 国家发展和改革委员会编《2016 年中国大众创业万众创新发展报告》，人民出版社，2017，第 80 页。

③ 《2017 年新设市场主体创新高》，《人民日报》2018 年 1 月 19 日，第 10 版。

新设企业1.81万户。至2018年5月底，新办理注册登记的税务管理户同比增长7.6%，税收贡献率增长4.9个百分点。[①] 新设市场主体大幅增长，成为创业创新和扩大就业的重要支撑，成为我国经济转型升级和高质量发展的重要推动力。

（二）创业创新服务从政府主导向市场发力转变

随着中国特色社会主义市场经济的发展和壮大，市场上衍生出金融、法律、审计、财务等专业化市场服务机构，创业服务表现出量增质升的明显特征。创业创新专业化服务机构提供创业辅导、知识产权转让、投资路演、交流推介等增值服务。特别是天使投资、创业投资和“互联网+”等新技术、新理念和新业态的发展，为创业创新厚植了社会土壤。例如，我国创业投资机构从2015年的2500多家增长到2016年的3500多家，管理资本量从1万亿元发展到近2万亿元。再以创业导师服务为例，截至2017年8月，全国孵化器内形成3万人的创业导师队伍（其中科技部备案火炬创业导师共1300名），对接辅导创业企业8.1万余家。[②]

（三）创业创新理念逐渐从科研成果单方面供给向市场需求导向转变

随着供给侧结构性改革的深入推进，技术供给走出象牙塔，寻求与市场的紧密结合。新技术、新业态、新模式不断涌现，企业商品供给方式和顾客消费方式发生重大变化。“互联网+”的发展，使得创业创新企业组织机构发生重大变化，从金字塔逐渐转变为扁平式管理，大大缩短了创业创新主体与消费者的空间距离，用户个性化需求成为创业创新的出发点和落脚点。

（四）创业创新活动逐渐从内部组织向全社会开放式转变

国有大中型企业通过建立开放创新平台，推动内部创业，发挥资金、技术、人才等特殊优势，凝聚起大众创业万众创新的重要力量。互联网、大数据、云计算等新技术，使得创业创新群体获得信息资源的渠道越来越丰富，极大地降低了创业创新成本，促进更多创客加入创业大军。随着全球化市场

---

① 张茅：《在全国市场监管工作座谈会上的讲话》，国家市场监管总局网站，http://samr.saic.gov.cn/xw/yw/zj/201807/t20180705_274924.html。

② 国家发展和改革委员会编《2016年中国大众创业万众创新发展报告》，人民出版社，2017，第47页。

的进一步完善，越来越多的创业创新要素和资源在世界范围内流动，跨境、跨地区甚至跨国创业日渐增加。知识产权保护与专利制度的完善，推动了技术市场迅猛发展，科研成果与市场需求以及资金对接更加有效，创业创新越来越多地融入民众日常生活。

（五）尖端技术创业创新不断涌现

近年来，我国高精尖技术和产品大量涌现。以前，创新的特点是国外设计通过中国制造，从国内市场延伸至国外市场，这被称为“Copy to China”。现在，越来越多的创新由中国设计通过中国制造，再扩展至世界市场，这被称为“To China Copy”。这种转变有着深层次的原因。我国全面深化改革的大力推动，国内庞大消费能力和市场需求的不断提升，为我们引领全球技术和新兴产业发展提供了厚土。中国青年一代的创客在国家大众创业万众创新潮流的指引下，瞄准市场需求，发挥自身才能和专业优势，提供个性化产品和服务。

（六）产业链打造向“双创”生态圈建构转变

重视垂直封闭式产业链打造和审视其完备性是以往创业者的关注点。现在，建构“双创”生态圈逐渐成为新一代创客的鲜明特点。与此同时，企业界逐渐形成一种共识：产品型企业价值小于平台型公司价值，而平台型企业价值又小于生态型企业。百度、腾讯、阿里巴巴、乐视、小米等著名企业，通过涉足一系列看似毫无关联的领域和行业，以核心项目为引领，构建相互支撑并具有较高弹性的创业创新生态圈，打造开放式创业创新生态圈，推进跨界融合。

第二章

青海大众创业万众创新基本评价与基本经验

基于模糊数学原理，我们构建青海省大众创业万众创新评价模型，对青海实施大众创业万众创新改革以来的成效进行科学评价，深刻总结有益经验，精确查找薄弱环节，推动大众创业万众创新在青海高原进一步蓬勃发展。

第一节　青海大众创业万众创新成效评价的现实意义

开展青海省大众创业万众创新成效评价，有利于深入贯彻落实中央关于全面深化改革的重大战略部署，有利于促进创业创新工作蓬勃发展，有利于检验青海改革工作取得的成效。

一　开展青海大众创业万众创新成效评价是贯彻落实党中央决策部署及全面深化改革的内在需要

2015 年，国务院正式提出大力推进大众创业万众创新，这是一项重大政策措施，是培育和催生经济社会发展新动力的必然选择，是扩大就业、实现富民之道的根本举措，是激发全社会创新潜能和创业活力的有效途径。推动大众创业万众创新政策措施落地生效，必须加快推进相关体制改革，切实转变政府职能，深化行政体制改革，创新行政管理方式，增强政府工作的公信力和执行力。长期以来，青海作为欠发达地区，行政体制改革推进较为缓慢，发展相对滞后，这是其经济社会发展的最大制约因素。开展大众创业万众创新成效评价工作，是对传统政府管理方式的重大创新，是建设服务型政府的重要举措，也是推动行政体制改革的重要体现。

二　开展青海省大众创业万众创新成效评价工作是促进大众创业万众创新蓬勃发展的必然要求

当前，我国经济发展进入新常态。与其他省区市相比，青海同样面临着保持经济中高速增长和产业结构优化升级的严峻挑战。近年来，青海省已出台的促进创业创新的政策措施，发挥了积极的作用。2016 年，全省实现地区生产总值 2572.49 亿元，同比增长 8.0%，较全国同期增速高 1.3 个百分点；完成社会固定资产投资 3533.19 亿元，比上年增长 10.9%，高于全国 2.8 个百分点；一般公共预算收入 238.4 亿元，比上年增长 8.3%，高于全国 3.8 个百分点。总体上看，全省经济运行处于合理区间，主要经济指标增长率高于全国，呈现出总体平稳、逐渐向好的发展态势。与此同时，经济社会发展中存在的问题仍不容忽视，特别是推进大众创业万众创新方面存在不协调、不平衡、不可持续等问题，对这些问题需要通过发挥第三方机构的专业优势，深入调查分析，对照已出台的体制机制改革、财税金融改革、创业服务改革、创业创新平台建设等一系列政策措施的要求，结合青海实际，全面评判取得的成绩，找准存在的问题和制约因素，使深层次矛盾得到有效解决，不断释放改革红利和政策效应，进一步增强创业创新活力，推动经济社会持续健康地发展。

三　开展青海省大众创业万众创新成效评价是检验全省改革成果的现实反映

2015 年 6 月，国务院发布的《关于大力推进大众创业万众创新若干政策措施的意见》指出："加快建立推进大众创业万众创新有关普惠性政策措施落实情况督查督导机制，建立和完善政策执行评价体系和通报制度，全力打通决策部署的'最先一公里'与政策落实的'最后一公里'，确保各项政策措施落地生根。"开展青海省大众创业万众创新成效评价，是建立健全创业创新政策执行评价体系的需要，也是深入贯彻落实大众创业万众创新政策措施的基本要求。按照传统的评价方式，需要派出督查组或检查组，自上而下地层层开展督促检查工作。这种事先发通知，事中看现场和听汇报，事后点评反馈的做法，容易导致系统内部封闭运作，难免出现"裁判员"和

“运动员”合一的情况，很难保证评价的真实效果。开展大众创业万众创新成效评价工作，充分发挥第三方评价机构的独立性、客观性和专业性，是对传统政府工作评价方式的革新，是对青海创业创新改革成效的系统总结和全面“体检”，对进一步促进全省大众创业万众创新政策措施落实具有积极作用。

第二节　青海大众创业万众创新评价模型构建

依据模糊数学原理，基于广义模糊综合评价模型，构建青海省大众创业万众创新评价指标体系，进行评价分析。

一　评价方法

大众创业万众创新工作涉及的指标十分庞大，量化难度较大，不同指标之间不但计量单位有异，而且不能简单地用“好”或“不好”进行评价。要突破传统评价思维和方法，创新工作评价模式，选择模糊综合评价方法较为适宜。

模糊数学的模糊综合评价方法，是一种对受多种因素影响的事物做出全面评价的有效决策方法，对处理大众创业万众创新绩效评价具有适应性。模糊综合评价方法不是对评价对象简单地做出肯定或否定评价，而是以一个模糊集合来表示，使评价结论更科学、合理和客观。一方面，它能使不同创业创新群体定性评价得出量化结论，并且，对各项指标评价之后能够进行清晰的对比，判断各项指标得分高低和强弱程度。另一方面，模糊综合评价法比较充分地考虑了重要指标对综合评价对象的影响程度，较全面地反映被评价对象优劣程度，使评价结果具有较强的客观性。

模糊综合评价的基本原理是：第一，将评价对象看成由多种因素组成的模糊集合（称为因素集 U），再确定这些因素所能选取的评价等级，组成评语的模糊集合（称为评判集 V）；第二，分别求出各单一因素对各个评价等级的归属程度（称为隶属度 R），并构造评价矩阵；第三，根据各个因素在评价目标中的权重分配（称为权重 W），通过模糊矩阵合成，求出评价的定量解值（称为评价 B）；第四，根据赋值法原理，求得评价对象具体评分（称为评分 P）。

二　评价指标构建原则

科学性原则。指标体系总体结构设计是否合理，直接关系到统计检测和评价的数据质量。指标的选取必须以科学理论为依据，要有合理性，努力做到科学性、规律性和创新性的有机统一。构建海青海省大众创业万众创新改革评价指标体系，既要体现对创业创新工作规律的正确把握，又要体现对当前工作和未来发展的统筹考虑，发挥指标体系引导、检测、评价作用，推动创业创新工作科学发展。

时代性原则。大众创业万众创新是一个长期的系统工程。在改革开放以来的创业史上，不同时期有不同的侧重点。构建青海省大众创业万众创新工作评价指标体系，必须立足十八大特别是十八届三中全会以来关于全面深化改革的理论与实践，在评价指标体系设计上突出时间节点，彰显时代性。

简易型原则。大众创业万众创新工作内容多、涉及面广，要求高，难度大。构建大众创业万众创新工作评价指标体系，应删繁就简、去粗取精，需要选取通俗易懂、便于理解、公认性强的标志性指标反映其基本情况和主要成效。

创新性原则。大众创业万众创新改革涉及政治学、经济学、社会学、管理学等多种学科，坚持主观性评价与客观性评价相结合，尝试建立符合青海实际、具有青海特点的评价指标体系，实现评价结论科学真实有效。

三　评价步骤

（一）确定大众创业万众创新评价因素集

根据国务院《关于大力推进大众创业万众创新若干政策措施的意见》，结合青海创业创新工作实际，从创业创新协同机制建设、体制机制创新改革、财税金融政策、创业服务改革、创业创新平台建设、城乡创业改革、不同社会群体创业、创业投资改革八个方面对全省大众创业万众创新工作进行考察，构建评价指标体系（见表 2－1）。

青海省大众创业万众创新评价指标体系如下所示。

1. 一级指标

主要有8个指标，分别是：创业创新协同机制建设（U1）、体制机制创新改革（U2）、财税金融政策（U3）、创业服务改革（U4）、创业创新平台建设（U5）、城乡创业改革（U6）、不同社会群体创业（U7）、创业投资改革（U8）。

2. 二级指标

主要有24个指标，分别是：

（1）组织领导（U11）、政策协调联动（U12）、政策督查（U13）；

（2）创业创新工作重视程度（U21）、创业创新政策落实情况（U22）；

（3）财政政策（U31）、税收政策（U32）、金融政策（U33）；

（4）创业孵化服务（U41）、第三方专业服务（U42）、"互联网+"创业服务（U43）；

（5）创业创新公共平台（U51）、创业创新技术平台（U52）、创业创新区域平台（U53）；

（6）农村电子商务（U61）、农牧区创业（U62）、基层创业支撑服务（U63）；

（7）大学生创业（U71）、科研人员创业（U72）、残疾人创业（U73）、妇女创业（U74）；

（8）创业投资引导基金（U81）、直接融资平台（U82）、创业投资"引进来"与"走出去"政策（U83）。

3. 三级指标

主要有35个指标，分别是：

（1）创业创新联席会议制度建立情况（U111）、政策协调机制建立情况（U121）、政策协调审查制度建立情况（U122）、政策督查机制建立情况（U131）；

（2）创业创新工作重视程度（U211）、创业创新政策落实情况（U221）；

（3）财政政策支持力度（U311）、财政政策受益率（U312）、财政政策实施效果（U313）、税收政策支持力度（U321）、税收政策受益率（U322）、税收政策实施效果（U323）、金融政策支持力度（U331）、金融政策受益率

（U332）、金融政策实施效果（U333）；

（4）创业孵化服务政策落实效果（U411）、第三方专业化服务水平（U421）、创业信息获取难易度（U431）、“互联网+”创业服务收益率（U432）；

（5）公共平台建设效果（U511）、社会化服务状况（U521）、区域平台建设效果（U531）；

（6）农村电商创业难易度（U611）、农村电商政策满意度（U612）、农牧区创业政策落实效果（U621）、基层创业支撑服务满意度（U631）；

（7）大学生创业保障机制满意度（U711）、大学生自主创业政策满意度（U712）、大学生创业服务体系满意度（U713）、科研人员创业政策满意度（U721）、残疾人创业政策满意度（U731）、妇女创业政策满意度（U741）；

（8）创业投资引导基金受益率（U811）、直接融资平台受益率（U821）、创业投资“引进来”与“走出去”政策受益率（U831）。

表2-1　青海省大众创业万众创新评价指标体系

一级指标		二级指标		三级指标	
序号	名称	序号	名称	序号	名称
1	创业创新协同机制建设	1	组织领导	1	创业创新联席会议制度建立情况
		2	政策协调联动	1	政策协调机制建立情况
				2	政策协调审查制度建立情况
		3	政策督查	1	政策督查机制建立情况
2	体制机制创新改革	1	创业创新工作重视程度	1	创业创新工作重视程度
		2	创业创新政策落实情况	1	创业创新政策落实情况
3	财税金融政策	1	财政政策	1	财政政策支持力度
				2	财政政策受益率
				3	财政政策实施效果
		2	税收政策	1	税收政策支持力度
				2	税收政策受益率
				3	税收政策实施效果
		3	金融政策	1	金融政策支持力度
				2	金融政策受益率
				3	金融政策实施效果

续表

一级指标		二级指标		三级指标	
序号	名称	序号	名称	序号	名称
4	创业服务改革	1	创业孵化服务	1	创业孵化服务政策落实效果
		2	第三方专业服务	1	第三方专业化服务水平
		3	“互联网＋”创业服务	1	创业信息获取难易度
				2	“互联网＋”创业服务受益率
5	创业创新平台建设	1	创业创新公共平台	1	公共平台建设效果
		2	创业创新技术平台	1	社会化服务状况
		3	创业创新区域平台	1	区域平台建设效果
6	城乡创业改革	1	农村电子商务	1	农村电商创业难易度
				2	农村电商政策满意度
		2	农牧区创业	1	农牧区创业政策落实效果
		3	基层创业支撑服务	1	基层创业支撑服务满意度
7	不同社会群体创业	1	大学生创业	1	大学生创业保障机制满意度
				2	大学生自主创业政策满意度
				3	大学生创业服务体系满意度
		2	科研人员创业	1	科研人员创业政策满意度
		3	残疾人创业	1	残疾人创业政策满意度
		4	妇女创业	1	妇女创业政策满意度
8	创业投资改革	1	创业投资引导基金	1	创业投资引导基金受益率
		2	直接融资平台	1	直接融资平台受益率
		3	创业投资“引进来”与“走出去”政策	1	创业投资“引进来”与“走出去”政策受益率

（二）确定大众创业万众创新评语集

评语集是评价者对评价对象可能做出的各种评价结果的集合。我们将青海省大众创业万众创新评语等级划分为 4 个，分别记为 V1、V2、V3、V4，则这 4 个评语等级构成一个评价集 V，即 V = {V1，V2，V3，V4}。其中，V1 表示“优”，V2 表示“良”，V3 表示“中”，V4 表示“差”。在具体操作过程中，为便于归纳计算，对不同指标进行评价时划分的评价等级定为优、良、中、差 4 级。

（三）确定大众创业万众创新评价指标权重集

采用专家打分法，确定各项指标的权重（见表 2－2），从而构建权重矩阵。权重集各元素满足条件：$a_i \geq 0$ 且 $\Sigma a_i = 1$。如果不满足条件 $\Sigma a_i = 1$，则可根据$\frac{ai}{\sum ai}$的方法进行归一化操作。

1. 关于一级指标权重

设 W 为指标集 U = {U1，U2，U3，U4，U5，U6，U7，U8} 的权重，W = {W1，W2，W3，W4，W5，W6，W7，W8}。其中：W1 为 U1 的权重系数，W2 为 U2 的权重系数，W3 为 U3 的权重系数，W4 为 U4 的权重系数，W5 为 U5 的权重系数，W6 为 U6 的权重系数，W7 为 U7 的权重系数，W8 为 U8 的权重系数。

通过专家打分，我们得到：

W = (1/8　1/8　1/8　1/8　1/8　1/8　1/8　1/8)

2. 关于二级指标权重

W1 = (W11　W12　W13)，W1 为指标集 U1 = {U11，U12，U13} 的权重。其中：W11 为 U11 的权重系数，W12 为 U12 的权重系数，W13 为 U13 的权重系数。

W2 = (W21　W22)，W2 为指标集 U1 = {U21，U22} 的权重。其中：W21 为 U21 的权重系数，W22 为 U22 的权重系数。

W3 = (W31　W32　W33)，W3 为指标集 U1 = {U31，U32，U33} 的权重。其中：W31 为 U31 的权重系数，W32 为 U32 的权重系数，W33 为 U33 的权重系数。

W4 = (W41　W42　W43)，W4 为指标集 U4 = {U41，U42，U43} 的权重。其中：W41 为 U41 的权重系数，W42 为 U42 的权重系数，W43 为 U43 的权重系数。

W5 = (W51　W52　W53)，W5 为指标集 U5 = {U51，U52，U53} 的权重。其中：W51 为 U51 的权重系数，W52 为 U52 的权重系数，W53 为 U53 的权重系数。

W6 = (W61　W62　W63)，W6 为指标集 U6 = {U61，U62，U63} 的权重。其中：W61 为 U61 的权重系数，W62 为 U62 的权重系数，W63 为 U63 的权重系数。

W7 = (W71　W72　W73　W74)，W7 为指标集 U7 = {U71，U72，

U73，U74｝的权重。其中：W71 为 U71 的权重系数，W72 为 U72 的权重系数，W73 为 U73 的权重系数，W74 为 U74 的权重系数。

W8 =（W81　W82　W83），W8 为指标集 U8 = ｛U81，U82，U83｝的权重。其中：W81 为 U81 的权重系数，W82 为 U82 的权重系数，W83 为 U83 的权重系数。

通过专家打分，我们得到：

W1 =（0.4　0.3　0.3）

W2 =（0.5　0.5）

W3 =（0.3　0.3　0.4）

W4 =（0.4　0.3　0.3）

W5 =（0.4　0.3　0.3）

W6 =（0.3　0.4　0.3）

W7 =（0.25　0.25　0.25　0.25）

W8 =（0.3　0.4　0.3）

3. 关于三级指标的权重

W11 =（W111），W11 为指标集 U11 = ｛U111｝的权重。其中：W111 为 U111 的权重系数。W12 =（W121　W122），W12 为指标集 U12 = ｛U121，U122｝的权重。其中：W121 为 U121 的权重系数，W122 为 U122 的权重系数。W13 =（W131），W13 为指标集 U13 = ｛U131｝的权重。其中：W131 为 U131 的权重系数。

W21 =（W211），W21 为指标集 U21 = ｛U211｝的权重。其中：W211 为 U211 的权重系数。W22 =（W222），W22 为指标集 U22 = ｛U222｝的权重。其中：W222 为 U222 的权重系数。

W31 =（W311　W312　W313），W31 为指标集 U1 = ｛U311，U312，U313｝的权重。其中：W311 为 U311 的权重系数，W312 为 U312 的权重系数，W313 为 U313 的权重系数。W32 =（W321　W322　W323），W32 为指标集 U32 = ｛U321，U322，U323｝的权重。其中：W321 为 U321 的权重系数，W322 为 U322 的权重系数，W323 为 U323 的权重系数。W33 =（W 331　W332　W333），W33 为指标集 U33 = ｛U331，U332，U333｝的权重。

其中：W331 为 U331 的权重系数，W332 为 U332 的权重系数，W333 为 U333 的权重系数。

W41 = （W411），W41 为指标集 U41 = ｛U411｝ 的权重。其中：W411 为 U411 的权重系数。W42 = （W421），W42 为指标集 U42 = ｛U421｝ 的权重。其中：W421 为 U421 的权重系数。W43 = （W431　W432），W43 为指标集 U43 = ｛U431，U432｝ 的权重。其中：W431 为 U431 的权重系数，W432 为 U432 的权重系数。

W51 = （W511），W51 为指标集 U51 = ｛U511｝ 的权重。其中：W511 为 U511 的权重系数。W52 = （W521），W52 为指标集 U52 = ｛U521｝ 的权重。其中：W521 为 U521 的权重系数。W53 = （W531），W53 为指标集 U53 = ｛U531｝ 的权重。其中：W531 为 U531 的权重系数。

W61 = （W611 W612），W61 为指标集 U61 = ｛U611，U612｝ 的权重。其中：W611 为 U611 的权重系数，W612 为 U612 的权重系数。W62 = （W621），W62 为指标集 U62 = ｛U621｝ 的权重。其中：W621 为 U621 的权重系数。W63 = （W631），W63 为指标集 U63 = ｛U631｝ 的权重。其中：W631 为 U631 的权重系数。

W71 = （W711　W712　W713），W71 为指标集 U71 = ｛U711，U712，U713｝ 的权重。其中：W711 为 U711 的权重系数，W712 为 U712 的权重，W713 为 U713 的权重。W72 = （W721），W72 为指标集 U72 = ｛U721｝ 的权重。其中：W721 为 U721 的权重系数。W73 = （W731），W73 为指标集 U73 = ｛U731｝ 的权重。其中：W731 为 U731 的权重系数。W74 = （W741），W74 为指标集 U74 = ｛U741｝ 的权重。其中：W741 为 U741 的权重系数。

W81 = （W811），W81 为指标集 U81 = ｛U811｝ 的权重。其中：W811 为 U811 的权重系数。W82 = （W821），W82 为指标集 U82 = ｛U821｝ 的权重。其中：W821 为 U821 的权重系数。W83 = （W831），W83 为指标集 U83 = ｛U831｝ 的权重。其中：W831 为 U831 的权重系数。

通过专家打分，我们得到：

W11 = （1）；W12 = （0.5　0.5）；W13 = （1）。

W21 = （1）；W22 = （1）。

W31 = （0.3　0.35　0.35）；W32 = （0.3　0.35　0.35）；W33 = （0.3　0.35　0.35）。

W41 = （1）；W42 = （1）；W43 = （0.5　0.5）。

W51 = （1）；W52 = （1）；W53 = （1）。

W61 = （0.5　0.5）；W62 = （1）；W63 = （1）。

W71 = （0.33　0.33　0.34）；W72 = （1）；W73 = （1）；W74 = （1）。

W81 = （1）；W82 = （1）；W83 = （1）。

表 2－2　青海省大众创业万众创新绩效评价指标权重

一级指标			二级指标			三级指标		
序号	名称	权重	序号	名称	权重	序号	名称	权重
1	创业创新协同机制建设	1/8	1	组织领导	0.4	1	联席会议制度建立情况	1
			2	政策协调联动	0.3	1	政策协调机制建立情况	0.5
						2	政策协调审查机制建立情况	0.5
			3	政策督查	0.3	1	政策督查机制建立情况	1
2	体制机制创新改革	1/8	1	创业创新工作重视程度	0.5	1	创业创新工作重视程度	1
			2	创业创新政策落实情况	0.5	1	创业创新政策落实情况	1
3	财税金融政策	1/8	1	财政政策	0.3	1	财政政策支持力度	0.3
						2	财政政策受益率	0.35
						3	财政政策实施效果	0.35
			2	税收政策	0.3	1	税收政策支持力度	0.3
						2	税收政策受益率	0.35
						3	税收政策实施效果	0.35
			3	金融政策	0.4	1	金融政策支持力度	0.3
						2	金融政策受益率	0.35
						3	金融政策实施效果	0.35

续表

一级指标			二级指标			三级指标		
序号	名称	权重	序号	名称	权重	序号	名称	权重
4	创业服务改革	1/8	1	创业孵化服务	0.4	1	创业孵化服务政策落实效果	1
			2	第三方专业服务	0.3	1	第三方专业化服务水平	1
			3	“互联网＋”创业服务	0.3	1	创业信息获取难易度	0.5
						2	“互联网＋”创业服务受益率	0.5
5	创业创新平台建设	1/8	1	公共平台	0.4	1	公共平台建设效果	1
			2	技术平台	0.3	1	社会化服务状况	1
			3	区域平台	0.3	1	区域平台建设效果	1
6	城乡创业改革	1/8	1	农村电子商务	0.3	1	农村电商创业难易度	0.5
						2	农村电商政策满意度	0.5
			2	农牧区创业	0.4	1	农牧区创业政策落实效果	1
			3	基层创业支撑服务	0.3	1	基层创业支撑服务满意度	1
7	不同社会群体创业	1/8	1	大学生创业	0.25	1	大学生创业保障机制满意度	0.33
						2	大学生自主创业政策满意度	0.33
						3	大学生创业服务体系满意度	0.34
			2	科研人员创业	0.25	1	科研人员创业政策满意度	1
			3	残疾人创业	0.25	1	残疾人创业政策满意度	1
			4	妇女创业	0.25	1	妇女创业政策满意度	1

续表

一级指标			二级指标			三级指标		
序号	名称	权重	序号	名称	权重	序号	名称	权重
8	创业投资改革	1/8	1	创业投资引导基金	0.3	1	创业投资引导基金受益率	1
			2	直接融资平台	0.4	1	直接融资平台受益率	1
			3	创业投资"引进来"与"走出去"政策	0.3	1	创业投资"引进来"与"走出去"政策受益率	1

（四）设立大众创业万众创新评价指标的隶属度

设计《青海省大众创业万众创新评价问卷》，通过对创业创新群体开展问卷调查，得到青海省大众创业万众创新评价的各个指标对于评价等级的隶属度（见表2－3）。

表2－3　青海省大众创业万众创新评价各项指标隶属度

评价指标 \ 评价	优	良	中	差
联席会议制度建立情况	0.65	0.15	0.03	0.167
政策协调机制建立情况	0.64	0.14	0.05	0.17
政策协调审查机制建立情况	0.59	0.09	0.09	0.23
政策督查机制建立情况	0.58	0.11	0.08	0.23
创业创新工作重视程度	0.29	0.38	0.26	0.07
创业创新政策落实情况	0.34	0.39	0.16	0.10
财政政策支持力度	0.32	0.34	0.27	0.07
财政政策受益率	0.21	0.37	0.23	0.19
财政政策实施效果	0.28	0.34	0.25	0.13
税收政策支持力度	0.29	0.32	0.23	0.16
税收政策受益率	0.23	0.31	0.22	0.24
税收政策实施效果	0.3	0.32	0.27	0.24
金融政策支持力度	0.23	0.4	0.19	0.18
金融政策受益率	0.2	0.31	0.22	0.27
金融政策实施效果	0.27	0.35	0.20	0.18
创业孵化服务政策落实效果	0.20	0.36	0.16	0.28
第三方专业化服务水平	0.31	0.30	0.25	0.15

续表

评价指标＼评价	优	良	中	差
创业信息获取难易度	0.15	0.45	0.29	0.11
“互联网+”创业服务受益率	0.23	0.38	0.21	0.18
公共平台建设效果	0.21	0.31	0.34	0.14
社会化服务状况	0.26	0.37	0.30	0.07
区域平台建设效果	0.23	0.28	0.32	0.17
农村电商创业难易度	0.13	0.34	0.41	0.12
农村电商政策满意度	0.20	0.40	0.34	0.06
农牧区创业政策落实效果	0.19	0.37	0.28	0.16
基层创业支撑服务满意度	0.16	0.48	0.29	0.07
大学生创业保障机制满意度	0	0.42	0.46	0.12
大学生自主创业政策满意度	0.08	0.63	0.21	0.08
大学生创业服务体系满意度	0.04	0.50	0.38	0.08
科研人员创业政策满意度	0	0.61	0.28	0.11
残疾人创业政策满意度	0.15	0.20	0.35	0.3
妇女创业政策满意度	0.16	0.19	0.37	0.28
创业投资引导基金受益率	0.18	0.22	0.21	0.39
直接融资平台受益率	0.15	0.24	0.18	0.43
创业投资“引进来”与“走出去”政策受益率	0.22	0.23	0.24	0.31

（五）进行模糊合成

在三级指标及其隶属度的基础上，构造二级指标的模糊综合评价，在得到二级指标的隶属度的基础上，构造一级指标模糊综合评价，最终得到青海省大众创业万众创新综合评价结果。

利用评价矩阵 R 和权重向量 W，进行普通矩阵乘法运算，可以得到每个评价对象的综合评价 B，即 B = W · R。使用同样的方法，分别做一级模糊综合评价、二级模糊综合评价和三级模糊综合评价。

为充分利用模糊评价结果 B 的信息，可为每个评价等级进行赋值。假设对应于各评价等级 V 的分值向量为 C，则

$$C = (C1, C2, C3, C4)^T$$

我们设定 C1 = 100，C2 = 80，C3 = 60，C4 = 40。

利用模糊评价结果 B 和分值向量 C 可得到评判得分 P：

$$P = B \cdot C = B \cdot (100\ 80\ 60\ 40)^T$$

第三节　青海大众创业万众创新总体效果与具体评价

近年来，青海省委省政府积极贯彻落实党中央、国务院关于大众创业万众创新的战略部署，出台了一系列政策措施，在体制机制改革、创业创新平台建设、创业创新孵化服务、城乡创业改革、财税金融支持创业创新等方面取得重要进展。但是，全省创业创新工作仍存在不少问题和短板，亟待改革完善。

一　总体效果

通过模糊综合评价模型计算，我们得到青海省大众创业万众创新的综合评价矩阵 B =（0.26　0.32　0.24　0.18）。根据最大隶属度原则，评价等级“良”的隶属度为 0.32，是所有隶属度中最高的。因此，我们认为青海省大众创业万众创新的评价为“良”。说明近年来省委省政府积极贯彻落实党中央、国务院关于大众创业万众创新的战略部署，出台了一系列政策措施，推动全省创业创新工作取得显著成效。

全省大众创业万众创新改革工作所取得的成效主要表现在：一是创业创新协同机制建设逐步建立健全；二是创业创新工作的体制机制创新改革稳步有序推进；三是财税金融支持创业创新工作成效突出；四是创业服务水平不断提升；五是创业创新平台建设得到大力推进；六是大学生、科研人员、妇女、残疾人等不同社会群体创业创新活动渐趋活跃并具有自身特点；七是以电子商务为代表的城乡创业助力青海特色农牧产业实现跨越式发展。

据不完全统计，2014～2016 年青海省委、省政府及相关部门单位共出台推动大众创业万众创新改革的政策性文件 51 项（见附件 1），财政、科技、经信、农牧、教育、人社、团委等部门单位涉及大众创业万众创新投资共 430520.72 万元。

依据赋值法原理，我们又得到青海省大众创业万众创新的综合得分为73.2分。根据C2＝80分、C3＝60分的赋值前提，虽然青海省大众创业万众创新改革绩效属于“良”的等级范围，但是综合得分P＝73.2分，仅处于“良”的等级范围中的中等偏下水平。这说明，全省创业创新工作仍存在不少问题和短板。例如，创业投资改革进展缓慢，力度不大，成效有限；创业创新政策统筹协调有待进一步加强；创业创新平台建设与创业创新群体实际需求之间存在较大矛盾；一些特殊群体创业创新活动急需政府特殊支持等。由此可见，全省创业创新工作主流值得肯定，需要改进的地方还有很多，创业创新各类群体对进一步完善创业创新政策、增强政策效能，还有很大的期待。

二　具体评价

大众创业万众创新是一项系统工程，不同部门或单位的工作推进力度、速度和效度不一，我们尝试利用模糊综合评价模型同样对创业创新工作的八个方面进行具体评价。

（一）创业创新协同机制建设评价

通过模糊综合评价模型录入与计算，我们得到创业创新协同机制建设的评价矩阵B1＝（0.61　0.13　0.06　0.20）。根据最大隶属度原则，评价等级“优”的隶属度为0.61，是所有隶属度中最高的。因此，我们认为青海省创业创新协同机制建设的评价为“优”。依据赋值法原理，我们又得到青海省创业创新协同机制建设的综合得分P1为83分。

这说明，近年来相关职能部门大力贯彻落实国家和青海省关于大众创业万众创新的战略决策和安排部署，注重加强沟通协调，切实发挥职能责任和功能优势，在实现创业创新协同推进过程中，创造出具有青海特点的工作流程和做法。

根据模糊综合评价模型，我们求得组织领导P11得分为85.6分，政策协调联动P12得分为83.4分，政策督查P13得分为80.8分（见表2－4）。可见，P11＞P12＞P13。说明，近年来省委省政府及相关职能部门高度重视大众创业万众创新工作，组织领导坚强有力，创业创新政策协调联动持续加强，为推动大众创业万众创新工作提供了组织保障。在取得成绩的同时，也必须清醒地认识到存在的问题，如创业创新工作安排部署不够统一，特别在督查督导机制方面重视程度不够，相关制度还不够健全，各环节在衔接上不够紧密，督查督导人员有限，力量比较薄弱，监督的实效性发挥不到位，在一定程度上影响创业创新的进展，在具体推进上还需要下加大力度，补足短板，使之形成整体运行的发展态势。

表 2－4　创业创新协同机制建设具体评价得分

序号	指标	评分
1	组织领导	85.6
2	政策协调联动	83.4
3	政策督查	80.8

（二）体制机制创新改革评价

通过模糊综合评价模型录入与计算，我们得到体制机制创新改革的评价矩阵 B2 =（0.32　0.38　0.21　0.09）。根据最大隶属度原则，评价等级“良”的隶属度为 0.38，是所有隶属度中最高的。因此，我们认为青海省体制机制创新改革的评价为“良”。依据赋值法原理，我们又得到青海省体制机制创新改革的综合得分 P2 为 78.6 分。

这说明，近年来各级政府、商务、市场监和行政服务中心等相关职能部门大力贯彻落实中央、省委关于大众创业万众创新的战略决策和安排部署，切实发挥部门职能，不断推动体制机制创新，促进大众创业万众创新发展，所取得的总体成绩值得肯定。

根据调查，2014～2016 年，青海省工商行政管理局共出台涉及大众创业万众创新改革的政策性文件 18 项，工商登记前置审批事项共减少 197 项，新登记市场主体（企业、个体工商户）共计 183907 户。

根据模糊综合评价模型，我们求得创业创新工作重视程度 P21 得分为 77.8 分，创业创新政策落实情况 P22 得分为 79.8 分（见表 2－5）。可见，P21＜P22。说明，全省各级政府及其商务、市场监管和行政服务中心等相关职能部门不仅高度重视创业创新工作，而且举措得当、保障有力，为创业创新工作有效开展提供了坚强的体制机制保障。青海省在大众创业万众创新活动中积极推进体制机制改革，重视政策出台、制度设计、措施落实等做法，各地方根据本地实际，从地方需要出发制定有关规定和办法，使制定的目标得以实现，让制度和规定为大众创业万众创新提供有力的“助推器”作用。

表 2－5　体制机制创新改革具体评价得分

序号	指标	评分
1	创业创新工作重视程度	77.8
2	创业创新工作落实情况	79.8

（三）财税金融政策评价

通过模糊综合评价模型计算，我们得到财税金融支持大众创业万众创新的评价矩阵 B3＝（0.27　0.35　0.25　0.13）。根据最大隶属度原则，评价等级“良”的隶属度为 0.35，是所有隶属度中最高的。因此，我们认为青海省财税金融政策支持大众创业万众创新的评价为“良”。依据赋值法原理，我们又得到青海省财税金融政策支持大众创业万众创新的综合得分 P3 为 74 分。

这说明，近年来全省财政、税收和金融部门高度重视创业创新工作，大力贯彻落实中央、省委关于大众创业万众创新的战略决策和部署安排，切实发挥部门职能，在推进形成全民创业创新热潮中发挥了独特的作用。特别是财税金融政策得到基本落实，创业创新群体得到经济实惠，财税金融政策有效推进了创业创新工作。

截至 2017 年 9 月底，全省共有小额贷款公司 86 家，担保公司（平台）76 家，上市公司 12 家。据统计，2014～2016 年，全省共发放创业补贴 0.469 亿元，发放创业担保贷款 19.3 亿元，设立创业担保基金 7.83 亿元，小微企业减免税款金额总计 12.15 亿元，研发费用加计扣除金额总计 15.42 亿元。

根据模糊综合评价模型，我们求得财政政策 P31 的得分为 75.2；税收政策 P32 得分为 73.8 分；金融政策 P33 得分为 68.6 分（见表 2－6）。可见，P31 > P32 > P33。由此，有较多的创业创新群体从财税政策中获益，对财税政策拥有较高的满意度；而与财政和税收相比，金融支持大众创业万众创新存在“短板”，创业创新群体对支持创业创新的金融政策了解程度较低，受益面较窄，满意度较低，创业创新群体对进一步获得金融支持拥有更大期待。

表 2－6　财税金融政策具体评价得分

序号	指标	评分
1	财政政策	75.2
2	税收政策	73.8
3	金融政策	68.6

（四）创业服务改革评价结论评价

通过模糊综合评价模型录入与计算，我们得到创业服务改革的评价矩阵 B4 =（0.23　0.36　0.21　0.20）。根据最大隶属度原则，评价等级“良”的隶属度为 0.38，是所有隶属度中最高的。因此，我们认为青海省创业服务改革的评价为“良”。依据赋值法原理，我们又得到青海省创业服务改革的综合得分 P4 为 72.4 分。

这说明，近年来各级政府及其相关职能部门、群团组织、创业园区等大力贯彻落实国家和青海省关于大众创业万众创新的战略决策和安排部署，不断更新创业创新服务理念，创新服务方式方法，提升创业创新服务水平，促进了大众创业万众创新工作实现科学健康发展。

根据青海省人力资源和社会保障厅统计数据显示，2014～2016 年全省建成创业孵化基地 84 家，入驻创业孵化企业 5762 家，举办各类创业创新大赛 16 次，培训各类创业人员 6.4 万人，各类创业人员达 2.44 万人，带动就业 4.08 万人。

根据模糊综合评价模型，我们求得创业孵化服务 P41 得分为 69.6 分，第三方专业化服务 P42 得分为 75.6 分，“互联网 +”创业服务 P43 得分为 72.8 分（见表 2－7）。可见，P42 > P43 > P41。上述得分表明，全省各地相继建成了一批众创空间，创业孵化服务成效初显；“互联网 +”的理念和技术被应用到创业创新工作中，成为新时期创业工作的亮点；税务、金融、会计、法律等第三方专业化服务得到较快发展，为创业创新工作提供了专业化服务保障。同时，创业孵化服务还存在一些问题和“短板”，如政策合力尚未形成、落实力度有待加强，平台建设步伐迟缓、公共服务能力不足，专业化服务平台较少、专业化集成服务不够，初创企业人才匮乏、创新能力有待提高，政策宣传还不到位、政策知晓率不高等，有待于进一步改进和完善。

表 2－7　创业服务改革具体评价得分

序号	指标	评分
1	创业孵化服务	69.6
2	第三方专业服务	75.6
3	“互联网＋”创业服务	72.8

（五）创业创新平台建设评价

通过模糊综合评价模型录入与计算，我们得到创业创新平台建设的评价矩阵 B5＝（0.23　0.32　0.33　0.12）。根据最大隶属度原则，评价等级“良”的隶属度为 0.33，是所有隶属度中最高的。因此，我们认为青海省创业创新平台建设的评价为“中”。依据赋值法原理，我们又得到青海省创业创新平台建设的综合得分 P5 为 73.2 分。

这说明，近年来全省各级政府及其相关部门、群团组织、创业园区等主体，加快打造各类创业创新平台，为大众创业万众创新提供了平台保证，推进大众创业万众创新取得明显成效。

青海省经济和信息化委员会统计数据显示，2014～2016 年全省共建成小微企业创业创新示范基地 6 个，其中：国家级小微企业创业创新示范基地 3 个、省级小微企业创业创新示范基地 3 个；建成中小企业公共服务平台 21 个，其中：省级中小企业公共服务平台 1 个、地区中小企业公共服务平台 9 个，产业中小企业公共服务平台 11 个。青海省科技厅统计数据表明，2014～2016 年全省共建成众创空间 4 家；建成科技企业孵化器 6 家，其中国家级科技企业孵化器 2 家、省级科技企业孵化器 4 家。但是，由于经济发展水平低、财力基础薄弱、创业人员素质不高等原因，在促进创业创新发展的平台建设上存在短板，与社会各界大众创业万众创新的需求之间存在较大差距。

根据模糊综合评价模型，我们求得创业创新公共平台 P51 得分为 71.8 分，创业创新技术平台 P52 得分为 76.4 分，创业创新区域平台 P53 得分为 71.4 分（见表 2 - 8）。可见，P52 > P51 > P53。得分表明，通过几年来的努力，创业创新公共平台建设步伐加快，对创业创新的支撑作用正在显现；创业创新技术平台建设进步明显，对创业创新的技术支持力度不断加大；创业创新区域平台建设成效初显，在推进区域创新中发挥着积极作用。受多种因素制约，创业创新平台建设还存在一些不容忽视的问题，如创业创新平台建设推进不平衡、创业政策集中发布平台建设滞后、创业创新技术平台建设存在“短板”、创业创新区域平台建设步伐有待加快等，需要加以关注，并在今后进一步改进和完善。

表 2 - 8　创业创新平台建设具体评价得分

序号	指标	评分
1	创业创新公共平台	71.8
2	创业创新技术平台	76.4
3	创业创新区域平台	71.4

（六）城乡创业改革评价

通过模糊综合评价模型录入与计算，我们得到城乡创业改革的评价矩阵 B6 = （0.18　0.4　0.31　0.11）。根据最大隶属度原则，评价等级“良”的隶属度为 0.40，是所有隶属度中最高的。因此，我们认为青海省城乡改革的评价为“良”。依据赋值法原理，我们又得到青海省城乡创业改革的综合得分 P6 为 73 分。

这说明，近年来各级政府人社、农牧、经信、商务等相关职能部门以及团委、妇联等群团组织大力贯彻落实国家和青海省关于大众创业万众创新的战略决策和安排部署，切实发挥部门职能作用，不断推进城乡创业改革，创业创新的理念逐渐深入农村牧区，创业创新氛围逐渐浓厚起来，尤其是青海特色农牧产品借力电子商务实现跨越式发展。

青海省农牧厅统计数据显示，2014～2016年全省共建成国家级农业示范园区6家，返乡创业人员达5300余人。青海省商务厅统计数据表明，2014～2016年全省建成国家级电子商务示范基地1家，建成市州级电子商务服务基地3家，建成县级电子商务综合服务中心8个，建成农村电子商务综合服务站点2047个，建成全国电子商务农村示范县11个。

根据模糊综合评价模型，我们求得农村电子商务P61得分为72分，农牧区创业P62得分为71.8分，基层创业支撑服务P63得分为74.6分（见表2－9）。可见，P63＞P61＞P62。上述得分表明，农村电子商务虽处于起步阶段，但发展空间广阔，发展势头强劲；农民工、农村青年返乡创业正在成为新常态，创业成效初步显现；基层创业支撑服务体系基本形成，支撑作用不断增强。同时，城乡创业改革也存在一些问题与“短板”，如各类创业扶持资源有待整合、电子商务发展基础薄弱、返乡创业仍有较多羁绊、基层创业支撑服务能力不足等，影响和制约着城乡创业改革的实际效用。

表2－9　城乡创业改革具体评价得分

序号	指标	评分
1	农村电子商务	72
2	农牧区创业	71.8
3	基层创业支撑服务	74.6

（七）不同社会群体创业政策评价

通过模糊综合评价模型录入与计算，我们得到不同社会群体创业的评价矩阵B7＝（0.09　0.38　0.33　0.21）。根据最大隶属度原则，评价等级“良”的隶属度为0.38，是所有隶属度中最高的。因此，我们认为青海省不同社会群体（大学生、科研人员、残疾人、妇女）创业的评价为“良”。依据赋值法原理，我们又得到青海省不同社会群体（大学生、科研人员）创业的综合得分P7为67.6分。

这说明，近年来全省高校、科技、妇联、残联、人社等相关职能部门，大力贯彻落实国家和青海省关于大众创业万众创新的战略决策和安排部署，切实发挥部门职能，创业创新工作实现较大发展，大胆创业、崇尚创新的社会氛围逐渐形成。

青海省人力资源和社会保障厅统计数据显示，2014~2016年全省培训各类创业人员6.4万人，各类创业人员达2.44万人，带动就业4.08万人。青海省教育厅统计数据显示，2014~2016年全省在校大学生创业人数累计1435人，并呈现逐年增长趋势。其中，2014年为317人，2015年为431人，2016年为687人。共青团青海省委统计数据显示，2014~2016年全省共建成各级青年创业园（街）21个，其中省级青年创业园（街）3个、其他青年创业园（街）18个，共聚集各类青年创业创新人才1848人。

根据模糊综合评价模型，我们求得科研人员创业P71得分为70分，大学生创业P72得分为69.8分，残疾人创业P73得分为64分，妇女创业P74得分为64.6分（见表2-10）。可见，P71 > P72 > P74 > P73。上述得分表明，近年来青海省通过强化政策引导，调动科研人员的创业积极性，科研人员创业创新局面初步开启；积极实施大学生创业引领计划，大学生创业方兴未艾；大力扶持残疾人、妇女等特殊群体就业创业，残疾人、妇女就业创业形势向好。同时，作为创业创新重点群体的科研人员和大学生，其创业创新仍存在一些制约因素和多重阻碍，如科研人员创业创新面临体制机制障碍，自主创业裹足不前；大学生创业总体水平较低，成功率不高。妇女、残疾人等特殊人群在创业创新上存在常人难于克服的困难，政策支撑能力较弱、创业规模较小、创业层次不高，急需政府和社会的大力扶持。

表2-10　不同社会群体创业具体评价得分

序号	指标	评分
1	科研人员创业	70
2	大学生创业	69.8
3	残疾人创业	64
4	妇女创业	64.6

（八）创业投资改革评价

通过模糊综合评价模型录入与计算，我们得到创业投资改革的评价矩阵B8 =（0.18　0.23　0.21　0.38）。根据最大隶属度原则，评价等级“差”

的隶属度为0.38，是所有隶属度中最高的。因此，我们认为青海省创业服务改革的评价为“差”。依据赋值法原理，我们又得到青海省创业投资改革的综合得分P8仅为64.2分。

从全国来看，创业投资机构主要分布在北京、上海、深圳和浙江等东部发达地区。2016年，京沪深浙四地的创业投资案例合计占全国创业投资案例的65.8%，投资金额也占全国总投资金额的69.5%。与此相比，广大的中西部地区创业投资发展较为滞后，而青海省与西部其他省份相比，特别是西北五省份比较而言，则发展更为滞后（见表2－11）。

近年来，全省在利用创业投资、天使投资和风险投资等推动创业创新方面，与其他地区相比发展更为滞后，与全省创业创新需求也存在很大差距，大多数创业创新群体没有从创业投资改革服务中受益，创业投资改革进展十分缓慢。

表2－11　2016年西北五省份创业投资发展情况

省份	创业投资案例数（个）	占全国的比例（%）	投资金额（亿元）	占全国的比例（%）
陕西省	38	1.0	7.07	0.5
新疆维吾尔自治区	4	0.1	2.02	0.2
宁夏回族自治区	4	0.1	12.30	0.9
甘肃省	3	0.1	1.58	0.1
青海省	3	0.1	0.76	0.1

注：数据来源于国家发展和改革委员会编《2016年中国大众创业万众创新发展报告》，人民出版社，第64～65页。

第四节　青海大众创业万众创新的基本经验

党中央、国务院提出大众创业万众创新的号召以来，青海从省情实际出发，不断探索实践，在创业创新平台建设、创新服务模式、激发各类市场主体、发挥财税金融作用、建立健全体制机制等方面积累了丰富的经验。

一　深化促进创业创新的体制机制改革，为大众创业万众创新提供坚强保证

体制机制改革是推进大众创业万众创新的重要动力。重点在建构公平竞争市场环境、深化商事制度改革、实行知识产权保护、大力培养创新人才等方面，实行新举措和新做法，使大众创业万众创新取得了积极的成效。

加强对大众创业万众创新的组织领导。成立民营企业创新能力提升实施领导小组，加强统筹规划、组织领导和政策协调，大力实施“创新能力提升工程”。其中，省经济和信息化委、省人力资源和社会保障厅负责精准培训，着力挖掘企业管理人员的潜能和创新精神；省财政厅负责加大对企业创新能力建设的支持力度，综合运用财税政策，鼓励和支持民营企业建立和完善创新机制，增强创新能力，提升企业创新发展积极性和主动性，加快青海省中小企业发展基金市场化运作步伐，吸引和撬动社会资本，全面落实企业研发费用加计扣除等税收优惠政策；省工商局负责积极培育产品、企业和区域品牌，落实企业知识产权战略，提升民营企业创造、运用、维护知识产权的能力。

建构公平竞争市场环境。青海省出台相关体制机制改革文件，涵盖工商登记、市场主体培育、行政审批改革等方面，形成具有青海地方特色的政策措施体系。出台促进创业就业的实施意见，各地区、各有关部门在结合自身实际情况基础上，提出具体任务和配套措施。清理规范企业收费项目和管理制度。停止收取企业相关费用，如企业的登记费、年检费、验照费、营业执照和各类表格工本费等行政事业性收费。建立和规范企业信用发布制度，建立公共信用信息共享平台和“信用青海”网站。实行行政审批制度改革，规范行政审批事项，提升行政审批效率。

推进商事制度改革。2014 年青海省实施商事制度改革以来，严格按照党中央国务院简政放权、放管结合、优化服务的总体部署，紧密结合地方实际，坚持依法改革、突出地方特色，大力推进简政放权，持续降低准入门槛，不断优化营商环境，着力完善监管机制。放宽新注册企业场所等级条件限制，实行住所登记制度和注册资本登记制度改革。依托企业信用信息公示

系统建成小微企业名录系统，整合部门化、碎片化信息资源，有效引导和促进小微企业理想投资、公平竞争。

推进创业创新人才培养和流动机制建设。立足本地实际，举办多种类型、各类层次的培训班，实现考察与实践相结合，突出特色化和实效性。完善多元化人才引进培养体系建设，大力推广“人才 + 项目 + 基地”培养模式，不断加强人才队伍建设。

推进创业创新联席会议制度，明确责任分工、强化协作配合，合力推进就业创业工作。加强对全区立体式创业生态圈建设的领导和政治协调，及时通报各部门工作落实情况，联席会议每季度召开一次，分析工作中出现的新情况新问题，研究解决政策难点，指导和推动这项工作向纵深发展，当遇到特殊情况时，领导小组办公室可召集各成员单位协商相关事宜。

实行政策协调联动机制。基本形成了全省“1 + 2 + 3”就业创业政策体系，重在解决政策碎片化、不系统的问题，增强政策的普惠性，建立健全了比较完整的组织领导体系、目标考核体系、资金筹措体系，就业方式日趋多样化，基本形成了“劳动者自主择业、市场调节就业、政府促进就业和鼓励创业”的新机制。

建立政策协调审查制度，开展政策落实情况督查。青海省认真抓好创业创新工作，各地各部门加强与相关职能机构的沟通协调，切实抓实抓到位。有关地区、部门始终把这项工作摆到重要议事日程，积极进行调查研究，结合地方实际研究制定有关措施，使各项工作落到实处。按照国务院和省政府要求，在大力开展简政放权的同时，加强对政策落实情况的督查，通过制度和措施判断衡量。青海省政府拟制定的《青海省行政审批事项监督管理条例》，现已列入省政府立法项目计划。

二　完善财税金融服务体系，提升创业创新支撑能力

完善财政服务体系，提升财政支持创业创新能力。立足青海经济社会发展实际需求，凸显财政支持“双创”差别化特点，大力培育创业创新主体，让每个有意愿创业创新的主体都拥有机会和空间。对于小微企业，出台支持小微企业创业创新发展的实施意见，三年（2014 ~ 2016 年）来，累计安排

财政资金 1.2 亿元支持小微企业改善基础设施条件和开展科技创新。对于社会服务业，全省财政部门通过制定出台相关政策措施和政府购买服务指导性目录，采取民办公助、公建民营等方式，鼓励社会力量积极参与公共服务。注重创业促进就业财政扶持。从 2015 年起，每年从失业保险基金滚存结余中按 10% 提取资金，用于发放首次创业补贴、创业一次性奖励、一次性创业岗位开发补贴、创业孵化基地建设奖补，支持打造劳务品牌、补充创业贷款担保基金、支持举办各类促创活动等，并将扶持资金安排与现行各类创业就业政策相结合，在改善创业环境和政府创业服务条件的同时，通过财政资金扶持，引导和鼓励城乡劳动者积极投身创业，更好地促进就业。

完善税收服务体系，提升税收支持创业创新能力。按照国家税务部门的规定和要求，不折不扣地贯彻落实税收相关优惠政策。坚持定向就业政策和普惠就业税收政策相结合，鼓励个人创业和企业创新税收政策相结合，积极推进供给侧结构性改革，健全税收政策体系。贯彻落实国家税务部门税收优惠政策，加大减税力度，切实降低小微企业税费负担。通过加强税收优惠政策宣传、加大税收优惠受惠对象培训力度、广泛运用纳税申报自动提醒技术等方式，确保了小微企业增值税和小型微利企业所得税优惠政策受惠面达到 100%。大幅取消税务非行政许可审批事项，仅保留税务行政许可审批事项，加速推进国地税征管体制改革，实行项目化清单管理。借力“互联网 +”技术，实施移动办税措施和行政许可审批网上办税业务，推进办税便利化。

完善金融服务体系，提升金融支持创业创新能力。青海金融部门通过出台相关政策，不断加大金融支持创业创新力度。中国人民银行西宁中心支行联合其他部门，制定《青海省专利权质押贷款实施办法》，为有效缓解科技型中小企业贷款难问题搭建了政策平台；制定《关于扎实做好科技金融工作服务全省创新发展的指导意见》，就金融支持青海省科技创新发展做出了详细规定，要求银行业金融机构加大对科技型小微企业的信贷支持力度，不断创新科技金融产品和服务方式，改善科技融资环境，提高金融运行效率和服务科技创新能力。创新金融支持“双创”方式方法。特别是积极推进“两权”抵押贷款试点工作，不断推进农村金融工作创新，扩大农村抵押担保物范围，为全省农牧区创业就业增加融资渠道。大力实施“金融招商”

项目工程，推动金融支持创业创新服务体系（包括：政策性银行、股份制银行、农村法人金融机构、证券公司及营业部、保险公司、基金管理机构、小额贷款公司、融资性担保机构）初步形成。

三　推动创业服务改革，提升大众创业万众创新服务保障水平

把加快发展创业孵化服务作为推动创业服务改革的重点内容，大力发展第三方专业化服务、“互联网+”创业服务，探索创业券、创新券等公共服务新模式，建构创业生态圈。

发展创业孵化服务。出台促进众创空间发展的目标和措施，到2020年，全省建成众创空间50家以上，培育企业1000家以上，基本形成创业创新链条服务体系。并对各地区、各部门、各单位建成众创空间数量提出明确要求。通过发展众创空间等创业创新平台，推进大众创业万众创新，打造新常态下经济发展新引擎。创业创新孵化服务方式，青海大多数地区采用创业孵化基地模式。创业孵化基地通过入驻各类专业服务机构，为创业者提供全方位服务，其管理运行模式采取政府购买服务、无偿资助、减免费用、业务奖励等方式，支持创客和服务机构正常运转。

发展“双创”专业化服务。全省各级各类创业平台在依托自有资源的基础上，努力挖掘社会资源，与中介服务组织对接联络，积极引入第三方专业化服务机构。特别是西宁、海东等地依托开发区和工业园，引进一批实力较强的第三方专业化服务机构，为创客提供全方位、专业化、社会化和一站式的创业创新服务，引领全省“双创”专业化服务发展潮流和趋势。青海省还通过政府、企业和其他社会力量合作，整合各方优势资源，为创业者提供多元和专业化一体的服务模式，使之成为全省发展创业孵化服务的常见形式。

发展“互联网+”创业创新服务。青海省积极抓住“互联网+”发展机遇，将“互联网+”作为推动创业创新的重要支撑平台，将其推广至终点领域，形成大众创业万众创新的生动局面。地方各级政府与各类市场主体互动合作，采取创新与创业、线上与线下、孵化与投资相结合的方式，积极搭建“互联网+”专业化创业创新平台，探索“互联网+”专业化服务路

径，取得了明显成效。通过支持大型基础电信运行企业开发建设大数据平台、政府及其部门建设和管理运行以及政商合作建设大数据平台等方式，大力发展和培育大数据产业，促进互联网数据开放共享及应用发展。

四　加快“双创”平台建设，提升创业创新服务水平

青海省在推进大众创业万众创新改革中注重建设“双创”平台，打造创业创新公共平台，搭建创业创新技术平台，完善创业创新区域平台，不断提升创业创新服务能力和水平。

推进创业创新公共平台建设。打造创业创新公共平台，聚合创业创新信息资源，推动公益讲坛、创业论坛、创业培训、创业大赛等活动有序开展，特别是创业培训、创业大赛和创业论坛对“双创”工作发挥了明显的支撑作用。近年来，青海省组织开展了较多的创业创新大赛，为创业创新项目搭建了交流展示平台，提供指导、咨询和推介等服务，有效提升了创业创新能力和水平。青海省重点加强中小企业公共服务平台建设。2016 年，青海省经济和信息化部门组织完成全省中小企业公共服务平台建设项目，由 1 个省级枢纽和 20 个窗口服务平台组成，有效提升了对中小企业的公共服务能力和水平。以地方各级政府门户网站、专业化政策集中发布网站和众创空间网络门户为载体，积极推动“双创”政策信息集中发布平台建设，加强创业创新信息资源整合，增强创业创新信息透明度，为“双创”主体提供公开、公平、高效、开放的资源信息服务。青海省有关部门贯彻落实国家关于创业创新活动周的安排和部署，组织开展创业创新活动周，重点举行“双创”活动周启动仪式、创业投资人士进园区、创业路演等活动，提升了大众创业万众创新的社会影响力、知晓度和参与度。

推进创业创新技术平台建设。搭建科学仪器共享服务平台，出台科研基础设施和科研仪器面向社会开放实施意见和管理办法，建立科研管理单位开放科研仪器和设备服务补偿机制，充分利用现有科学仪器设备，实现科技资源共享和优化配置，提升科研仪器和设备使用效率和效能，增强区域科技创新能力。搭建专利信息资源开放平台，建设青海省最大最专业的网上技术交易市场平台——青海科易网，推动电子商务和技术交易结合，为专利买卖双

方提供便利化网上技术交易服务。青海省推动社会化服务平台建设，引导和支持大中型企业、政府机构以及社会组织建立特色服务平台，面向各类创业者提供资金、技术和服务支撑。其中，政府建设的社会化服务平台弥补了市场基础性、决定性作用不足之处，也适合市场发育程度相对较弱的青海藏区。支持企业搭建社会化服务平台，2017 年全省省级工程技术研究中心达 59 家。青海省相关部门努力与第三方专业化服务机构合作，建立社会化服务平台，发挥各方优势，合力推动大众创业万众创新。努力构建技术转移平台，推动技术成果向市场转化，提升企业研究发展能力和技术成果转化能力。

建设创业创新区域平台。区域性“双创”平台具有汇聚“双创”要素资源，展示“双创”成果，辐射和带动区域发展的重要作用。扎实推动小微企业“双创”基地城市示范工作。特别是积极协调相关国家部委，支持西宁市申报小微企业创业创新示范城市建设，获得国家财政支持资金 2 亿元。海东市、德令哈市、玉树市也积极开展省级小微企业示范基地建设工作。推动小微企业“双创”基地建设。加大对区域性中小企业工业集中区、孵化基地标准厂房建设和综合设施项目支持的力度，推动区域“双创”要素集聚发展。西宁经济技术开发区建成“国家级科技企业孵化器”1 个，一批创业园区如青海生科中小企业创业园、青海青年创业园等获得首批国家小微企业“双创”示范基地。实施千家小微企业培育工程。通过分解任务目标，明确各区县任务，重点培育一批科技型、成长型企业。加强中小企业培训工作，培养了一批中小企业中高层管理人员、财会人员，弘扬企业家精神。积极落实国家和青海省关于为创业者提供低成本办公场所和居住条件的要求和精神，采取一系列优惠措施，极大地降低了创业成本，受到创业者欢迎。

五　鼓励各类人员创业，形成创业浪潮

在区分不同创业创新群体的前提下，通过出台差别化政策措施，充分调动科研人员、大学生和其他社会人士创业创新积极性，形成创业创新浪潮。

鼓励科研人员创业。以制度创新为突破口，激发科研人员创业积极性。例如，在提高科研人员成果转化收益分享比例方面，将用于奖励科研负责人、骨干技术人员和团队的收益比例，由国家规定的不低于 50% 的标准，

提高到不低于70%标准，在此基础上，科技成果拥有单位可以自行确定奖励的比例。为进一步落实国家“双创”相关政策，全省各地区各部门采取资金引导、贷款担保、成果转化、人才引进和横向合作等形式，对科研人员创业创新给予鼓励和支持。

鼓励大学生创业。出台促进大学生创业创新的政策措施，明确大学生创业平台建设目标、学分计算、税收减免、创业补贴等优惠政策，积极推动大学生创业创新。实施大学生创业引领计划，引领高校毕业生创业，同时带动高校毕业生就业。通过为大学生搭建创业平台，提升大学生创业创新能力。青海大学、青海师范大学、青海民族大学分别成立了创业创新学院，承担创业创新教育、社会创业创新培训、孵化校内创业项目以及科技专业转化等服务项目。青海省相关部门成立大学生创业创新引导资金，为大学生创业创新提供资金保障。健全大学生创业创新服务体系。实施大学生创业创新训练计划，进一步完善国家、省、学校三级创业创新实训教学体系。探索实行“苗圃+孵化（加速器）+科技型企业+高新技术企业+科技小巨人”创业创新服务模式，为大学生创业者提供低成本、全要素、便利化创业创新服务，降低了创业风险和创业成本，提高了创业成功率。组织开展大学生创业创新大赛，涌现出一批技术含量高、成长性好、发展前景广阔的创业创新项目，大学生创业创新的生力军作用得到彰显。各高校严格按照国家和青海省支持大学生创业的规定，改革课程设置，完善教学方法，健全弹性学制，有效解除在校大学生创业创新的后顾之忧。

鼓励和支持其他社会群体创业创新。鼓励和支持妇女创业。青海省各级妇联组织紧紧围绕省委省政府的重要部署和全国妇联的工作部署，结合基层妇女实际需求，全面落实中央和青海省促进创业创新的政策措施，引领广大妇女积极投身创业创新的社会实践，以转变妇女创业就业观念为先导，以整合社会资源、搭建创业服务平台为支撑，把妇女创业就业工作摆在重要位置，最大限度地调动妇女创业创新激情，充分展现了妇女在大众创业万众创新中的“半边天”作用。鼓励和支持残疾人创业。相关政府部门把促进残疾人就业创业作为民生工作的重要内容之一，在政策上扶持，机制上保障，感情上关怀，通过集中就业、按比例分散就业以及自主创业等渠道，帮助有劳动能力和就业意愿的残疾人就业创业。青海省各级残联创新工作理念，整合各类资源，制定特殊扶持政策，省、市（州）、县（区、市）三级残联上下联动，与相关政府部门紧密协作，充分吸纳社会力量共同推进残疾人就业创业工作。

六　推动城乡创业，夯实大众创业万众创新的社会基础

基层特别是广大农村是大众创业万众创新的基石。顺应经济发展进入新常态要求，引导、支持和鼓励返乡人员、农村青年、农民工等就近创业，构建城乡创业一体化格局。

积极发展农村电子商务。全省相关政府部门通力合作，出台支持农村电子商务发展的优惠政策措施和实施意见，为农村电子商务发展提供政策保证。加大电子商务网站建设力度，建设了一批市场化网商创业平台，积极拓展青海省特色农畜产品网上销售渠道，推动农牧业传统产业通过电子商务实现跨越式发展。加大农村电子商务综合服务网络体系建设力度。截至 2017 年，成功申报全国电子商务进农村示范县 11 个。

推动返乡创业发展。出台鼓励农民工等群体返乡创业的专门的扶持政策和服务措施，特别是就推进农牧区电子商务发展促进创业创新、创建创业孵化基地、强化创业培训服务等方面的工作，提出了新的目标要求和任务。在青海广大的农牧区，各类专业化合作社成为返乡创业的主要平台，家庭农场、农民工返乡创业园、网商平台和特色专业市场也占有一定比例。立足青海省情，在推动返乡创业过程中，重点打造“拉面经济”、“热贡艺术”以及藏绣、盘绣、民族服饰、石雕陶器铜器加工制作、特色食材食品加工、土特产品销售等创业创新品牌。

建设基层创业服务支撑体系。强化公共就业创业服务，加强职业培训和创业培训，鼓励电子商务交易平台渠道下沉，加强农村创业指导服务，进一步夯实城乡基层创业的制度基础，推动返乡人员网上创业。基本建成省、市、县三级公共就业服务体系，承担集中发布政策和就业信息、失业登记、人才介绍、中介服务、招聘咨询等功能。在县级以上各级地方普遍建立行政

服务中心，整合各类资源，实现部门职能对接，为创业创新提供“一站式”服务，提升城乡基层创业创新服务能力和水平。努力将返乡创业人员纳入当地教育、卫生、社保和住房等公共服务体系之内，为创业人员提供诸多便利条件和服务。将职业技能培训当作促进就业创业的一项基础性工作，有针对性地提供劳动力就业培训。对有创业要求和培训愿望、具备一定创业条件的人员，开展“创办你的企业（SYB）”培训；对处于创业初期的人员，结合市场对企业发展需求，开展“改善你的企业（IYB）”培训。同时，积极创新拓展创业培训内容，推进“创业+技能”培训，紧密结合地域特点，开展“创业+拉面”“创业+农家乐”“创业+电子商务”等培训项目，切实提高创业培训质量。正视青海特殊地理、气候、环境等因素，把握青海农牧区基层创业特别是“互联网+”和电子商务创业对快递物流业的依赖更大的特点，大力推进农村快递物流服务体系建设。

第三章

创业创新协同机制建设

创业创新协同机制是以创业创新活动为中心，实现各职能部门相互沟通、合作与协调的运行过程，以形成良性互动的生态系统。协同机制建设是创业创新的运行条件，也是创业创新的有效保证。

第一节　协同机制建设的主要做法与成效

创业创新协同机制是发挥各类社会主体的共同参与作用，真正实现政府与各类社会主体的优势互补、良性互动而形成创业创新的体制机制，以统筹各部门共同支持创业创新的合力，为推动大众创业万众创新提供制度保障。

一　创业创新组织领导协调有力

青海省积极落实促进创业创新的有关要求，省政府成立民营企业创新能力提升工程实施领导小组，加强统筹规划、组织领导和政策协调。领导小组办公室设在省经信委，负责落实领导小组工作要求，加强工作协调，跟踪“创新能力提升工程”实施情况，落实相关政策措施，及时通报各部门工作落实情况。联席会议每季度召开一次，分析工作中出现的新情况、新问题，研究解决政策难点，指导和推动创业创新工作向纵深发展。在推进这项工作进程中，专门进行任务分工：一是省经信委、省人社厅负责开展精准培训，着力挖掘企业管理人员的潜能和培养创新精神，据统计年培训 1000 人次以上。省科技厅支持中小企业集中区（创业园）、众创空间等创业创新载体加快基础设施建设，提高规划建设和综合服务水平，优化创业创新环境，提升创业创新承载服务能力，引导企业、产业向园区转移，促进产业集聚、集约发展。二是省财政厅负责加大对企业创新能力建设的支持力度，综合运用财税政策，鼓励和支持民营企业建立和完善创新机制，增强创新能力，提升企业创新发展积极性和主动性，加快青海省中小企业发展基金市场化运作步伐，吸引和撬动社会资本，全面落实企业研发费用加计扣除等税收优惠政策。三是省工商局负责积极培育产品、企业和区域品牌，落实企业知识产权战略，提升民营企业创造、运用、维护知识产权的能力。四是省质检局负责落实企业产品质量主体责任，加强质量诚信体系建设，开展质量承诺活动，严格生产许可、经营许可、强制认证等准入管理，增强质量安全保障能力。五是省金融办负责积极引进和培育中小金融机构，有效拓展民营企业融资渠道，要求各银行业金融机构重点加大对符合产业政策的企业信贷投放等。当遇到特殊情况时，领导小组办公室召集各成员单位协商相关事项，相应地成员单位每季度召开一次会议，每半年上报一次工作总结，并使之形成创业创新工作长效机制。突出工作实效性，力争形成“三个有机结合”：将创业创新工作与日常工作有机结合，与促进区域经济平稳较快发展有机结合，与工作考核和业绩有机结合，坚决防止形式化、走过场。通过完善工作机制，促进各项工作协调发展，确保创业创新活动产生一定的效果。

关于是否建立了创业创新工作通报制度的问题，调查问卷统计结果显示，受访者知道有该项制度的占总人数的59.41%。说明各地区多数地区已建立创业创新工作的通报制度，以有效减少政策不协调、不系统、不全面的问题，形成整体推进合力（见表3-1）。

表3-1　所在地区是否建立了创业创新工作通报制度

单位：%

序号	答案选项	所占比例
1	建立了	59.41
2	虽然建立了但效果不明显	12.97
3	未建立	5.86
4	不了解	21.77

二　创业创新联席会议制度初步形成

从调研了解的情况看，各地的创业创新联席会议制度进展不同，有的地方比较重视，并且形成制度，而有的地方没有建立有效的机制，只是停留在文件的要求上。比如，已初步形成联席会议制度的西宁市城西区政府，专门制定了《西宁市城西区“区 + 街道 + 社区 + 区域”立体式创业生态圈联席会议制度》，明确责任分工、强化协作配合，合力推进就业创业工作。该制度要求贯彻落实省、市有关促进就业的政策法规，加强对全区立体式创业生态圈建设的领导和政治协调，及时通报各部门工作落实情况，联席会议每季度召开一次，分析工作中出现的新情况新问题，研究解决政策难点，指导和推动这项工作向纵深发展，当遇到特殊情况时，领导小组办公室可召集各成员单位协商相关事宜，各成员单位每季度上报信息不少于 1 期，半年上报一次工作总结。

关于所在地区在推进创业创新工作时，是否建立了联席会议制度的问题，认为建立了该项制度的受访者占总人数的 65.27%，反映出大部分人知道联席会议制度，说明联席会议制度有相互沟通和协调的功能，是创业创新中的重要环节（见表 3 - 2）。

表 3 - 2　所在地区是否建立了创业创新工作联席会议制度

单位：%

序号	答案选项	所占比例
1	建立了	65.27
2	虽然建立了但作用不明显	14.64
3	未建立	3.35
4	不了解	16.74

三　政策协调联动机制日益完善

青海省坚持从实际出发，不断加大政策协调联动，重点围绕就业创业构建了较为完整的就业创业政策体系。特别是 2015 年随着国家新一轮就业创业政策的出台，青海省及时制定了《关于进一步做好新形势下就业创业工作的实施意见》及系列配套文件，基本形成了全省“1+2+3”就业创业政策体系，重在解决政策碎片化、不系统的问题，增强政策的普惠性，建立健全了比较完整的组织领导体系、目标考核体系、资金筹措体系，就业方式日趋多样化，基本形成了“劳动者自主择业、市场调节就业、政府促进就业和鼓励创业”的新机制。比如，西宁经济开发区及各园区加强统筹协调工作，结合实际制定具体实施方案，各部门按照各自的职责分工要求，发挥牵头抓总作用，全面落实各项具体任务。各级各部门各单位切实履行主体责任，明确职责任务，加强协作联动，加大资金投入、政策支持和条件保障力度，确保创业创新的各项政策落到实处。

四　政策协调审查制度贯彻落实

青海省认真抓好创业创新工作，各地各部门加强与相关职能机构的沟通协调，切实抓实抓到位。有关地区、部门始终把这项工作摆到重要议事日程，积极进行调查研究，结合地方实际研究制定有关措施，使各项工作落到实处。比如，西宁市成立由市委市政府主要领导任组长，分管领导任副组长，相关部门和地区为成员的全市科技体制改革和创新体系建设领导小组，加强对创新驱动发展大战略问题的研究和审议，加强统筹协调力度，指导推动国家纲要和省市实施方案的落实。全省在精减行政审批事项上加强审查，将中央要求落到实处。2016 年以来，按照国务院统一部署，着力深化行政审批制度改革，不断加大简政放权力度。在省级层面上，2016 年两次清理行政审批事项，以政府 113 号令和青政〔2016〕68 号决定形式取消下放、暂缓实施 409 项行政审批事项。现省级各部门保留行政审批 268 项，在全国和西北地区属于较少省份。在市（州）级层面上，各地认真承接落实好下放事项，同时还开展集中清理工作，公布本级政府行政审批事项汇总清单。现市（州）政府平均保留清单 100 项左右，县级政府平均保留 155 项左右。西宁市由 324 项减至 74 项，成为行政审批项目最少的城市。海北州积极推进政府部门“权责清单”制定，2016 年在公布州级部门单位权责清单的基础上，所辖四县均已完成权责清单公布，各县 50 余个部门（单位）行使行政职权事项3600余项，流程图400余张。深入开展清理规范行政审批中介服务，印发了《海北州人民政府决定清理规范的州政府部门行政审批中介服务事项目录》，通过清理规范，海北州政府取消行政审批中介服务事项21项，梳理行政审批中介服务事项68项。

五　政策落实情况督查规范明确

按照国务院和省政府要求，在大力开展简政放权的同时，加强对政策落实情况督查，通过制度和措施进行判断与衡量。青海省政府拟制定《青海省行政审批事项监督管理条例》，现已列入省政府立法项目计划。西宁市率先推行事中事后监管清单制度，出台《西宁市政府管理事项事中事后监管清单》。海东市加强对行政审批行为的监督，印发《海东市行政审批问责办法》。海西州提高政务服务水平，印发《海西州深化行政审批制度改革优化发展环境的实施意见》。为使这项工作稳步推进，防止出现走过场的问题，省政府专门组织开展了行政审批制度改革“回头看”督查，要求市（州）县级政府和省政府各部门，对保留、新增行政审批事项的规范情况，已取消的审批事项落实情况，下放的审批事项承接情况以及事中事后监督情况进行自查自清，这项工作从2016年7月下旬开始，按照“回头看”通知，先后组织力量进行实地督查，现已完成自查并报国务院深改办。

第二节　协同机制建设存在的主要问题

协同机制具有统揽全局，形成整体规划和统筹推进的作用。在实际工作中，协同机制建设正在初步形成，与大众创业万众创新要求相比，存在一些制约问题，协同机制的建设中出现分工较多、统领较少的做法，产生各自为政的现象，缺少专门机构行使综合管理与协调的职责，影响创业创新的深入发展，创业创新政策缺乏系统性、有关措施整体性不强、政策落实还不够到位，考核和监督机制未形成体系化，有关协同机制建设需要进一步完善。

一　创业创新政策缺乏系统性

创业创新活动的开展在不同层面有不同的要求，中央、省、市（州）已陆续出台了若干条支持政策措施，但从调查反映的情况看，政策缺乏有效衔接和联动，有的企业对国家和省市近年来出台的扶持政策知晓率不高，已制定的政策措施没有全面、及时、准确传达到企业中，而且已有的优惠政策落实不到位，导致企业认为缺少政策帮扶，应当发挥推动力作用的政策没有产生实际效果。创业创新涉及多个部门，各自的职能、要求、目标不同，关注的问题有所区别，导致有些政策相互交叉重叠，没有突出重点。比如，中央和省级安排的就业创业扶持资金，主要用于普惠性的一些补贴，但有的地方没有真正用在激发市场活力、培育众创空间方面，使用效率不高。又如，青海省农畜产品加工及产业融合发展还存在诸多制约因素，特别是随着工业化、城镇化、信息化的推进，农牧区劳动力结构发生很大变化，生产经营小而分散，小生产和大市场的矛盾依然存在，而政策的倾斜和重点不够突出，从政策实施情况看，“撒胡椒面”现象比较普遍。

二　各部门政策措施未形成合力

大众创业万众创新涉及的部门较多，在一定程度上存在相互脱节、各自为政的状态。比如，工商部门负责企业注册登记、变更、年报、广告经营、合同格式、消费者投诉等业务；税务部门负责税务登记、日常纳税、退税等业务；质检部门负责机构代码、生产许可、标准、计量等业务；人社部门负责失业人员就业、劳动纠纷、劳动监察、职业培训、创业服务等业务；经信部门负责创业规划指南、信息化、社会信用体系、中小企业服务等业务；科技部门负责科技成果认证、科技孵化、众创空间、科技项目申报等业务；教育部门负责大学生就业、创业、大学生创业基金等业务；园区管委会负责项目审批、孵化、补贴、投资、一站式服务等业务。由此可见，各部门实行的政策措施不一样，侧重点也不同，容易出现不协调、不衔接、不配合的问题。

三　创业创新政策落实欠缺

在大众创业万众创新工作中，有的政策规定强调条件、资格认证，形成“天花板”现象，导致优惠政策看得见，却享受不上。比如，一些民营孵化器由于不符合评审的“硬指标”，就不能申请政府补贴，与官办机构不具有可比性。又如，对大学生创业贷款规定的条件比较严苛，附加内容很多。在各地调研中大学生普遍反映贷款难上加难，不仅要有公职人员的担保，而且还要有固定收入的支撑，并且还有时间要求，这些规定使创业无法起步，更无法进入社会，说明政策形同虚设。调查显示，80%的大学生创业资金主要是依靠家庭支持，或者拿出个人积蓄来创业，这种规定势必阻碍创业创新的积极性和主动性，影响创业创新的正常发展。在政策落实上，政府的行政职能在某些方面还制约政策的推行，如政策的普惠性问题还有差距，出现在经济发展过程中，政府掌握着大量的资源，决定资源的再分配问题，行政权力过大，对经济工作管理的较多，市场调节资源配置的决定性作用还未真正发挥出来。长此以往，将影响改革的实效性问题。

四　创业创新氛围不够浓厚

国家鼓励大众创业万众创新是为了适应经济发展新常态需要，以促进创业创新活动的开展，激发大众智慧和创造力，汇集发展新动力。青海省与全国同步举行了“2016年全国大众创业万众创新活动周”，为进一步了解活动开展的实际情况，通过访谈、个别交流、集体座谈等形式，真实地倾听创业人群的感受，他们普遍反映参加各种活动后，尽管有创业的热情，与实际情况相比，在资金获取、技术使用、前景估量等诸多方面还有很大顾虑，不确定因素较多，如何真正进行创业，进入良性发展轨道，有关部门应当提供多方面的途径和平台。通过调查问卷了解到，受访者对当地创业创新氛围是否浓厚，有不同的理解与认识。认为创业创新氛围很浓厚的受访者占总人数的48.12%；认为创业创新氛围比较浓厚的占32.22%；认为创业创新氛围不浓厚的占10.88%；不了解的占

8.79%。说明营造氛围是一项长期的任务，也是一项综合性的工作，表明只有政策措施形成合力，重视顶层设计，强化微观运行，创业创新才会有显著的成效（见表3－3）。

表3－3　所在地区创业创新氛围是否浓厚

单位：%

序号	答案选项	所占比例
1	非常浓厚	48.12
2	比较浓厚	32.22
3	不浓厚	10.88
4	不了解	8.79

第四章

体制机制创新改革

体制机制创新改革是实现大众创业万众创新的推动力，具有重要的支撑作用，决定着大众创业万众创新的目标设计，是判断衡量大众创业万众创新的主要标准。

第一节　体制机制创新改革的主要做法与成效

党的十八届五中全会通过的《中共中央关于制定国民经济和社会发展第十三个五年规划的建议》提出："激发创业创新活力，推动大众创业万众创新，释放新需求，创造新供给。"实现这一目标，体制机制改革是第一动力，不仅提供前提条件，而且起到基础性作用。重点在公平竞争市场环境、深化商事制度改革、实行知识产权保护、大力培养创新人才方面实行新举措和新做法，使大众创业万众创新取得积极的成效。

一　公平竞争市场环境基本形成

公平竞争市场环境是大众创业万众创新的基础条件。2016 年出台《青海省贯彻〈国家创新驱动发展战略纲要〉实施方案》，从建设创业创新公共平台、培育和发展创新型小微企业、实施积极的创业创新人才政策和鼓励大众创业万众创新等方面制定了相关政策措施，体现了顶层设计和政策支持，通过营造公平竞争的市场环境，使创业创新在新的起点上，规范涉企收费项目和管理制度、建立企业信用信息分布制度、全面推行行政审批制度改革，以激发创业创新活力，形成创业创新动力，让更多人积极投身创业创新实践，使创业创新步入长足发展轨道。

（一）出台促进创业发展的制度和规定

制度是软实力，具有重要的支撑作用，是创业发展的内在因素，也是创业发展的重要保障。青海省为促进创业发展，认真贯彻落实国务院出台的《关于推进大众创业万众创新若干政策措施的意见》《关于加快构建大众创业万众创新支撑平台的指导意见》《办公厅关于发展众创空间推进大众创新创业的指导意见》等文件，各地相应地出台了一系列文件，据初步统计，截至目前由省政府和有关部门制定的文件有 18 项，涉及工商登记、市场主体、企业名称、行政审批、“五证合一”和个体工商户发展等方面的内容，形成具有地方特色的政策措施。

1. 健全完善就业创业制度

创业带动就业是大众创业万众创新的核心问题。2015 年青海省人民政府出台《关于进一步做好新形势下就业创业工作的实施意见》，将就业创业工作纳入地方领导班子目标考核和绩效考核范围，各地区、各有关部门在贯彻落实实施意见的基础上，结合地方实际，提出具体任务，制定实施方案和配套政策。比如，西宁市制定《西宁市深化体制机制改革加快创新驱动发展实施方案》，黄南州政府先后出台了《黄南州关于全面深化科技体制改革加快自主创新建设的行动方案》《黄南州关于发展众创空间推进大众创业创新的实施方案》《黄南州关于推进农村信息化建设实施方案》《黄南州 2016 年城乡劳动力技能培训实施方案》等一系列政策文件。海西州及时制定出台了《关于加快培育市场主体激发市场活力实施办法》《德令哈市贯彻落实创新驱动战略工作实施方案》《德令哈市创建省级创业型城市工作实施方案》，这些规定使就业创业工作变得具体化。

2. 明确众创空间建设目标

众创空间是大众创业万众创新的重要基础。2015 年青海省人民政府办公厅制定《关于发展众创空间推进大众创新创业的实施意见》，提出到 2020 年，全省建成众创空间 50 家以上，培育企业 1000 家以上，基本形成创业创新全链条服务体系。到 2016 年，全省设市城市（含县级市）、州府所在地城镇、西宁经济技术开发区（青海高新区）、柴达木循环经济试验区、海东工业园区及青海大学、青海师范大学和青海民族大学各建成 1 家以上众创空间。2017年，全省有条件的城镇及职业技术学校（学院）建成1家以上众创空间，全省累计建成众创空间20家以上，培育企业500家以上，形成众创空间建设热潮。

3. 搭建创业创新支撑平台

为全面落实党中央、国务院关于大力推进大众创业万众创新的决策部署，青海省人民政府办公厅制定《关于加快大众创业万众创新支撑平台建设服务实体经济转型升级的实施意见》，以服务实体经济转型升级为目标，提出围绕青海省特色优势产业，依托龙头企业、高校、科研院所等各类创新主体，建设产学研紧密结合的专业化要求，构建一批“四众”平台，促进人才、技术、资本等各类创新要素高效配置和有效集成，不断提升科技服务创业创新的能力和水平，提出到2020年，争取实现各市（州）、县均建成1个以上功能完备的众创空间，聚集各类创业创新人员2000人以上。这些要求为创业创新奠定了坚实的基础，明确了时间表和路线图。

4. 形成创业创新政策体系

青海省人民政府坚持把创业创新作为经济社会发展的重要目标，实现创业创新带动经济增长并产生整体效应，加强财税、金融、产业、贸易等多领域的政策制定工作，先后已制定20多项政策，以促进创业创新工作的顺利开展。青海省人民政府办公厅制定了《关于进一步促进高校毕业生就业工作的实施意见》，青海省财政厅、省人力资源和社会保障厅、中国人民银行西宁中心支行印发《青海省创业贷款担保基金管理办法的通知》《青海省省级创业促进就业扶持资金管理办法的通知》。为激发创业活力，有关部门还制定了《关于调整提高我省享受城乡低保家庭和残疾应届高校毕业生一次性求职补贴及高校毕业生一次性创业奖励标准的通知》《关于青海省就业创业资金使用管理及有关问题的通知》。各地也相应地出台新政策，比如，西宁市制定《创业孵化基地认定及管理暂行办法的通知》，出台了《关于深化体制机制改革加快创新驱动发展的实施方案》《西宁市贯彻〈国家创新驱动发展战略纲要〉实施方案》等一系列政策措施。海北州制定《海北州贯彻〈国家创新驱动发展战略纲要〉实施方案》《进一步做好新形势下全州就业创业工作的实施意见》

《简化公共服务流程方便基层群众办事创业工作方案》等一系列相关政策文件，确保创新驱动改革，初步形成了“政府支持、市场主导、企业主体、全社会共同参与”的创新体系，形成创业创新局面。

（二）清理规范涉企收费项目及管理制度

2014 年国务院办公厅印发《关于进一步加强涉企收费管理减轻企业负担的通知》，要求进一步提高涉企收费政策的透明度，对按照法律、行政法规和国家有关政策规定设立的涉企行政事业性收费、政府性基金和实施政府定价或指导价的经营服务性收费，实行目录清单管理，不断完善公示制度。根据有关要求，青海省制定相应的规定，各地区、各部门严格执行目录清单管理，目录清单之外的涉企收费，一律不得执行。

1. 停止收取企业有关费用

省发改委与财政厅联合转发了《国家发展改革委财政部关于降低住房转让手续费受理商标注册费等部分行政事业性收费标准的通知》《财政部国家发展改革委关于取消和暂停征收一批行政事业性收费有关问题的通知》，对企业的登记费、年检费、验照费、营业执照和各类表格工本费等行政事业性收费给予取消。企业登记公告，免费换发营业执照，办理工商营业执照“零成本”。自 2014 年以来，全省取消验资报告一项为新登记企业减少费用已超过 5 亿元，仅取消企业登记费一项就为新登记企业减少支出超过 1.7 亿元，将报刊公告改为网上公示，为企业减少支出 1196.7 万元。

2. 实行小微企业减征所得税

2014 年至 2016 年，全省有 6660 户小型微利企业减免所得税 2873 万元，18 万余户小微企业共免征增值税 11.78 亿元。综合运用所得税政策，对高新技术企业，采取固定资产加速折旧、研发费用加计扣除和高新技术企业低税率等办法，对 34 户企业减免所得税 3999 万元、48 户企业落实研发费用加计扣除 91491 万元、3 户企业落实技术转让所得减免 485 万元、193 户企业落实固定资产加速折旧优惠金额 733 万元。特别对生物药品制造业、专用设备制造业、信息传输、软件和信息技术服务业等 10 个行业的中小企业研发费用加计扣除比例由 50% 提高到 75%，充分体现出政策的供给能力。

3. 制定促进支持小微企业创业创新发展规定

2015 年青海省出台了《关于支持小微企业创业创新发展的实施意见》，2016 年出台了《青海省中小企业创新能力提升工程实施方案的通知》等政策措施，进一步改善中小微企业创新发展的环境，加快供给侧结构性改革。起草了《青海省实施民营企业创新能力工程的指导意见》，提出加大资金支持力度、缓解企业融资压力等 8 项具体措施，有效激发市场主体发展新活力，全面优化全省非公经济发展环境，激发非公经济活力和创造力，促进非公经济持续健康地发展。加强与金融机构合作，挖掘纳税信用资源，配合推出“税易贷”等 5 款“银税互动”金融产品，建立健全小微企业新兴融资平台，2016 年，通过银税合作发放小微企业贷款金额 27.69 亿元，有效缓解了小微企业融资难和融资贵的问题。

（三）建立和规范企业信用信息发布制度

根据国务院《关于大力推进大众创业万众创新若干政策措施的意见》，青海省建立了公共信用信息共享交换平台和“信用青海”网站，规范企业信用信息发布制度。这个问题在调查问卷中也得到反映，当问到“您认为政府在企业信用信息发布制度方面做的是否到位”的问题时，认为到位的占总人数的 28.29%；认为比较到位的占总人数的 47.81%；认为不到位的占总人数的 12.75%；不了解的占总人数的 11.16%。说明信用信息发布制度在实施过程中透明公开，为企业的资信情况提供了准确的信息，实现投资企业快捷化、民生服务便利化、政府治理简约化，为经济社会发展注入了新活力、创造了新优势和开辟了新空间，营造了安全稳定的市场环境（见表 4－1）。

表 4－1　政府在企业信用信息发布制度方面工作是否到位

单位：%

序号	答案选项	所占比例
1	到位	28.29
2	比较到位	47.81
3	不到位	12.75
4	不了解	11.16

（四）实行行政审批制度改革

行政审批制度改革要求政府以转变职能、理顺关系、优化结构、提高效能为根本出发点，建设服务型政府，减少政府对经济活动的干预，建立健全制约和监督机制，推动政府服务更加规范有序、高效便民、公开透明，为大众创业万众创新增加公共产品和服务供给，为创业者提供更多机会。

1. 规范行政审批事项

2015 年，青海省人民政府办公厅印发《关于印发精简审批事项规范中介服务实行企业投资项目网上并联核准制度工作方案的通知》、青海省发展改革委印发《关于深入推进简政放权放管结合职能转变实施意见的通知》、青海省人民政府出台《关于创新重点领域投融资机制鼓励社会投资的实施意见》。这个问题在调查问卷中也有所反映，受访者在回答“您评价行政审批制度改革是否到位”的问题时，认为改革到位的占总人数的 34.66%；认为比较到位的占总人数的 39.04%；认为不到位的占总人数的 12.75%；不了解的占总人数的 13.55%。说明大部分人认为比较到位，这项工作得到肯定，体现了在行政审批制度改革方面已迈出坚实的步伐，为创业创新奠定了基础（见表 4－2）。

表 4－2　行政审批制度改革是否到位

单位：%

序号	答案选项	所占比例
1	到位	34.66
2	比较到位	39.04
3	不到位	12.75
4	不了解	13.55

2. 推进税务行政审批制度改革

加速推进税务行政审批制度改革，全面取消涉及 61 项税务非行政许可审批事项，保留了 7 项税务行政许可审批事项，实行清单式管理，实施税务行政许可审批网上办理，最大限度地为企业“松绑”。对营改增后国税部门办税服务厅出现的“办税人流量、交税业务量、纳税人等待时间”急剧上升的实际问题，采取多项办税措施，推出“税易贷”等5款“银税互动”金融产品。加强与金融部门协作，挖掘纳税信用资源，配合建立健全小微企业新型融资平台，在一定程度上解决贷款难的问题。截至2016年，通过银税合作发放小微企业贷款金额27.69亿元，有效缓解了小微企业融资难和融资贵的问题。

3. 提高商事行政审批效率

商事行政审批制度改革是降低创业门槛和简化创业程序的体现。为适应商事制度改革需要，政府实行市场准入“宽进”机制，简化优化登记环节和审批流程，缩短市场主体办照领证时间，企业名称登记由原来的向登记机关和名称核准机关提交申请改为只向一个窗口提交申请，办理时间由3个工作日缩短为1个工作日。比如，黄南州深化“放管服”改革降低创业创新制度性成本，推进简政放权、放管结合、优化服务。海南州推进审批制度改革，以落实权力清单、责任清单、负面清单为抓手，不断深化商事行政审批制度改革。海西州始终遵循“让权力在阳光下运行”的宗旨，对进入大厅的办理事项就政策依据、项目流程、申报材料、承诺时限、服务类别、收费依据及标准等进行全面公开。海北州扎实推进“五证合一”登记制度改革，以进驻行政服务大厅的市场监督管理局为主，制定了工作实施方案和倒排时间表。这些做法都明确了工作的具体内容、实施步骤和职责分工等问题。

二　商事制度改革有效推进

商事制度改革作为大众创业万众创新的有效形式，体现出简政放权、公共服务和行政管理效能的进一步提升，为加大改革力度，降低创业门槛，优化营商环境并使之起到重要的保障作用。实行“五证合一”“一照一码”“先照后证”，放宽新注册企业场所登记条件，建立市场准入负面清单、实行小微企业名录等一系列改革措施，有效地释放了市场活力，激发了创业热情，使之形成“快车道”。

（一）“五证合一”“一照一码”“先照后证”改革

2014年实施商事制度改革以来，青海省严格按照党中央、国务院简政放权、放管结合、优化服务的总体部署，紧密结合地方实际，坚持依法改革、突出地方特色，大力推进简政放权，持续降低准入门槛，不断优化营商环境，着力完善监管机制，积极形成大众创业万众创新的新引擎。

1. 实施“五证合一”改革

全面落实前置改后置审批项目，加快推进营业执照全程电子化登记管理，全面实施企业营业执照、组织机构代码、税务登记证、社会保险登记证和统计登记证“五证合一”改革，简化部门审批环节，缩短审批时间。据不完全统计，截至2016年底，全省新登记各类市场主体66672户，同比增长10.6%，其中，新发展企业16539户，同比增幅达33%。在企业和农牧民专业合作社中，积极推进了营业执照、组织机构代码证、税务登记证“三证合一、一照一码”改革，省、市（州）、县（区）三级同步提前实现了“三证合一”改革目标。

2. 实施“一照一码”改革

青海省工商局建立企业信息共享互认机制，加快推进部门网络互联互通，优化再造企业登记流程，实施“一站式”登记服务机制。目前，全省累计发放加载统一社会信用代码的营业执照7.03万份。同时，稳步推进个体工商户“两证整合”。在推进涉企“证照合一”的基础上，将证照整合的市场主体类型由企业延伸到个体工商户，在个体工商户中推行工商营业执照、税务登记证“两证整合”，进一步优化了个体工商户登记审批流程，降低了创业准入的制度性成本。

3. 实施“先照后证”改革

为大力减少行政审批，将原来先办理行政审批后领取营业执照的“先证后照”登记模式，改为不涉及工商登记前置审批事项的先领取营业执照后行政审批的“先照后证”登记模式。将226项工商登记前置审批事项减少到29项，仅占原来的13%，将157项行政审批调整为工商登记后置审批，并再次缩减到135项，缩减了近15%，实现了不涉及行政审批的经营事项由企业自主选择，最大限度地将经营自主权交还给市场主体。

（二）放宽新注册企业场所登记条件限制

2015年青海省政府先后出台《关于改革工商登记制度促进市场主体发

展的意见》《关于进一步加快培育和发展市场主体的意见》，降低准入门槛，放宽准入条件，简化准入环节，减少创业成本，持续激发创业创新活力，为经济结构的转型升级提供了新动力。

1. 放宽注册资本登记条件

各州地市实行企业登记“零门槛”、“零成本”、“零障碍”和“先照后证”登记制度，取消注册资本中介机构审验，实现了工商登记“零门槛”。全部取消企业和个体工商户注册登记费、年检费、验照费、营业执照工本费等行政事业性收费，将新注册企业报刊公告改为网上公示，并联合省个体私营企业协会，停收个体私营企业会费，实现了工商登记“零收费”。

2. 实行住所登记制度改革

2014 年，青海省政府出台《青海省市场主体住所（经营场所）登记管理办法》，围绕城镇和农村牧区两个区域，放宽住所和经营场所登记条件，简化证明材料，有效盘活了场地资源。同时，建立“一照多址”和“一址多照”等促进集群发展的登记制度，有效推动了创业园、孵化器、众创空间等快速发展，为全省经济发展增添了新活力。

3. 实施注册资本登记制度改革

截至目前，根据资料统计，全省各类市场主体注册资本达到 8383 亿元，较改革前增长 76.7%。市场主体得到持续快速增长，有效激发了投资创业的热情，促进了新设企业的快速增长。2014 年，青海省新登记市场主体 5.5 万户；2015 年，新登记市场主体 6.3 万户；2016 年 1～11 月，新登记市场主体 6.67 万户，出现了井喷式增长势头。对于这一情况，在调查问卷中也得到反映。当问到“您认为现在对新注册企业登记条件是否宽松”的问题时，认为非常宽松的占总人数的 31.87%；认为比较宽松的占总人数的 39.04%；认为不够宽松的占总人数的 12.75%；不了解的占总人数的 16.33%。说明政府放宽新注册企业登记条件的力度在不断加大，也取得了明显的成效，创业群体对现在的企业登记制度比较认可，普遍给予好评，新的企业登记制度产生了积极的社会效益（见表 4－3）。

表 4-3　新注册企业登记条件是否宽松

单位：%

序号	答案选项	所占比例
1	非常宽松	31.87
2	比较宽松	39.04
3	不够宽松	12.75
4	不了解	16.33

（三）依托企业信用信息公示系统建立小微企业名录

为充分发挥信息数据的作用，需要建立小微企业名录。青海省工商局对不同区域、不同产业和不同领域，结合各地发展特点，深入研究突出问题，运用大数据开展统计分析，先后编写发布了市场主体、商标、广告发展和消费维权报告，有效引导和促进了小微企业理性投资、公平竞争，将部门化、碎片化的信息数据进行整合，建成了“青海小微企业名录系统”，实现服务平台有效化。建立四大板块，体现为“政策集中公示、扶持申请导航、享受扶持政策信息、小微企业库”，向社会公开小微企业名单，形成申请导航，实现与国家工商总局的链接。

三　知识产权保护制度改革不断创新

按照国务院要求，牢固树立新发展理念，以供给侧结构性改革为主线，深入实施知识产权战略，完善知识产权创造、保护和运用体系，大力推进综合管理改革和知识产权体制机制形成，加快建立便民利民的知识产权公共服务体系。加强知识产权的保护不仅是国际发展的趋势，也是国内发展的内在要求，正如李克强总理指出：“当前我们正处于知识创造财富、知识引领经济发展的时代，知识已经成为工业 4.0 时代最重要的创造力和生产力，世界经济的发展模式已经从过去以资源和能源投入为增长动力转变为以知识创新为增长动力，知识创新优化并升级了当前的产业结构，整合了不合理的产业格局，实现了经济的可持续发展和健康稳增长。”说明知识产权是重要的生产力，是经济发展的软实力。

（一）推进知识产权交易

知识产权能够产生巨大的经济价值。加强知识产权创造、运用、保护、管理和交易是体现知识产权的作用所在。2010 年以来，青海省不断加大知识产权创新体系建设和科技成果转化工作，全面落实《国家知识产权战略纲要》，大力推进知识产权人才工程，积极做好知识产权创造、应用、保护和管理等工作，强化知识产权制度在经济和社会发展中的政策导向作用，体现出教育、科技、研发等一系列活动，获得整体性效益。

（二）强化知识产权保护和应用

知识产权的保护与应用是重中之重。依照《青海省专利促进与保护条例》相关规定，分别设立市、县区、园区专利专项资金，按照属地原则，用于支持专利项目申请、维持、维权以及专利成果转化、培育专利人才等专利事业。出台《关于加强知识产权工作实施方案》，强化和提升知识产权工作和制定《专利资助资金管理办法》，明确和规范资助范围及资金使用，支持知识产权转化应用，健全完善市（州）、县（区）知识产权管理、服务职能。

（三）完善知识产权维权机制

加强知识产权维权体现出智力成果的重要性。青海省已建立知识产权侵权查处快速反应机制，推进知识产权民事、行政、刑事“三合一”审判机制，发挥知识产权法庭作用。建立申请、预警、鉴定、维权援助、纠纷调解、行政执法、仲裁、司法诉讼为一体的知识产权维权制度，逐步形成知识产权综合执法体系和专业化市场化服务体系，大力推广知识产权维权援助制度。健全知识产权信用管理制度，将符合条件的侵权假冒案件信息及时纳入省内公共信用信息服务平台，强化对侵犯知识产权等失信行为的惩戒。

四　创业人才培养与流动机制建设效果显现

人才是第一资源，是创业创新最关键的因素。充分调动科技人员、青年大学生、引进人才和本地人才是形成创业创新人群的坚实基础。创业人才培养与流动机制体现了集聚人才能力，打造具有专业技能的队伍，增强创新驱动能力的效果。培养“高精尖缺”人才，采取多种途径使用各类人才，形成市场需求的流动机制，重视人才和智力支持，通过开展一系列工作，现已形成创业教育与培训制度化，实行多元化人才引进培养、破除人才自由流动障碍和人才绩效评价，这些做法有效地改进了创新人才的工作方式。

（一）创业教育与培训制度化

创业教育与培训是基础性工作，具有内在的联系性。为实现教育培训目标，青海省财政厅多次举办中小企业中高层管理人员培训班，组织全省各市、州中小企业管理部门，中小微企业中高层管理人员赴省外参加培训，培训立足本省实际，实践与考察相结合，突出针对性、特色性、实效性，不断提高中小企业自主创新能力和经营管理水平。比如，西宁市出台《（2010～2020年）中长期人才发展规划纲要》《人才工作先进集体和优秀人才评选奖励办法》《人才培养和引进工作若干意见（试行）》《有突出贡献优秀人才评选奖励办法（试行）》等政策措施，努力营造尊重劳动、尊重知识、尊重人才、尊重创造的良好氛围。又如，海西州重视科技合作，先后与科研院所和高校进行科技合作，与中科院西北高原生物研究所等5所科研院所和高校签订了科技合作协议。再如，海南州组建博士专家工作站，共有18名研究员、教授及博士、博士后入驻。这些做法充分体现出在科技人才“传、帮、带”等方面取得的成就，为先进的科研成果及时转化提供了强大的动力。

（二）完善多元化人才引进培养体系

人才是生产力发展中最具有活力、最具有决定性的因素。青海省高度重视人才工作，特别是实行柔性引智，对涉及的医疗卫生、文化教育、农业技术等多个领域，采取项目推进专业技术人才培养措施，已累积实施引智项目50项，大力推广“人才+项目+基地”培养模式，人才工作和人才队伍建设力度不断加强。目前，拥有高层次创新型人才501名，学科带头人304名，自然科学与工程技术骨干人才5912名，专业技术人才总量达到5.03万人。

（三）破除人才自由流动障碍

青海省坚持“人才资源是第一资源”，不断强化对人才工作的领导。投入资金1.7亿元建设创业孵化基地，搭建人才服务平台。扩大交流合作，搭建引智聚才平台。先后从清华大学、北京大学、同济大学等知名院校引进一批城市规划、交通管理、经济管理等紧缺专业人才。引进10批90余名涉及金融、规划、交通、农牧、医疗等行业的“专家博士服务团”成员开展技术指导和人才培养工作，联合清华大学开展博士生服务西宁社会实践活动。

（四）建立创业创新人才绩效评价机制

为加快人才评价制度改革，突破科技人才职称限定。改革完善职称评审制度，扩大用人单位自主权。坚持应用技术研究重在市场认可的导向，改变全省科技人才评价过于单一和偏于理论研究的倾向，淡化应用型人才论文要求。对获得国家或省部级科学技术奖励的和在本专业领域取得授权专利、研发创新成果并实现产业化的，主导国内外技术标准制定或修订的、在本专业领域取得重大创新的，为经济社会发展做出突出贡献的科技创新人才、按照国家和省市有关政策规定引进的急需紧缺人才，一律突破学历、岗位、职级等条件限制，优先破格申报高级专业技术资格。

第二节　体制机制创新改革中存在的主要问题

体制机制是宏观层面的设计和规定，具有引导性作用，促进大众创业万众创新按步骤、分阶段、有计划推进，并起到规范作用。青海省各地区围绕工作主题，坚持稳中求进，适应经济社会发展新常态，取得了显著的成效。为推进这些工作的深入发展，在看到取得的成就的同时，正视存在的问题，体制机制创新改革在制度的形成、政策的规定、市场优惠条件和舆论环境的营造等方面还有一定差距，结合区域性、阶段性、目标性要求，需要找准问题的症结，使大众创业万众创新取得实质性进展。

一　营造公平竞争市场环境欠缺，政策整体效益不佳

2015年6月11日，国务院颁布了《关于大力推进大众创业万众创新若干政策措施的意见》，对于完善创业创新体制机制，构建有利于大众创业万众创新蓬勃发展的政策环境具有重要理论意义和现实意义。结合文件要求，对照实际情况，在政策出台的初衷、规定的条件和现实状况等方面反映出与

促进创业创新的政策规定还有一定的差距，在公平竞争市场环境的营造上存在着影响创业创新的问题。

（一）政策合力尚未形成

大众创业万众创新是全方位、系统性工作，涉及多个部门、多个事项和多个环节，要求不断地出台新的政策、制度和规定，形成多方面的保障措施，使这些工作成为大众受益的社会活动。在调查和访谈中，受访者或被调查者普遍反映各级政府制定出的若干项制度和优惠条件，在本部门产生了积极的效果。但是，存在的问题是政策的合力未真正形成，政策的含金量、覆盖面和实效性未真正体现，创意培育途径、项目支持力度、企业孵化要求、终端价值实现、创业生命周期的政策支持没有形成相应的环节，只是各个行业部门按照职能分头推动创业创新工作，缺乏紧密的沟通协作机制，彼此联系性欠缺，政策的个性不够凸显，有的出现“单打一”现象。比如，人社部门有不同的工作要求和特点，团委有不同的对象和条件，市场监督管理有不同的资格和规定，金融行业有不同的放贷条件和优惠规定，这些问题导致政策途径、实施对象和效果不同。这种现象通过调查问卷也得到了体现，在问到“您是否了解关于大众创业万众创新的政策措施”时，完全了解的受访者占总人数的 22.71%；部分了解的占总人数 51.39%；不了解的占总人数 25.90%。说明大部分人对政策不够了解，特别是对具体的规定和要求还比较陌生，更谈不上全面掌握政策，这从另外一个方面也反映出政策的零散性，受众人群只对某一方面有认知，未形成对整体的了解和关注（见表 4－4）。

表 4－4　关于大众创业万众创新政策措施的了解程度

单位：%

序号	答案选项	所占比例
1	完全了解	22.71
2	部分了解	51.39
3	不了解	25.90

（二）政策顶层设计欠缺

在全省、州市层面的顶层设计方面，普遍存在已有的政策过于分散，缺乏系统性、连续性、承接性，对创业创新的针对性不强，而且部分政策因为制定时间已久而不能适应新的形势发展变化，实效性未真正体现出来的问题。从调研反映出有的地方上一个文件精神还没有来得及消化吸收运用，下一个文件又做出规定，特别是地方与中央的政策存在一个口径要求、上下一般粗的现象，与创业个体和企业多样化的需求不相适应。政策制定中部门协同不够，各自为政、相互叠加、重点不突出，导致碎片化、倾向化和孤立化现象严重，出现政策横向割裂、纵向不衔接，政策价值没有得到真正实现。

（三）政策实效性价值被稀释

在评估活动中，通过调查一些创业者和小微企业负责人，认为政策配套落实的有关措施较少，对政策缺乏了解与认识，企业没有专门的人跟踪研究政策，哪些是优惠条件，行使的具体要求和规定不够清晰。特别是一些符合政策的条件要求又过高，覆盖面有限，真正的创业资金支持少，创业动力激发不够，为创业活动保驾护航的做法比较少。比如，在调查“是否已建立市场准入负面清单”问题时，认为部分建立的受访者占总人数的36.25%；认为建立的占总人数的31.08%；不了解的占总人数的23.11%。说明大部分人认为到现在市场准入负面清单还没有完全建立起来，同时，还有相当一部分人对市场准入负面清单不清楚、不了解，说明政策体制机制的推进实施工作还任重道远，还需要不断地强化和深化，以真正形成创业创新政策倒逼简政放权的要求，使市场活力不断得到激发（见表4－5）。

表4－5　地区（行业、部门）是否已经建立了市场准入负面清单

单位：%

序号	答案选项	所占比例
1	建立了	31.08
2	部分建立了	36.25
3	未建立	9.56
4	不了解	23.11

同时，关于政府出台的有利于公平竞争的审查制度是否完善的问题，通过调查问卷也反映出政策要得到具体体现，不但要有宏观的规划，还要有微

观的操作，只有将两者相互结合，才能使政策落地，也才能使政策不被稀释。关于“您认为政府出台的有利于公平竞争的审查制度是否完善”的问题，认为非常完善的受访者占总人数的33.47%；认为比较完善的占总人数的37.85%；认为不完善的占总人数的13.55%；不了解的占总人数的15.14%。说明审查制度的完善与否，是政策实效性价值得到体现的衡量标准，也是促进政策贯彻落实的有效形式（见表4-6）。

表4-6　政府出台的有利于公平竞争的审查制度是否完善

单位：%

序号	答案选项	所占比例
1	非常完善	33.47
2	比较完善	37.85
3	不完善	13.55
4	不了解	15.14

（四）市场准入门槛过高

在大众创业万众创新中，国务院先后下发多个文件要求解决创业创新中出现的问题，但在实践中出现政策掣肘、“玻璃门”、“旋转门”、“弹簧门”的现象。特别是民营企业融资难、融资贵、企业税费摊派过多、负担过重等问题仍然比较广泛地存在，妨碍和干扰民营经济的正常发展，创业创新环境仍然不宽松。如贷款融资比较困难，企业进行贷款时限一般是几个月，同时，贷款公司利息高，时间长、成本大、手续多。在调查问卷时问到“您认为政府出台的清理妨碍创业发展的有关制度规定是否到位”的问题，认为部分到位的受访者占总人数的40.24%；认为到位的占总人数的33.86%；认为不到位的占总人数6.77%；不了解的占总人数的19.12%。通过这些数据能够清晰地反映出大部分人认为通过简政放权促进企业发展所取得的效果还是不够理想，还存在制度的制约问题，尽管通过商事制度改革、构建投融资渠道形成创业平台，但是，为企业发展保驾护航，清理不必要的障碍还有不彻底性，还需要在更广范围内强力推进（见表4-7）。

表 4－7　政府出台的清理妨碍创业发展的有关制度规定是否到位

单位：%

序号	答案选项	所占比例
1	到位	33.86
2	部分到位	40.24
3	不到位	6.77
4	不了解	19.12

（五）政策宣传普及和影响力不够

政策的宣传普及是一项系统工作，需要有步骤、分阶段、有重点地进行，以实现宣传效果的持续性。在调查问卷问到“您是否了解国务院《关于大力推进大众创业万众创新若干政策措施的意见》和青海省《关于发展众创空间推进大众创新创业的实施意见》”的问题时，结果体现为三个层次：完全了解的受访者占总人数的 31.87%；部分了解的占总人数的 48.61%；不了解的占总人数的 19.52%。从数据反映出全面了解的人数有限，大部分只是部分了解，缺乏整体和宏观的知悉，这样有些优惠政策他们就享受不到，直接影响创业者的积极性和主动性。在不了解的群体中，说明有关部门宣传、讲解、普及、报道得还不够，新闻舆论的引导性欠缺，相应地对政府出台的清理妨碍创业发展的有关制度规定是否到位、政府出台的有利于公平竞争的审查制度是否完善、政府在企业信用信息发布制度方面做得是否全面、行政审批制度改革是否到位等方面的知晓率、认知率和感知率范围不够广泛，这是制约创业创新发展的短板，还需要加大力度，广为宣传和报道（见表 4－8）。

表 4－8　对国务院和青海省出台大众创业万众创新政策措施的了解程度

单位：%

序号	答案选项	所占比例
1	完全了解	31.87
2	部分了解	48.61
3	不了解	19.52

在调查问卷问到“您认为青海省制定的《关于进一步做好新形势下就业创业工作的实施意见》效果如何”的问题时，认为非常好的受访者占总人数的31.47%；认为比较好的占总人数的36.25%；认为一般的占总人数的14.34%；认为较差的占总人数的3.19%；不了解的占总人数的14.74%。说明在新形势下以稳增长促就业，以鼓励创业带动经济增长，建立健全经济社会发展是时代的要求，该意见就大力实施优先战略、推进创业带动就业、高校毕业生重点群体就业工作、职业教育和培训以及保障措施五个方面做出全面规定，重点明确18个问题，这对于创业创新起到引导作用，可见其重要性和紧迫性。然而，对这项重要的实施意见，了解、知道、有认知的人群还不够普遍，影响大众创业万众创新的深入开展（见表4-9）。

表4-9 对青海省制定的《关于进一步做好新形势下就业创业工作的实施意见》效果评价

单位：%

序号	答案选项	所占比例
1	非常好	31.47
2	比较好	36.25
3	一般	14.34
4	较差	3.19
5	不了解	14.74

二 商事制度改革不够到位，缺乏规范化运作

商事制度改革释放了市场活力，有力地推动了工商登记注册便利化，进一步优化了营商环境，为创业就业提供了更加广阔的空间。在商事制度改革进程中，还存在一些制约因素，在基础条件的提供上，软件的建设上、工作人员的培训上等各方面存在管理方式落后、信息化建设滞后的问题，在一定程度上阻碍商事制度改革的进程。

（一）编制少、人员缺、工作量大

调查和实际情况反映出，现有的企业登记人员新手多，公益性岗位的人

员业务不熟悉，难以做到精准、熟练、快捷，登记人员忙于增长的市场主体登记注册工作，向行政审批部门送达后置审批事项缺少人员，审批仍然较多，环保评估、消防评估、能耗评估等有形与无形的门槛较多，严重束缚了创业者的主动性和积极性。

（二）商事主体管理方式相对落后

商事制度改革中，小微企业多数处于家族式管理、经验管理的层面，部分企业战略意识模糊，发展目标、市场分析、产品定位、资源规划等方面不清晰。人员整体素质偏低、技术基础薄弱、专业人才匮乏，基本上无力开展产品、工艺、设备的技术创新，产品技术含量低，工业产品主要是以原料或低附加值产品形式进入市场。比如，海西州工业类中小企业中拥有品牌、专利技术和知识产权的企业比例不高，研发能力不够强。

（三）信息化建设滞后，应变能力不强

中小企业信息化建设滞后，经营者对信息化认识不够，投入资金不足，加之，尚未建立完善的信息化服务平台，缺乏应变能力，不能及时准确地做出决策。现代物流业发展尚处于起步阶段，不能提供足够的流通加工、物流信息服务、库存管理、物流成本控制等物流增值服务。

（四）商事主体起点不高

根据调查，从总体情况看，目前，各地“大众创业万众创新”还处于起步阶段，地区之间发展也不平衡，比如，西宁市发展水平较高，成就比较突出。海西州在产业结构方面有地方特色，注重科技型企业的发展，重点建设盐湖化工、油气化工、煤化工和金属冶炼四大传统产业。有的地方粗放型经营企业多、科技型企业少，相当部分的创业者还处于作坊式生产、家族式管理阶段，大多数企业科技含量较低，创新意识不强，研发投入不足，缺乏有影响力的市场品牌。

三　知识产权保护不够全面，科技成果转化受限

知识产权保护是引领创业创新发展的第一动力，通过科技创新转换发展动力，以适应结构优化和动力转换的新常态。知识产权保护范围广泛、内容丰富、经济价值突出，面对经济发展新常态下的趋势变化和特点，知识产权

的保护是为了适应创业创新发展需要，实现创业创新可持续发展的根本举措。与保护要求相比，知识产权的范围、层次、效果、转化、运用等方面还有相当的差距，知识产权的价值凸显不够，影响创业创新的长足发展。

（一）企业未建立知识产权保护体系

关于企业知识产权保护问题，通过访谈了解到，有一定数量的企业未建立知识产权保护体系，知识产权意识欠缺，重视程度不够影响知识产权各个环节的工作。在实践中出现的知识产权如何管理、如何激发、如何提供各项条件等诸多方面的工作还没有真正落实，未形成建章立制的效果。调研中了解到有的企业投入了大量的财力、物力、人力进行研发，但是，当成果完成后，研发人员又发表了相关论文，从而导致企业失去申请专利保护的机会。对于有的企业，知识产权管理部门没有对其重要性足够重视，同时，又缺乏专业管理人员，这些问题都严重制约了对企业知识产权的保护。

（二）科技成果转化应用效率不高

根据调研了解到，企业对自主创新能力比较重视，但未形成健全的机制，在成果转化上有的是一厢情愿，有的是找不到转化条件，忽视本地资源的发挥，未形成良性的发展机制。同样，高校、科研院所自主创新能力也未得到充分体现，重视不够，忽视成果的质量和转化效率，这也成为制约科技成果的重要瓶颈。从美国、日本、欧盟等发达国家和地区对科技成果运行的做法看，孕育科技成果的条件是市场竞争，市场竞争才是驱动科技成果的根本动力，在这个过程中，企业创新科技成果需要与大学、科研机构保持紧密协作，构建高效的协同创新与成果转化机制，这样才能使科技创新活力与创造潜能得到最大限度的激发。尽管青海省出台的《关于发展众创空间推进大众创新创业的实施意见》规定科技人员以知识产权和科技成果作价入股到众创空间等创业平台创办企业，其占股比例不设上限，各方共同商定，属职务创造发明的，相关个人可以持有一定股权，这种优惠的条件，未得到普遍的体现，在范围和人员上还十分有限。

（三）知识产权保护制度有待完善

目前，我国知识产权保护主要有两种方式，即司法保护和行政保护，在这两种方式中，各自的要求、侧重点、社会效果不同，处理问题的角度和依据也各不相同，有时会出现结果不一致的情况。与此同时，现有的我国知识产权法主要是《著作权法》《专利法》《商标法》三部法律，在实际运用中，这三部法律之间也有不协调的问题，加之，地方性法规制定不够完善，有些领域还处于空白状态，滞后于经济发展需要，特别是在日新月异的高新技术发展态势下，如何保护高新技术、如何良性发展、如何形成生产力等问题被提到议事日程。从科技成果产生的价值看，各种产权保护制度不够完善，创新的成果产权归属界定不明确，对“使用权、处置权、收益管理权”不清晰，成果转化未得到及时保障，还未形成整体的保护体系。在保护方面地方性法规的社会效果还不够充分，层次、标准、要求还不够统一，影响知识产权保护广度、力度和深度。在调查问卷中问到“您认为我省有关知识产权维权保护规定是否到位”的问题时，认为完全到位的受访者占总人数的 27.49%；认为部分到位的占总人数的 42.23%；认为不到位的占总人数的 13.15%；不了解的占总人数的 17.13%。说明知识产权维权意识在创业创新群体、保护手段和获得的补偿等方面与实际要求有相当大的差距，还需要加大力度，不断地广泛宣传与推广，认识到知识产权创造社会财富的价值（见表 4－10）。

表 4－10　青海省有关知识产权维权保护规定是否到位

单位：%

序号	答案选项	所占比例
1	完全到位	27.49
2	部分到位	42.23
3	不到位	13.15
4	不了解	17.13

四　创业人才培养不够突出，人才体制机制不够完善

创业人才培养与流动机制促使创业创新的范围得到扩大，创业创新人才得到培养，其根本目的是通过人才的培养和流动机制的建立，实现社会在教育和培训方面形成制度化、体系化和规范化。这一方面还存在一定差距，运行机制

不够灵活，人才评价体制不够完善，重视人才培养与实行人才流动还未形成真正的机制，在一定区域和范围内提供的物质条件不充分，优惠条件力度不够大，激发创业人才的积极性还不足，人才培养与流动机制还需要不断完善。

（一）创新人才有待强化

创业人才是激发创业的必备因素。青海省的省情、州情、县情与发达地区相比有其特殊性，属于欠发达地区，突出问题是技术和人才短缺，创新水平和创业层次较低，创业创新服务能力比较薄弱，知识产权、科技成果转化速度缓慢，创业创新的总量比较小，全社会创业人才培养与流动机制尚未真正形成。调研中了解到大部分处于低层次的技术，有的只是信息的简单加工与整理，进一步深入分析提供可行性参考还做不到，一方面受到知识结构的限制，另一方面受到专业技能的制约，能够在行业、领域担当领军任务的高层次科技创业创新人才匮乏，相应地鼓励和支持创业创新的政策措施在某些领域就比较分散，没有形成合力。

（二）培养人才途径有待拓宽

目前，人才紧缺是“最大的瓶颈”。科技人才严重匮乏，根据调查，现有的科技人员 90% 以上集中在科研院所和医院、学校等事业单位，作为技术创新主体的企业其科技人员不到 10%；高层次科技人才、科技创新领军人物、尖端人才、复合型人才和学科带头人匮乏，受到气候环境、薪酬待遇等因素的影响，主导产业学科带头人分布不均衡，引进人才、留住人才更是比较困难。如海南州人才缺乏，科技创新支撑体系不够完善，据 2016 年统计，全州专业技术人员共 8047 人，其中研究生仅占 1.6%。人才匮乏造成绝大多数企业难以获得研发能力，即使引进技术和项目，也难以达到消化吸收再创新的目的。此外，有的州缺少高等院校和研究院所，企业的研发力量薄弱，研发人员知识结构单一。在青海六州中，西宁市、海西州研发能力、水平、层次较高，相对而言，海南州、黄南州、海北州的研发能力在某些方面有特色，但范围不够广泛，而玉树州、果洛州在人才培养、使用等方面还有相当大的差距。其主要原因是地域的限制、条件的制约和高海拔地区的影响，这些因素导致人才的严重不足，政策奖励机制在某些方面得不到充分体现，效果不够明显。

（三）创业创新科技服务能力不强

创业创新需要公共服务团队，提升创业创新水平。比如，海西州科技创新人才不足，领军科技人才紧缺。全州科技人才总量不足、层次低，主要分布在大中型企业，多数企业中高素质创新人员少，而且大多数进入政府、企业领导岗位或外流，现有的中层生产管理和技术人员主要以维持生产为主，是生产一线员工，大多数缺乏技术职业培训，文化教育程度较低，尤其是各行业高层次领军型科技人才十分缺乏，导致创新不能持续和得到系统推进，有的产业发展技术难题根本无法得到解决。这些问题通过调查问卷也得到反映，在"您认为现行的国民教育体系在创业教育和培训制度上是否健全"的问题中，认为非常健全的受访者占总人数的25.09%；认为比较健全的占总人数的44.62%；认为不健全的占总人数的16.33%；不了解的占总人数的13.94%。国民教育对创业创新具有基础和铺垫作用，只有教育的全覆盖，才能实现创业创新的全动员，为其提供智力支撑（见表4－11）。

表4－11　现行国民教育体系在创业教育和培训制度上是否健全

单位：%

序号	答案选项	所占比例
1	非常健全	25.09
2	比较健全	44.62
3	不健全	16.33
4	不了解	13.94

同时，对"您认为现在人才自由流动的途径是否畅通"的问题，认为非常畅通的受访者占总人数的24.3%；认为比较畅通的占总人数的43.43%；认为不够畅通的占总人数的21.12%；不了解的占总人数的11.15%。说明在人才自由流动问题上，无论从中央层面，还是从地方层面都出台了多项政策、制度、规定、措施，形成各具特色的发展趋势，青海省结合本地实际，大力推行引才聚才，实行柔性引才制度，取得了显著的成效。与此同时，也表现出政策的落地还需要加大力度（见表4－12）。

表 4－12　现在人才自由流动的途径是否畅通

单位：%

序号	答案选项	所占比例
1	非常畅通	24.3
2	比较畅通	43.43
3	不够畅通	21.12
4	不了解	11.15

第五章

财税金融政策

财税金融是推动大众创业万众创新的重要工具，发挥着不可替代的独特作用。本章对财税金融支持大众创业万众创新工作的基本成效进行了总结，指出了其中的不足和问题，既包括财政、税收和金融支持“双创”工作的共性问题，也包括各自面临的困境问题。

第一节　财税金融支持大众创业万众创新的主要做法与成效

近年来，青海省财税金融部门和单位积极落实中央和省委省政府关于大众创业万众创新方面的一系列政策措施，服务水平不断提升，支持力度不断加大，取得了显著成效。据调查，全省小额贷款公司数量由 2014 年的 81 家增加到 2016 年的 86 家，担保公司（平台）从 2014 年的 69 家增加到 2016 年的 76 家。据统计，2014、2015、2016 年，全省研发费用加计扣除金额分别为 4.44 亿元、5.15 亿元、5.83 亿元，小微企业减免税款金额分别为 10200 万元、34975 万元、76369 万元，发放创业担保贷款分别为 5.8 亿元、6.4 亿元、7.1 亿元，设立创业担保基金分别为 2.56 亿元、2.58 亿元、2.69 亿元。

一　全省财政支持大众创业万众创新扎实有效

近年来，青海省财政部门积极落实中央和省委省政府关于大众创业万众创新方面的一系列政策措施，加大支持力度，创新支持方式，推动财政支持“双创”工作扎实有效开展。

（一）大力培育创业创新主体，释放创业创新活力

针对不同类型创业创新主体的需求和特点，分类制定财政扶持政策，让

每个有意愿创业创新的主体都有机会和空间。

1. 支持小微企业创业创新发展

青海省财政部门制定出台支持小微企业创业发展实施意见，2014～2016年累计安排财政资金1.2亿元，支持小微企业改善基础设施条件和开展科技创新。全省以西宁市为重点工作对象，积极向国家申报小微企业创业示范城市，争取到2亿元相关补助资金。西宁市将2亿元的奖补资金主要用于小微企业创业创新基地城市示范建设，优先安排到具有重点示范和辐射带动作用的项目，支持小微企业创业创新发展（见表5－1）。

表5－1　西宁市中小企业发展资金安排使用情况

单位：万元

序号	项目名称	金额
1	西宁市、区（县）联动培育创业创新孵化基地项目	9000
2	西宁市创业孵化基地项目	3000
3	城北创业创新集聚区建设项目	1000
4	大通北川铝镁产业园建设项目	2000
5	湟中民族文化旅游产业园和中小企业创业园项目	2000
6	湟源青藏高原原产地特色产业集聚区项目	2000
7	青海省创业发展孵化器有限公司大学生孵化基地项目	500
8	青海省中小企业发展服务中心平台信息化服务改造项目	500

注：数据由西宁市相关部门提供。

2. 大力推进政府向社会力量购买公共服务

青海省财政部门通过制定出台相关政策措施和政府购买服务指导性目录，采取民办公助、公建民营等方式，鼓励社会力量积极参与公共服务。先后启动实施政府购买养老、基本公共卫生、残疾人康复、学前教育等10余项服务项目，有力促进了服务业的发展。2016年，西宁市城西区强化财政支持创业创新力度，安排专项资金1502.3万元，其中，安排公益性岗位补贴配套资金180万元、公共服务人员工资及社保补贴744.70万元。

3. 建立省级创业促就业扶持资金

从2015年起，每年从失业保险基金滚存结余中按10%提取资金，用于发放首次创业补贴、创业一次性奖励、一次性创业岗位开发补贴、创业孵化基地建设奖补，支持打造劳务品牌、补充创业贷款担保基金、支持举办各类促创活动等，并将扶持资金安排与现行各类创业就业政策相结合，在改善创业环境和政府创业服务条件的同时，通过财政资金扶持，引导和鼓励城乡劳动者积极投身创业，更好地促进就业。

（二）加快创业创新孵化载体建设,聚集整合创业创新资源

坚持把创业孵化基地建设作为推动大众创业万众创新工作的关键，持续加大财政资金投入力度。支持和鼓励高等院校整合校内外创业创新资源，开展协同创新，建设众创空间和大学创业园，为创业创新提供一站式服务，实现高校成果转移转化和产业化。青海大学借助清华大学、华东理工大学、中国农业大学等对口支援高校优势资源，打造全省首个国家大学科技园，有效服务于青海省实施创新驱动发展战略，助推产业结构优化和经济提质增效。2014～2016 年，青海省财政部门累计安排财政资金 0.65 亿元，对认定和评优的 18 家省级创业孵化基地给予奖补。

西宁市、海西州财政支持创业创新孵化基地建设走在全省前列。西宁市加快落实创业孵化基地建设资金，2014 年全市拨付财政资金 6000 万元，在市级、四区（城东区、城中区、城西区、城北区）建设创业孵化基地。2015 年拨付创业扶持资金 1204 万元，改善创业环境，提高创业成功率。2016 年拨付 135.93 万元，对进入孵化基地和创业一条街的创业创新企业给予房租补贴，对未进入孵化基地的初次创业者给予一次性奖励。2015～2016 年，海西州下达创业创新建设资金 1750 万元，支持小微企业创业创新孵化基地建设。

（三）强化财政资金引导，协同金融机构扶持创业创新

进一步完善创业贷款担保基金融资平台，通过扩大担保对象范围、提高担保贷款额度、延长贷款期限、扩大经办金融机构范围、降低贷款反担保比例等措施，有效解决创业者融资难的问题，引导和鼓励城乡劳动者自主创业，以创业带动就业。截至 2017 年 4 月，全省各级财政已累计筹集创业担保贷款基金 3.4 亿元，其中省财政注入资金 2.8 亿元，累计发放担保贷款 38.5 亿元，共扶持 3.86 万人次自主创业，带动就业 12.16 万人次。

认真落实创业担保贷款贴息政策，对个人或企业申请的创业担保贷款，

由财政按基准利率给予全额贴息，并适当放宽贴息范围，对超出中央财政负担的贷款贴息，由省、市（州）财政按 7∶3 的比例分担。截至 2017 年 4 月，已累计发放贷款贴息 1.9 亿元，有效缓解了城乡创业者融资难的问题。探索设立青海省大学生创业创新投资引导资金，每年从省级科技发展专项资金中统筹安排 5000 万元，专项用于大学生利用自主研发或由其他合法渠道获得的技术进行创业创新活动。截至 2017 年 8 月底，通过引导资金带动，创业大学生获得天使投资、风险投资、银行贷款和其他各部门资金累计 7431 万元。

（四）完善普惠性财税政策，营造创业创新环境

加大资金投入，着力改善创业就业服务条件。三年（2014～2016）来，累计安排就业补助资金 29 亿元，支持各地区职业技能培训、职业介绍、技能鉴定、社保补贴、岗位补贴等政策的落实，推动海东、德令哈、玉树市创业型城市创建，开展全省创业创新大赛活动。累计安排创业促进就业扶持资金 2.1 亿元，落实首次创业补贴、创业一次性奖励和一次性创业岗位开发补贴资金，支持和鼓励高校毕业生、城乡就业困难群体和城镇各类登记失业人员自主创业。从全省来看，西宁市发放创业补贴呈减少趋势，但其规模仍位居全省第一，海西州发放创业补贴金额增速较快（见图 5－1）。

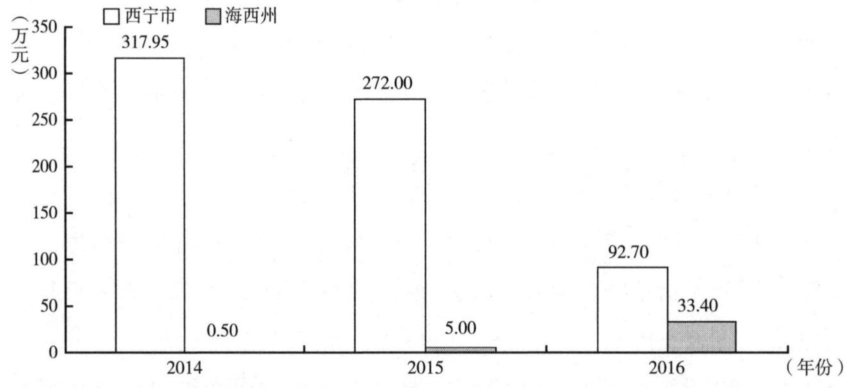

图 5－1　2014～2016 年西宁市、海西州创业补贴发放情况

落实好各项财税优惠政策。按照税制改革方向和要求，对投向种子期、初创期等创新活动的投资，统筹研究相关税收支持政策。修订完善高新技术

企业认定办法，创业投资企业享受70%应纳税所得税收抵免政策。对初创的小微企业在增值税、“营改增”、所得税等方面给予税收减免优惠。对高校毕业生、就业困难人员、退役士兵、登记失业人员等重点群体创业就业，按规定扣减增值税、城市维护建设税、教育费附加和个人（企业）所得税。对符合条件的众创空间等新型机构适用科技企业孵化器财税优惠政策。

二　各市（州）财政支持大众创业万众创新保障有力

大众创业万众创新在青海高原的蓬勃发展，既离不开省级财政的支持，也离不开各市（州）财政的帮扶。在推进大众创业万众创新的过程中，全省各市（州）财政发挥了重要作用。

（一）西宁市财政支持“双创”概况

为加快实施创新驱动战略，激发全社会创业创新活力，打造经济发展新引擎，积极营造良好的创业创新制度和政策环境，西宁市财政局充分发挥职能作用，按照普惠、专业、精准原则，不断创新财政投入方式，认真研究谋划政策措施，大力支持全市大众创业万众创新工作。

一是针对创业创新企业融资难问题，强化引导和政策集成作用，整合设立2500万元中小企业贷款风险池。2016年，发放贷款9565万元，带动企业融资1.2亿元；安排资金1.5亿元支持工业企业发展和中小企业技术创新和政银企合作；分别落实资金2亿元和4000万元支持设立产业发展引导基金和创业投资引导基金，进一步促进财政政策、产业政策和金融政策的有效结合，扩大中小微企业融资覆盖面，扶持培育创新技术产业发展壮大；落实1000万元加大对创业小额担保基金的投入，拨付创业担保贷款17236万元，贴息资金843.32万元，惠及628名创业者和32家企业。同时，加大专项资金争取力度，2016年争取财政部中小企业发展资金（小微企业创业创新基地城市示范项目奖补资金）2亿元，支持落实全市8个创业创新项目建设，争取省级小微企业创业创新项目资金3225万元。2017年市本级预算安排中小企业发展和创业创新资金3000万元。

二是持续增加各级财政科技投入，建立稳定支持和竞争性支持相协调的投入机制。重点以科技项目形式支持关键技术的研发推广、民生项目建设和增强企业自主创新能力，积极推动科技项目投入机制改革。建立科技资金后补助机制，激发企业参与科技创新的活力和动力。2017 年市本级科技计划经费在 2016 年 1260 万元的基础上，增加到 2500 万元。

三是积极落实各项政策，加大创业扶持资金投入，促进就业创业。2014 年市财政拨付 6000 万元，在市级、四区建设创业孵化基地，加快落实创业孵化基地建设资金。2015 年拨付创业扶持资金 1204 万元，改善创业环境，提高创业成功率。2016 年拨付 135. 93 万元对进入孵化基地、创业一条街的创业者给予房租补贴，对未进入孵化基地的初次创业者给予一次性奖励。

四是支持人才创业创新计划。健全和完善创业培训体系，加大对创业培训的支持力度，扩大创业培训范围，将有创业愿望和培训需求的城乡劳动者全部纳入创业培训范围，充分利用现有的条件和闲置资源建立健全创业孵化基地，推进创业实训，提高创业培训质量。

（二）海东市财政支持“双创”概况

海东市财政部门认真贯彻落实相关决策部署，发挥财政资金引导作用，推动中小微企业加快发展，促进形成大众创业万众创新的良好格局。

2016 年，海东市在财力十分紧张的情况下，安排下达市团委、市就业局等单位专项资金 100 万元，主要用于海东市大众创业万众创新“十三五”规划课题研究、青年就业创业工作、创业技能培训、创业型城市创建等工作。积极争取省财政补助资金 1170 万元，其中，中小微企业创业创新项目资金 810 万元，主要用于青海绿雏富硒农畜产品科技开发有限公司等 6 户企业生产车间及生产线改造、循化县清真食品（民族用品）产业园中小企业服务环境改造项目。根据全省关于开展小微企业创业创新基地城市示范初选工作的通知要求，会同市工信委编制上报了《青海省海东市企业创业创新基地城市示范实施方案》，得到了小微企业创业创新基地城市示范工作补助资金 350 万元，主要用于支持海东科技园、平安区动态小微企业孵化园等 9 个小微企业创业创新基地的扶持。海东工业园青海中关村高新技术产业基地获得省级小微企业创业示范地基地奖励资金 10 万元。

（三）海西州财政支持“双创”概况

为贯彻落实党中央、国务院以及省委、省政府推进新形势下创业创新工作的精神，海西州财政部门积极筹措资金，为促进就业创业创新工作各项政策的落实提供了资金保障，并对各类就业创业创新资金使用情况进行严格地监督管理，确保了资金使用的安全性、规范性和合理性。

1. 加大财政资金投入力度

2015～2016 年，全州财政部门累计安排各类资金 26117 万元，其中 2015 年 14729 万元，2016 年 11388 万元，用于支持大众创业万众创新。第一，下达就业专项补助资金 15291 万元，其中公益性岗位补贴 5718 万元、职业培训 1784 万元、社保补贴 6911.5 万元、职业技能鉴定 50 万元、扶持公共就业服务 217.5 万元、其他促进就业补贴 139 万元、创业促进就业扶持资金 471 万元，主要用于落实全州各类就业补贴、培训及创业一次性奖励等，促进了全州就业创业政策的落实和就业创业工作的开展。第二，下达创业创新建设资金 1750 万元，主要用于创业孵化基地建设，支持小微企业创业创新基地建设。创业创新基础设施环境得到进一步改善，基地影响力和服务能力进一步提升。第三，下达创业担保贷款财政贴息及奖补资金 1070 万元，累计发放创业担保贷款 15617 万元，受惠人数达 1181 人次，受惠企业 10 个，有效缓解了创业就业群体融资难问题。第四，下达企业技术创新和发展资金 58876 万元，主要用于中小企业技术创新、科技转化与推广服务及支持企业发展，切实增强了中小企业创新发展水平。第五，预算安排 1280 万元，主要用于科技计划项目支出。科技创新研究与开发计划、科技成果转化与产业化推动计划、科技发展战略研究计划和科技创新能力与环境建设计划等方面。第六，落实援青资金 850 万元，主要用于帮助海西州开展柴达木循环经济产业科技研发推广，设立创业创新企业及个人奖励资金，青年创业创新服务平台软硬件基础配套设施建设，组织开展青年创业创新指导、人员交流、创业大赛、创业论坛等系列活动。

2. 促进政策落实，加强资金监管

积极协调有关部门及金融机构，优化创业担保贷款流程，进一步加大放贷比例，解决创业者创业资金不足问题。按照应享尽享的原则，落实创业奖补，调动创业积极性。同时，激励企业、行业协会、群团组织、社会投资人等以多种方式向各类创业者提供资金支持，破解创业者融资瓶颈。积极会同有关部门，对补贴资金的使用情况和补贴对象进行审核，对会计核算实施定期、不定期抽查，加强对享受政策人群和单位的管理和考核。资金拨付及使用做到事前严格审核、事中跟踪监控和事后专项检查，全程接受审计、纪检监察等部门的监督检查。2016 年财政部驻青专员对海西州本级就业专项支出进行了专项审计。省审计厅对省本级 2016 年第四季度贯彻落实国家重大政策措施情况进行了专项审计，对德令哈市和格尔木市就业专项资金特别是高校毕业生就业创业资金的使用进行了专项审计。对于审计报告中发现的问题，海西州财政部门会同人社部门对审计报告提出整改意见，及时下发通知督促相关使用部门及时整改，并要求各地财政和人社部门在今后的工作中严格按照资金管理办法拨付和使用就业创业资金。

（四）海南州财政支持“双创”概况

海南州财政部门认真贯彻落实大众创业万众创新改革工作精神，不断优化创业创新环境，积极营造创业创新氛围，努力构建大众创业、万众创新的良好局面。

1. 加大资金支持力度

2014～2016 年，全州共下达就业补助资金 20895 万元，其中，2014 年 5960 万元，2015 年 6351 万元，2016 年 8584 万元。采取提高贷款资金额度，将个人贷款最高额度提高到 20 万元，将各类小微企业、劳动密集型企业最高贷款额度提高到 400 万元。在认真执行相关政策规定的同时，尽可能降低贷款门槛、简化审批程序，为创业者提供创业资金支持。扩大小额担保贷款政策覆盖面，将妇女创业、高校毕业生创业、失地农牧民创业全部纳入政策扶持范围。截至 2017 年 3 月，海南州累计为 3782 名各类失业人员、高校毕业生和 29 家小微企业发放创业贷款 42603 万元，其中面向 793 名高校毕业生发放贷款 8090 万元，带动就业 2379 人。从 2013 年开始每年预算安排全民创业基金 100 万元，主要用于全民创业贷款担保、创业补贴、创业奖励以及创业服务体系基地建设等。2015 年，海南州举办了首届创业创新大赛暨创业成果展活动，财政部门拨付创业大赛经费 10 万元，帮助一批勇于创业、善于创业的人才脱颖而出，激发民众科技创新、实践创新的热情，充分展现了地方特色优势创业品牌。2016 年，海南州财政部门一次性投入青年创业社区相关经费50.95万元，包括入驻青年企业补贴11.66万元、门面及内部设计装修费31万元、办公家具及办公设备8.29万元；从全民创业基金中拨付100万元用于海南州创业孵化基地建设项目地方配套，推进了项目实施进行。2017年，安排青年创业社区建设预算74万元，专项用于扶持青年创业。

2. 完善创业服务体系

定期和人设部门组织实施创业培训、创业大赛等活动，积极培育创客文化，为创业者提供政策咨询、项目推介、创业指导、创业培训和跟踪扶持等服务。聘请企业家、创业成功人士以及熟悉经济发展和创业政策的人员，组成创业导师团，实行创业指导帮带服务。通过创业信息平台，采取多种方式方法为创业人员提供个性化和专业化服务，帮助实现创业计划。建立创业信息发布机制，广泛征集创业项目，建立创业项目与创业者的有效对接，促进创业项目成功转化。2017年，举办孵化中心“创业沙龙”研讨分享会，30余名高校毕业生及有创业意愿的人员参会；技能培训招标7440人（民办培训机构440人、公办培训机构3040人）；组织实施挖掘机、中式烹饪、汽车修理等创业培训班15期，800余人参加培训。

（五）海北州财政支持“双创”概况

海北州积极响应国家大众创业、万众创新号召，主要在以下几个方面发挥财政支持作用。一是不断加强资金引导，改善企业融资环境。着力增加资本市场融资能力，根据省财政中小企业创业投资引导基金的扶持重点，组织企业积极申报项目，2017年组织上报项目31个。州本级预算每年安排1000万元，设立小微企业扶持资金，加大对全州小微企业的扶持力度。二是大力提升公众服务，完善创业服务体系，2017年预算安排资金500万元，为支持电商发展、推动新形势下的就业创业发挥积极作用。三是根据省财政厅和省经信委联合印发的《关于支持小微企业创业创新发展的实施意见》及其相关政策，鼓励小微企业进行科技创新，大力争取上级资金扶持。四是设立品牌建设发展专项资金20万元，对企业荣获省、州知名商标的予以奖励，引导和鼓励中小企业树立品牌意识，提升企业产品市场竞争力。五是州级、县级财政部门每年分别安排50万元和40万元创业扶持补贴资金，用于举办创业训练营、创业创新大赛、创业明星评选、创业项目展示推进会等活动，切实推进创新海北建设。

（六）黄南州财政支持“双创”概况

2016年以来，黄南州认真贯彻落实国务院《关于大力推进大众创业万众创新若干政策措施的意见》，在本级财政十分困难的情况下，进一步加大财政资金扶持力度，落实各项税收优惠政策，加大政府融资平台建设力度。

1. 加大财政资金支持和统筹力度

州县财政部门根据创业创新需要，统筹安排各类支持小微企业和创业创新的资金，逐步加大本级财政支持力度，积极争取上级支持。2016年共安排资金3268万元，一是安排信息服务专项资金160万元，支持黄南州全光网信息化示范项目、青海高原之宝牦牛乳业有限公司同仁生产基地信息化建设项目、同仁县热贡龙树画苑数字化唐卡应用示范项目；二是安排商贸流通服务业发展专项资金300万元，支持河南县腾格里集贸市场改扩建和泽库县土特产交易市场建设等项目；三是安排服务业发展引导资金278万元，支持尖扎县康扬镇蔬菜保鲜库储备与配送中心建设项目、李家峡黄河渔业开发有限责任公司沿黄库区水产品质量检测服务平台建设项目、青海润鑫农牧科技开发有限责任公司蔬菜冷链物流建设项目；四是安排旅游基础设施建设资金500万元，支持同仁县隆务镇措玉村、年都乎乡郭么日村、尖扎县当顺乡古什当村以及河南县托叶么乡宁塞村、柯生乡毛曲村乡村旅游富民工程旅游富民工程建设项目；五是安排外贸发展专项资金330万元，支持青海仁俊热贡艺术有限责任公司热贡雕塑工艺品开发项目、青海多杰创意文化工艺品开发有限公司民族文化产品创意加工项目和青海博热工贸有限公司藏香深加工改扩建项目；六是安排电子商务进村示范县同仁县补助资金1500万元；七是安排冷链物流综合示范项目补助资金200万元，支持尖扎县果蔬牛羊肉冷链物流综合示范建设项目。

2. 加快各类政府引导平台组建步伐

进一步加强财政与金融联动，推动融资担保体系建设，先后建立了中小企业助保贷平台、有机畜牧业担保平台和文化旅游助保贷平台等六类平台，累计注入担保基金1.5亿元，共撬动金融资金15亿元，服务民间实体经济发展。

3. 完善普惠性财税措施

落实扶持小微企业发展的各类财税优惠政策。落实科技企业孵化器、研发费用加计扣除、固定资产加速折旧等财税优惠政策。对符合条件的众创空间等新型机构适用科技企业孵化器财税优惠政策。按照税制改革方向和要求，对投向种子期、初创期等创新活动的投资，统筹研究相关税收支持政策。修订完善高新技术企业认定办法，完善创业投资企业享受70%应纳税所得税收抵免政策。落实促进高校毕业生、采集人、退役军人、登记失业人员等创业就业税收政策。

三　全省税收支持大众创业万众创新稳步推进

近年来，青海省税务部门积极落实中央和省委省政府关于大众创业万众创新方面的一系列政策措施，不断提升服务质量和水平，税收支持“双创”工作稳步推进。

（一）推进供给侧结构性改革，税收政策体系不断健全

坚持定向就业政策和普惠就业税收政策相结合。近年来，保持全省高校毕业生、就业登记失业人员、残疾人、退役士兵等重点群体专项创业就业税收优惠政策的稳定性，连续加码小型微利企业所得税和小微企业增值税优惠力度。2014～2016年，小型微利企业减征所得税的标准分三次由年应纳税所得额6万元提高至30万元，小微企业免征增值税月销售额调整至3万元，并扩大至个体工商户以外的增值税小规模纳税人。税收优惠政策供给不断加大，并且还在延续和加强。近期，国家决定将小型微利企业减征所得税的标准再次提高至50万元。

鼓励个人创业和企业创新税收政策相结合。现行支持创业创新税收优惠涉及增值税、企业所得税、个人所得税、车辆购置税、房产税和城镇土地使用税等税种，主要包括高新技术企业、固定资产加速折旧、研发费用加计扣除、技术转让等优惠政策。近年来，税收优惠政策涉及面不断延伸，固定资产加速折旧税收优惠先后扩大至生物药品制造业、专用设备制造业、信息传输、软件和信息技术服务业等10个行业。2017年，又将科技型中小企业研

发费用加计扣除比例由50%提高到75%，大力推动大众创业万众创新。

（二）推动税收优惠政策落实，减税力度不断加大

通过加强税收优惠政策宣传、加大税收优惠受惠对象培训力度、广泛运用纳税申报自动提醒技术等方式，确保了小微企业增值税和小型微利企业所得税优惠政策受惠面达到100%。2014～2016年，6660户次小型微利企业减免所得税2873万元，18万余户小微企业共免征增值税11.78亿元，个体工商户“枝繁叶茂”和小微企业“铺天盖地”的良好局面正在形成。从全省来看，西宁市、海东市、海西州税收支持创业创新的力度位居全省前列；与青海藏区其他州相比，海西州小微企业减税规模最大、力度最强（见表5－2，图5－2）。

表5－2　2014～2016年青海省部分州（市）研发费用加计扣除、小微企业减免税款金额

单位：万元

序号	地区	研发费用加计扣除	小微企业减免税款金额
1	海东市	286.13	11618.84
2	西宁市	3560	—
3	海西州	—	18663
4	海北州	30	6203.7
5	海南州	—	1355.72
6	果洛州	—	6411.26

注：“—”表示数据缺失，数据由青海省相关市州提供。

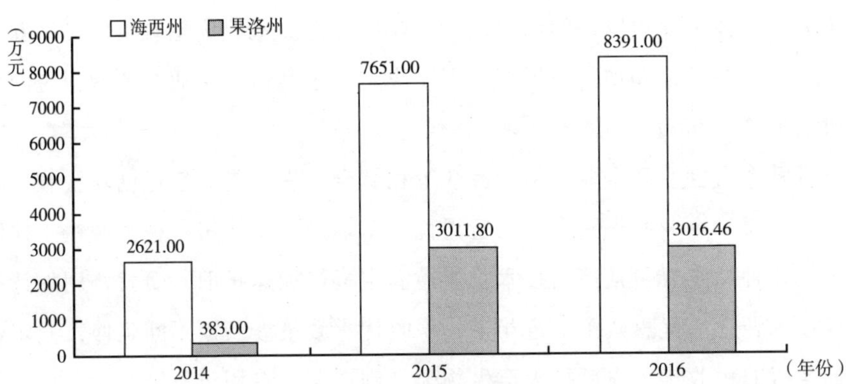

图5－2　海西州、果洛州小微企业减税情况

综合运用固定资产加速折旧、研发费用加计扣除和高新技术企业低税率等所得税政策，税务部门采取与全省相关部门联合召开座谈会、深入高新技术企业指导研发费用准确归集等措施，持续减轻企业税负，大力支持大众创业万众创新。2016 年 5 月，全省实施四大行业“营改增”，全年所有增值税纳税人总体实现净减税 14.9 亿元，兑现了所有试点行业税负只减不增的改革承诺。2014 至 2016 年，34 户（次）高新技术企业减免企业所得税 3999 万元；48 户（次）企业落实研发费用加计扣除 91491 万元；3 户（次）企业落实技术转让所得减免 485 万元；193 户（次）企业落实固定资产加速折旧优惠金额 733 万元。

（三）推进税务行政审批和征管体制改革，纳税服务水平不断提升

加速推进税务行政审批制度改革。全面取消涉及全省的 61 项税务非行政许可审批事项，仅保留 7 项税务行政许可审批事项并实行清单管理。面对“营改增”后办税服务大厅出现的“办税人流量、缴税业务量、纳税人等待时间”急剧上升的实际问题，及时推出多项移动办税措施加以解决。积极探索实施税务行政许可审批网上办理，最大限度地为企业“松绑”。先后推出 ABC 三级纳税信用企业取消增值税发票认证和出口退（免）税提速等激励措施，打造诚信纳税“金名片”，大力减轻纳税人办税和经营成本。

加速推进国地税征管体制改革。排列出 10 类 31 项办税便利化改革清单，实施 7 大类 53 个同城通办涉税事项，打破空间和区域限制，让数据多跑路，让纳税人少跑腿。加强与金融部门协作，充分挖掘纳税信用资源，配合推出“税易贷”等五款“银税互动”金融产品，建立健全小微企业新型融资平台。截至 2016 年底，通过税银合作发放小微企业贷款金额 27.69 亿元，有效缓解了小微企业融资难和融资贵的问题。

四　各市（州）税收支持大众创业万众创新稳扎稳打

在推进大众创业万众创新的过程中，全省各市（州）税务部门积极推动税收优惠政策落地，为创业创新企业减负，发挥了重要作用。

（一）西宁市税收支持“双创”概况

近年来，西宁市国税部门以促进大众创业万众创新为目标，全面落实税

收优惠政策，促进了地方经济发展。2016 年，西宁市享受企业所得税小微企业优惠政策纳税人 2176 户，减免企业所得税 837.08 万元；享受高新技术企业所得税低税率企业 3 户，减免企业所得税 91.28 万元；享受研发费用加计扣除企业 4 户，减免企业所得税 3078.10 万元；享受固定资产加速折旧优惠政策企业 3 户，减免企业所得税 8.46 万元。享受小微企业增值税优惠政策 90561 户，减免增值税 17205.6 万元；民政福利企业 13 户，享受促进残疾人就业增值税减免 4194.01 万元，安置残疾人 612 人；资源综合利用企业 23 户，享受资源综合利用增值税减免 3844.63 万元；12 户企业享受了技术转让增值税优惠政策，共计减免增值税 1179.09 万元。税收优惠政策的落实，为吸纳农村剩余劳动力、大学毕业生、下岗职工和退役军人等提供了就业机会，减轻了社会就业负担，企业在享受税收优惠的过程中承担了更多的社会责任，为社会和谐稳定发展起到了积极作用。

（二）海东市税收支持“双创”

海东市国税部门充分发挥税收调控职能，不折不扣地落实税收优惠政策，不断创新纳税服务手段，确保一系列税收优惠政策落地生效，掀起大众创业万众创新浪潮。

1. 坚决落实优惠政策，释放政策红利

落实对增值税小规模纳税人中月销售额不超过 3 万元的企业或非企业性质单位暂免征收增值税的政策规定。2016 年享受小微企业优惠政策的纳税人 182960 户次，享受小微企业税收优惠政策纳税人免征增值税累计为 3026.67 万元。落实促进残疾人就业增值税优惠政策。2016 年享受残疾人就业增值税优惠政策的纳税人 26 户次，退税 310 万元，保证 377 人次的残疾人就业。此外，2016 年海东市国税部门所得税统计口径小型微利企业 107.58 万元，享受加计扣除优惠政策企业 1 户，减免企业所得税 10 万元，享受减记收入优惠政策 6 户，减记收入 635 万元；享受农林牧渔免征收的企业 75 户，减免企业所得税 1044 万元。

2. 梳理政策，坚持适用有利于大众创业万众创新的制度与方案

在开展住宿业小规模纳税人自开增值税专用发票试点工作后，进行认真部署落实，保证这一有利于提高创业积极性的政策落实到位。2017 年 2 月，

海东市范围内共计 8 户住宿业小规模纳税人自开 28 份增值税专票，金额合计 18 万元。同时，鼓励资源综合利用企业进行技术创新。2016 年互助金源水泥有限公司享受资源综合利用即征即退款 2400 万元，促进了企业重大技术革新。采用高新技术和研发费用加计扣除方式，为海东 20 户高新技术、科技型企业提供税收支持，极大地促进了创业创新。

3. 优化纳税服务，推动服务规范

海东市国税部门实施便民办税春风行动，加强国税、地税合作，大力推行网上办税和自助办税，实行按信用等级免发票认证制、首问责任制。大力推行“三证合一”“一照一码”、同城通办，避免纳税人来回跑、两头跑。开设小微企业办税优惠绿色通道，简化备案程序，为创业创新提供高效及时的纳税服务。2016 年，在全市各区（县）国税部门及临空筹备处开设“同城通办”窗口，并将其纳入绩效考评，不定时检查开展工作情况，及时总结分析，确保各项工作持续改进。

（三）海西州税收支持“双创”概况

1. 实施“便民春风行动”，为“双创”提供优质高效服务

开展“双创”税收政策宣传。深入开展“下税户、服务小微企业”主题实践活动，从政策、制度、文化、人次、生活等方面帮扶小微企业，为小微企业排忧解难。特别是对初创企业，安排税收管理员进行跟踪帮扶，协调解决发展难题，有针对性地提出发展建议，帮助企业平稳过渡、健康成长。成立专业服务团队，定期开展上门辅导，面对面辅导纳税人建账建制，帮助查找可能存在的涉税风险，及时提醒纳税人力避税收风险的发生；利用纳税人学堂举办六期小微企业税收优惠政策辅导班、新办企业专题培训，帮助纳税人了解税收业务和财会知识，共 1500 户/次（家）小微企业参加；联合金融部门、地税部门推进“银税互动”，为信用等级为 A 类、B 类的纳税人提供银行信用贷款，为纳税人提供创业创新资金支持，精心呵护企业的成长。为更好地为创业者提供服务，举办大众创业万众创新税收知识专题培训，重点就“双创”相关税收优惠政策进行讲解和普及。全州小微企业、创新型企业和有自主创业意向的 500 余户纳税人参加了培训。通过“纳税人学堂”为纳税人提供创业辅导，帮助纳税人了解和用好税收优惠政策，促进国家税收优惠政

策落到实处，激发纳税人创业热情，帮助他们早日实现创业梦想。

2. 持续优化服务措施，为“双创”营造良好环境

持续推出 10 类 40 项“便民春风行动”办税举措，依托“互联网 + 税务”零距离架起税务机关和纳税人之间的“连心桥”，让纳税人有更多的获得感。完善“省内通办”和“免填单”服务机制。积极推行国地税合作深度融合，对原来的办税服务厅窗口进行业务充实，实现“窗口受理、内部流转、限时办结、窗口出件”，提高了 20% 以上的工作效率。围绕“便民办税春风行动”要求，对于程序简便、可现场办结的事项，在受理单中做出具体说明，并开设“绿色通道”对自主创业和增加就业等政府鼓励事项的申请人优先办理。精简涉税报表资料，简化办税流程及涉税审批程序，减轻纳税人负担。根据海西实际，在办税服务厅开设“双语”服务窗口，配备“双语”导税员，积极推行“双语”服务，为少数民族纳税人提供税收政策宣传和少数民族语言税收咨询服务。“三证合一”政策实施后，对纳税人的登记实行工商、质检、税务并联审批，工商部门一窗受理并核发一个加载统一社会信用代码的营业执照，纳税人办理税务登记由原来跑 4 个部门变为只跑 1 个部门，原需要 24 个工作日的事项，变为 1 个工作日就能办结，且整个办证过程不需要缴纳任何费用，使新注册纳税人能够享受到省时、省力又省心的便捷服务，极大地激发了社会各界的“双创”热情。自 2015 年 10 月“三证合一”登记制度实施以来，海西州共登记办理 2355 户单位纳税人。自 2016 年 12 月“两证整合”登记制度实施后，海西州共登记办理 962 户个体纳税人。

3. 落实涉税行政审批改革政策，为“双创”保驾护航

坚持“放管服”三管齐下，积极转变行政职能，在下放行政审批上做“减法”，在加强后续管理上做“加法”，在优化纳税服务上做“乘法”，为大众创业万众创新提供有力支持，全力激发市场主体活力。坚持简政放权，做到“到位”“不越位”，进一步深化审批改革。一是落实审批制度改革。根据国家税务总局深化税务行政审批制度改革的要求，及时清理行政审批事项，仅保留国家税务总局要求的 7 项税务行政许可审批事项，其余涉及全州的 61 项税务非行政许可审批事项已全部取消或调整。将所有涉及减税免税、

资格认定等事项由事前审批调整为事后备案管理，进一步方便纳税人办理。二是推行权责清单制度。全面梳理了税务权责事项，探索以清单形式列明行政权责及其依据、行使主体、运行流程等，编制了税务行政处罚权力运行流程图，并依法公开了第一批三类八项税务行政处罚权力清单，真正使税收执法权在阳光下运行。

4. 坚持放管结合，放权不放责，进一步加强后续监管

在全面取消和调整非行政许可审批事项的同时，放权不放责，实现取消审批与事中事后监管的无缝衔接，确保“放得下、接得住、管得好”，切实强化后续监管责任。一是加强事后备案资料审核。充分利用第三方信息和金税核心征管系统，提取企业的相关数据进行比对分析，及时跟踪核实企业申报纳税和享受税收优惠等情况。二是对备案事项实行“递进式”管理。全州各级国税机关统一设置台账、核查表及数据填报口径，形成统一规范的备案事项数据库，并对备案资料进行完整性、相关性和合规性审查，发现疑点按规定程序核查或移交评估、稽查。三是加强内控监管。将深化行政审批制度改革切实加强事中事后管理的 24 项任务进行细化，分解到相关部门，责任到岗到人，通过绩效考核、执法督察等方式对改革政策的落实和重点行业、重点企业、重点项目的后续管理进行跟踪问效。四是开展行政审批工作“回头看”。定期对各单位行政审批落实情况进行检查，对审批制度改革各项工作落实情况进行全面自查自改和实地督查。2016 年共开展行政审批工作检查 4 次，覆盖 80% 县（市）级国税部门，对发现问题进行了督促整改。

5. 全面落实税收优惠政策，为“双创”加油助力

结合海西州实情重点梳理高校毕业生、下岗失业人员、退伍军人等特殊群体创业就业、高新技术企业所得税减免、研发费用加计扣除等政策，编印各类税收优惠政策手册 5900 份，深入创业孵化基地、高新产业园、大学生创业基地等进行政策宣讲。与相关部门联合举办在线访谈活动，专题宣传与创业创新有关的税收优惠政策，并现场解答网友咨询，发送宣传短信 15000 余条，确保纳税人及时知晓国家税收政策，营造良好的创业创新环境。制定税收优惠政策落实台账，分税种不定期组织核查，确保政策落实到位。2016 年，海西州国税局为全州纳税人办理各项减免税 10090. 34 万元。其中，对

16683户小规模纳税人实行小微企业免征增值税6194万元，优惠覆盖面达71.38%。海西州国税部门牢固树立“不落实税收优惠政策也是收过头税”的理念，全面梳理有关“双创”的税收优惠政策，不断拓宽宣传渠道，强化政策辅导，做到应知尽知、应享尽享。一是及时落实企业所得税研发费用加计扣除优惠政策。2015年，共有5户符合条件的企业，加计扣除额共6267.75万元。二是落实残疾人加计扣除政策。共有5户符合条件的企业，加计扣除额共1913.20万元。三是落实小型微利企业税收优惠政策。全州符合条件的小型微利企业共计3718户，享受小型微利企业所得税税收优惠政策的企业313户，减免企业所得税额263.57万元，小型微利企业所得税政策实际惠及面达100%。四是落实高新技术企业优惠政策。全州共有4户享受高新技术税收政策优惠的企业，减免企业所得税额7255.02万元。五是落实固定资产加速折旧优惠政策。15户企业享受了固定资产加速折旧税收优惠政策，累计享受加速折旧优惠额134.98万元，按法定税率25%计算，减免所得税额33.72万元。六是落实技术转让所得优惠政策。符合条件的企业1户，免征技术转让所得52万元。七是享受西部大开发税收政策企业47户，累计免税金额7229万元。八是享受高新技术税收优惠政策企业2户，累计免税金额2936万元。九是享受农林牧副渔项目税收优惠政策企业10户，累计减免（抵扣）应纳税所得折算免征额258万元。十是享受公共基础设施项目税收优惠政策41户，累计减免（抵扣）应纳税所得折算免税额5964万元。这些优惠政策的落实有力带动了大中专毕业生和返乡农民工的创业就业，切实减轻了创业者的税收负担和成本压力，提高了小微企业市场竞争力。

（四）海南州税收支持“双创”概况

1. 推动税收优惠政策落地生效，激发创业创新活力

围绕全面推动大众创业万众创新的总体要求，不折不扣地落实小微企业以及扶持大学生创业、重点群体创业就业等税收优惠政策，对销售额不超过3万元的全部免征增值税。在鼓励企业研发投入方面，对企业开发新技术、新工艺的研究开发费用在计算应纳税所得额时加计扣除。在鼓励技术成果转化方面，对一个纳税年度内，居民企业技术转让所得不超过500万元的部分，免征企业所得税。在鼓励高新技术产业发展方面，对国家需要重点扶持的高新技术企业，按照15%的税率征收企业所得税，做到应免尽免、应享尽享。2016年共落实各项税收优惠政策37228万元，其中增值税9635万元、企业所得税25743万元、车辆购置税1027万元。

2. 加强政策宣传辅导，保障政策落实的及时性

海南州国税系统建立了一套政策宣传、咨询辅导、督导落实和效应分析等环环相扣的落实体系，确保政策畅通无阻落实到纳税人。一是加强事前宣传辅导。通过税企邮箱、QQ群、短信平台，开展以“贴近创业、贴近创新、贴近创客”为主要内容的“三贴近”税收宣传活动，制定并印制了推动大众创业万众创新税收优惠政策及便民办税措施的宣传资料，将政策资料逐户送到纳税人手中。发放《温馨提示单》，进行“一对一”的跟踪辅导，做到应享尽知。二是加强事中考核。将政策落实情况纳入绩效考核范围，对政策执行情况进行全过程监控，按月开展减免税收政策效应分析，定期开展对扶持大众创业万众创新税收优惠政策落实情况自查，确保税收优惠政策应享尽享。三是加强事后督查。切实加强税收优惠政策执行的后续管理，制定年度执法督查计划，将税收优惠政策落实情况纳入督查项目，确保税收政策及时落实。同时，对已经落实税收优惠政策的纳税人进行跟踪和回访，收集税收优惠政策执行过程中存在的问题并及时改进，提高政策执行的规范性和及时性。

3. 深化税收征管体制改革，简政放权为创业创新助力

推进审批制度改革。以落实权力清单、责任清单、负面清单为抓手，不断深化税务行政审批制度改革，持续推进税收审批行为的标准化和规范化。目前，青海省国税局公布的87项税务行政审批事项中，除7项行政许可保留外，取消57项、调整23项非行政许可审批，不再保留非行政许可审批这一权利事项。同时，全面推行审批事项办税服务厅“一窗受理、内部流转、限时办结、窗口出件”，真正将该放的权力放到位，为纳税人减负。大力推行减并工作流程、简除报送资料和简化免填单工作。简化办税程序，提高办税效率，最大限度地方便纳税人及时享受税收优惠。拓展纳税申报方式，顺利实现网上办税，使纳税人足不出户就能进行纳税申报，对符合条件的减免

税实行即报即免、当场办理，简化优化办理程序。畅通纳税人诉求渠道。推出预约服务、导税服务等措施，开展个性化服务，设立全职能窗口，做到“一窗办结”。不断充实优化纳税服务内容，做到及时受理、有效指引、限时办结，为“双创”提供及时有效的纳税服务。

4. 释放纳税服务活力，营造创业创新环境

全面开展税银互动，助力解决贷款难问题。将纳税人纳税信用级别与企业融资发展有机结合起来，加强纳税信用社会化应用，落实A级纳税人激励措施，鼓励中小微企业合法经营、诚信纳税，树立守信激励和失信惩戒的纳税信用价值导向，实现税、银、企三方良性互动、共同发展，助力解决小微企业融资难问题。积极推广“银税互动”新产品，累计向青海省青藏高原有机产品开发有限公司、贵德县新街回族乡建民牦牛养殖场、贵德县农工商牧综合厂、海南州绿源食品有限责任公司4户企业发放贷款5000万元。全面深化国税地税合作，杜绝纳税人“多头跑”问题。开展国地税互设办税窗口、共建办税大厅、共驻政务服务中心、共享涉税信息、联合税收宣传、联合培训辅导、联合信用评价等工作，杜绝税收管理中纳税人“多头跑”问题，优化纳税环境，统一执法尺度，实现牵头一家受理、后台分别处理和限制办结反馈。

（五）黄南州税收支持“双创”概况

黄南州国税部门充分发挥税收职能作用，坚持推进税制改革，全面落实科技创新和小微企业税收优惠政策，深化“放管服”改革，精准发力，综合施策，大力支持“双创”工作。

1. 黄南州税收支持“双创”的做法

一是实施税制改革促进三次产业发展。继2013年8月1日起，“3+7”（交通运输业、邮政服务业、电信服务业3个大类行业和研发技术、信息技术、文化创意、物流辅助、有形动产租赁、鉴证咨询、广播影视7个现代服务业）实施营改增试点以来，2016年5月1日又顺利实施了建筑业、金融业、房地产业、生活服务业四大行业“营改增”试点工作，实现“营改增”全覆盖，全面打通了三次产业间增值税进行税额抵扣链条，有效消除了重复征税问题，为企业创新发展注入了新动能。二是落实税收优惠政策支持大众

创业万众创新。认真贯彻落实高新技术企业、研发费用加计扣除、固定资产加速折旧、小微企业及重点群体就业等一揽子创业创新税收优惠政策，始终把税收优惠作为支持创新驱动发展的重要抓手，真正落实好科技创新各项目税收优惠政策，支持高新技术产业和"双创"工作发展。三是深化"放管服"改革，降低创业创新制度性成本。深入贯彻落实全国推进简政放权放管结合优化服务改革电视电话会议精神，以深化行政审批制度改革的各项要求为突破口，坚决打通简政放权、放管结合、优化服务的"最后一公里"，在行政审批上做"减法"，全面取消 61 项税务非行政许可审批事项；在后续管理上做"加法"，细化了行政审批制度改革事后管理措施；在优化服务上做"乘法"，全部涉税事项实现了"一窗受理、内部流转、限时办结、窗口出件"。

2. 黄南州税收支持"双创"取得的成效

一是税制改革有效减少了企业经营成本。2016 年 5 月 1 日，四大行业实施"营改增"以来，通过国地税紧密配合，逐户对地税部门移交"营改增"直管户和青海省国税局下发"营改增"共管户进行了全面核实，最终确定"营改增"户数 1443 户。其中：直管户 1372 户、共管户 71 户。截至 2016 年底，纳入管理的四大行业"营改增"纳税人 1973 户，实现税收收入 6413 万元。通过采取税制转化、简易征收和政策平移等减税措施，确保了所有"营改增"行业税负只减不增，取得了预期的经济和社会效应。在"营改增"试点改革中，通过制定实施方案，积极主动接受、审核、确认四大行业"营改增"纳税人基础数据，加强"营改增"纳税人业务培训、政策辅导，及时发放安装税控设施，增加办税服务窗口，加大涉税舆情监控和税负分析力度，保证了营改增各项工作有序平稳落实。二是积极推动了相关产业发展。西部大开发优惠政策、农林牧渔业优惠政策及固定资产加速折旧优惠政策"组合拳"有力促进了大众创业万众创新，高新技术企业和现代服务业成为受益最多的行业，带动了创新性产业脱颖而出。2016 年，全州享受西部大开发税率优惠政策的纳税人有 5 户，累计免税金额 275.71 万元；享受农林渔业企业所得税优惠政策的纳税人 2 户，累计减免应纳税所得额 13.01 万元，折算免税额 3.27 万元；共有科技型企业 5 户，累计兑现税收加速折旧额0.5万元。三是主动支持小微企业创业创新。大力宣传小微企业组合税收政策，不折不扣地落实小微企业增值税和小型微利企业所得税优惠政策。通过持续释放改革红利，把小微企业扶上马再送一程，全力营造大众创业万众创新的环境氛围。2016年，共减免小微企业增值税2009.14万元，其中企业30.97万元，个体工商户1978.17万元，受惠面达93.66%；共减免小型微利企业所得税6.77万元，政策受惠面达到100%。个体工商户“枝繁叶茂”和小微企业“铺天盖地”的良好局面正在形成，有效夯实了“双创”基础，有力地支持和促进了“双创”工作。

五 全省金融支持大众创业万众创新不断深化

近年来，青海省金融部门出台一系列政策措施，推动金融支持大众创业万众创新工作不断深化，取得了明显的成效。

（一）政策措施持续加力，方式方法不断创新

1. 金融支持创业创新政策措施持续加力

中国人民银行西宁中心支行、青海省金融办等金融主管部门通过出台一系列政策措施，积极引导金融机构支持创业创新工作。中国人民银行西宁中心支行联合省科技厅、省金融办、省工商局、省知识产权局等部门制定《青海省专利权质押贷款实施办法》等，为有效缓解科技型中小企业贷款难问题搭建了政策平台。此外，还联合省工商局等部门多次赴银行业金融机构进行调研、宣传，推动知识产权质押贷款业务工作。

中国人民银行西宁中心支行牵头与青海省科技厅、省金融办、省银监局、省证监局、省保监局制定《关于扎实做好科技金融工作服务全省创新发展的指导意见》，就金融支持青海省科技创新发展做出了详细规定，要求银行业金融机构加大对科技型小微企业的信贷支持力度，不断创新科技金融产品和服务方式，改善科技融资环境，提高金融运行效率和服务科技创新能力。

创新金融工具，开发定向增发、永续票据、超短融、股权质押、资产证券化等融资工具20余种。引导企业拓展运用多种融资工具，多途径、多渠道推动企业融资，直接融资和社会融资总量再创新高。2016年直接融资和

社会融资规模分别达到630亿元、160亿元，同比分别增长29.6%、8.1%。金融支持市场主体建设成效显著。截至2017年4月，全省共有12家企业上市，5家企业在“新三板”挂牌，323家企业在青海股权交易中心挂牌，挂牌上市企业基本都是全省科技创新企业中的代表企业（见表5-3）。

表5-3　青海省A股上市公司一览

序号	公司名称	所在地
1	金谷控股股份有限公司	海西州
2	青海盐湖工业股份有限公司	海西州
3	青海互助青稞酒股份有限公司	西宁市
4	西宁特殊钢股份有限公司	西宁市
5	青海华鼎实业股份有限公司	西宁市
6	青海春天药用资源科技股份有限公司	西宁市
7	青海金瑞矿业发展股份有限公司	西宁市
8	广誉远中药股份有限公司	西宁市
9	远东智慧能源股份有限公司	西宁市
10	西部矿业股份有限公司	西宁市
11	正平路桥建设股份有限公司	西宁市
12	神州易桥信息服务股份有限公司	西宁市

注：以上数据资料截止日期为2017年4月底。

2. 金融支持创业创新的方式不断创新

青海省金融主管部门围绕中小企业融资难、融资贵等突出问题，积极推动应收账款质押、专利权质押等贷款业务的发展，拓宽中小微企业抵押担保物范围，发挥金融支持创业就业的助推作用。积极推进“两权”[①]抵押贷款试点工作，不断推进农村金融工作创新，扩大农村抵押担保物范围，为农牧区创业就业增加融资渠道。继续对辖内企业金融机构贯彻落实“三农”和小微企业信贷政策情况进行评估，并结合工作实际，不断加强信贷政策评估结果运用，增强各银行金融机构对人民银行信贷政策的响应力，激励各银行机构加大对农牧业与小微企业的金融支持。

① 指农村土地经营权抵押贷款、农村住房财产权抵押贷款。

专栏 5－1　海晏县发放首笔农村承包土地经营权抵押贷款

海北州海晏县牢牢抓住被纳入全国农村承包土地经营权抵押贷款试点县的有利时机，积极与人民银行海北藏族自治州中心支行协调联系，稳妥推进试点工作。2017 年初，海晏县三角城镇黄草掌村油菜、青稞种植大户以农村土地流转经营权（承包土地 54.4 公顷）作抵押担保，从海晏县农村信用联社获得抵押贷款 20 万元，打通了海晏县“两权抵押贷款”试点工作的“最后一公里”。农村承包土地经营权抵押贷款具有利率优惠、抵押率较高、协商议价、流程简便、增加创新产品、用保险进一步防范风险等六个方面的优点，贷款期限为 1 年，贷款用途为收购牛羊、购买饲（草）料及油菜、青稞种植业。承包土地经营权抵押贷款盘活了农村“沉睡”资本，降低了农牧民融资成本，提高了农村土地资源利用效率，对农村经济、农村金融发展注入新活力，提高了农牧民贷款的可获得性和便利性。

以扶贫开发金融工作为契机，加大对全省创业就业工作的支持。联合中国金融教育发展基金会在青海继续实施“金惠工程”，把扶贫和扶智相结合，重点对贫困地区农牧民等群体开展金融教育与培训活动，提升农牧民利用金融资源进行创业脱贫致富的能力。2015 年以来，中国人民银行西宁中心支行牵头制定并推进落实《金融支持精准扶贫青海行动方案》《扶贫开发金融服务主办银行制度》《精准扶贫金融服务三级联动机制》等金融支持精准扶贫制度，明确要求对带动贫困户的项目、新型农业经营主体和企业贷款，根据实际需求来确定贷款额度，规定贷款期限最长为 3 年，并执行优惠利率。

（二）信贷资金规模逐渐扩大，融资环境不断改善

积极贯彻落实《青海省“十三五”金融发展规划》提出的“创新发展科技金融，服务创业创新，着力构建多功能、多层次的科技金融服务体系”要求，大力推动金融支持大众创业万众创新。在全省印发实施《关于进一

步推进青海银行业改革创新指导意见》《青海银行业支持大众创业万众创新工作指导意见》《青海省创业贷款担保基金管理办法》《关于做好实施创业担保贷款支持创业就业工作的通知》等一系列政策措施，引导银行业金融机构加大信贷支持力度，探索科技金融服务模式。截至2016年12月末，全省金融机构各项存款余额5586.2亿元，较年初增加358.1亿元，同比增长6.9%；各项贷款余额达到5717.2亿元，同比增长11.6%，较年初新增593.1亿元，加上已置换贷款和核销贷款，信贷实际新增753亿元。截至2016年末，青海省创业担保贷款余额为9.87亿元，同比增长62.6%。截至2017年4月，全省小微企业贷款余额1018.01亿元，较2017年初增加236.84亿元。金融支持创业创新取得较好效果。

专栏5-2　中国人民银行西宁中心支行信贷支持大学生“村官”创业富民

根据青海省实际情况，中国人民银行西宁中心支行积极做好包括大学生村官在内的青年创业就业工作，对大学生村官创业富民项目给予针对性金融支持。通过创新担保方式、实行优惠创业贷款利率、采取特殊金融服务等方式，促进大学生村官创业富民工作有效开展。截至2016年末，全省大学生村官创业贷款余额为540万元，较年初增加86万元，同比增长19%。创业贷款切实促进了青年就业创业工作，也为大学生村官服务基层、引导群众致富搭建了平台。

（2）创业创新企业融资环境不断改善

开展小微企业信用培植工程，印发《青海省小微企业信贷信用培植工程实施意见》，不断改善小微企业融资环境，提高小微企业融资能力，降低融资成本。充分发挥支农支小小额贷款的政策引导作用，有效降低“三农”和小微企业的融资成本，促进金融机构为农牧民创业和小微企业吸纳就业人员提供金融支持。

实行差别化货币信贷政策，降低融资成本。青海农牧区已实行差别化的存款准备金率、再贷款等货币政策。全省地方金融机构存款准备金率低于全国性金融机构2~9个百分点，农牧区再贷款利率低于正常再贷款利率1个百分点。

（三）体制机制不断完善，支持创业创新的金融服务体系初步形成

1. 金融支持创业创新的体制机制不断完善

加强政银企沟通与交流，不断完善金融支持创业创新长效机制。围绕西宁、海东、海西和重点园区、重点企业的融资需求，通过召开政银企融资对接会、重点项目推介会、重点企业（项目）融资协调会等形式，针对性协调解决企业（项目）融资中的前置性问题等困难。中国人民银行西宁中心支行每年印发青海省信贷工作指导意见，坚持把保障和改善民生作为金融服务弱势群体的出发点和落脚点，积极实践普惠金融，扩大服务范围，持续完善创业担保贷款管理模式，不断简化手续和审批环节，满足下岗失业人员、高校毕业生、复转军人、进城农民工和返乡农民工等不同社会群体的自主或联合创业的融资需求。针对科技型、创新型企业发展特点，全省银行业金融机构不断创新信贷产品和信贷融资模式，积极开发“科技贷”“信用贷”等信用产品，满足创业创新企业融资需求，为不同发展阶段的企业注入信贷资源。

2. 金融支持创业创新的服务体系初步形成

青海省金融办会同相关金融监管部门，力促“金融招商”。截至2016年12月末，全省拥有各类政策性银行和股份制商业银行14家、地方银行及农村法人金融机构35家、证券公司及营业部21家、保险公司16家、基金管理机构12家、小额贷款公司91家、融资性担保机构80家，金融支持创业创新的服务体系初步形成（见表5－4）。

表5－4　青海省金融支持创业创新服务体系一览

序号	金融机构	数量(家)
1	政策性银行和商业银行	14
2	保险公司	16
3	地方银行和农村法人金融机构	35
4	证券公司及营业部	21
5	基金管理机构	12
6	小额贷款公司	91
7	融资性担保公司	80

从全省8个市（州）看，西宁市创业创新金融服务体系最为健全，创业创新金融服务水平遥遥领先，其所拥有的小额贷款公司和融资性担保公司数量在全省名列第一。截至2017年初，西宁市拥有小额贷款公司59家、融资性担保公司46家，分别占全省的64.8%、57.5%。

此外，还成立了青海汇金金融服务公司、西宁民间投融资综合服务中心、华融昆仑青海资产管理股份有限公司等创新性金融机构，设立了青海省科技型中小企业创业投资引导基金、青海省战略性新兴产业股权投资基金、青银中小企业发展基金、青海省产业发展投资基金等一批基金，为金融支持创业创新工作提供了积极支持。

专栏5-3　海北州成立首家民间资本担保公司

2012年9月，海北藏族自治州首家由社会资本组建的融资担保机构——祁连县晋商融资担保公司成立。该担保公司注册资金5300万元，以解决各类创业创新主体多种金融需求为目的，提供贷款担保、票据承兑担保、贸易融资担保、项目融资担保、信用证担保及其他融资性担保业务。同时，兼营多种履约担保业务，并开展融资咨询、财务顾问等中介服务。

六　各市（州）金融支持大众创业万众创新独具特色

在推进大众创业万众创新的过程中，全省各市（州）金融部门积极推动金融创新，为创业创新企业提供金融支持和保障。

（一）海东市金融支持“双创”概况

1. 各大银行支持创业创新

农业银行海东支行推出专门针对拉面经营户的创业信用卡。截至2017年3月，已对1183户发放了就业创业和拉面经济信用卡，总授信额2亿元。建设银行海东支行先后与市农牧局、循化县经商局和平安区扶贫局签订了农牧业、小微企业“助保贷”业务合作协议，搭建融资平台，大力推进“助保贷”“善融贷”等特色金融产品。中国银行海东支行配合平安区扶贫局、区团委做好扶贫贷款落地工作，为中低收入人群及大学生创业群体提供多样化金融服务。邮储银行海东支行鼓励创业新模式，通过举办创富大赛，形成政府引导发展方向、银行提供融资机会、社会力量广泛参与的创新融资模式，为有创业需要的社会各类群体及中小企业提供资金支持，创造更多的创业机会，推动中小企业发展。

2. 大力发展多层次资本市场支持创业创新

积极抓住资本市场扶贫攻坚的有利契机，发挥证券期货行业优势，邀请国内 17 家券商与省金融办、省证监局共同召开券商座谈会，并奔赴江苏省开展资本市场招商。积极推动全市创业创新企业上市挂牌，与省金融办举办 2016 年海东市企业上市挂牌工作推进会，对“新三板”股票规则和涉及的相关法律问题进行了详细的讲解。积极推荐企业到省股权中线挂牌融资，海东市在省股权交易中心挂牌 36 家企业，占全省挂牌企业总数的 11.43%，实现融资 6243 万元。

3. 不断加大担保支持力度

组建海东轻工业担保公司，加大对轻工业企业的担保力度。2016 年轻工业信用融资担保公司通过贷款担保、贴息等方式支持企业和项目融资，帮助 75 家企业担保落实贷款 3.43 亿元。海东鑫融担保公司帮助 200 家企业担保落实贷款 6.8 亿元。2016 年全市 14 家担保公司新注入资本金 1.95 亿元，担保资金达到 107 亿元，新增担保项目 1484 个，新增担保贷款 13.55 亿元，在保余额 17.15 亿元，累计担保项目 11335 个，累计发放担保贷款 49.71 亿元。12 家小额贷款公司贷款余额 2 亿元，累计发放贷款 4062 笔 6.64 亿元，有力地解决了融资难问题。

4. “青春创业扶贫行动”助力青年创业创新成绩突出

青海省团委、扶贫部门和金融机构于 2014 年启动“青春创业扶贫行动”，致力于为全省有创业意愿的贫困地区返乡大学生搭建创业平台，提供必要的融资帮助和支持，使之在产业扶贫中发挥更大的示范带动作用。2016 年上半年，海东市发放“青春创业扶贫行动”贷款 98 笔，共计 2842 万元，直接受益 184 人，带动贫困户 188 户 349 人。海东市团委将服务青年这一基本职能与助力脱贫攻坚这一工作紧密结合，切实推到了全省前列。

专栏 5-4　化隆县金融支持拉面经济

2016 年 3 月，化隆县出台《化隆县精准扶贫“带薪在岗实训 + 创业”实施方案》，以化隆县在全国的拉面实体店为载体，推广精准扶贫“带薪在岗实训 + 创业”新模式，将精准识别的贫困人员与拉面实体店对接，使贫困人员在拉面实体店带薪在岗接受培训，争取一年内成为掌握拉面技艺的技能人才。针对扶贫对象融资难、融资贵、担保难等问题，化隆县采取发放“拉面信用卡”模式，创设宽松贷款政策环境，以扶贫资金为担保，发挥金融杠杆作用，搭建融资平台，把金融扶贫资金发展成创业发展基金，解决困难群众发展启动资金短缺问题。2016 年，对拉面经营户发放信用卡 312 张，授信额度达 4680 万元。

（二）海西州金融支持“双创”概况

人民银行海西州中支认真贯彻《关于做好实施创业担保贷款支持创业就业工作的通知》文件精神，运用窗口指导、利率管理等货币政策工具，引导海西州金融机构加大创业担保贷款的投放，降低小微企业融资成本。同时，开展小微企业信用培植，有力地支持了“双创”发展，对当地群众就业增收、维护地区社会稳定起到了积极作用。

1. 加强窗口指导，引导金融机构加大创业担保贷款的投放

人民银行海西中支加强与地方财政局、人社局的协调沟通，利用银政企联席会、经济金融运行分析会等形式，加强实施创业担保贷款支持创业就业政策的传导。要求金融机构按照国务院大力推进“双创”意见的要求，开展创新型企业贷款和还款方式创新，通过投贷联动、增信、联保、互保等方式，帮助企业满足贷款条件，获得融资支持；通过滚动贷款、无还本贷款、过桥等方式使企业获得持续支持。不断完善企业创业担保贷款模式管理，简

化手续和审批环节，以推动创业带动就业为中心，深度对接并持续满足个体工商户、中小微企业、登记失业人员、退役军人、高校毕业生、大学生村官、残疾人、妇女群体、进城创业农民工、返乡农民工自主或联合创业的金融需求。继续执行好国家助学贷款金融政策，保证贫困大学生能够及时得到助学贷款支持。2015～2016 年期间，累计有 1273 人申请创业担保贷款，申请金额 17667 万元，实际发放 1220 人共计 15977 万元贷款，货代率达 95.8%，有效发挥了金融对创业创新和民生领域的助推作用。

2. 引导金融机构降低利率水平，解决小微企业融资贵问题

2015 年以来，人民银行 5 次下调人民币存款、贷款基准利率，贷款利率累计下调 1.25 个百分点；两年来人民银行 7 次降低存款准备金率，辖内信用社（农商行）法定准备金率下降 4～6 个百分点。人行海西中心支行督促辖区内金融机构贯彻好总行降息政策，释放地方法人准备金存款 3.15 亿元，直接增加信贷资金共计 2.72 亿元，进一步引导利率水平降低。截至 2016 年末，海西州大中小微企业贷款平均利率分别为 1.01%、5.03%、5.58%、5.61%。其中，大中微企业利率水平已连续三个季度呈下降趋势，小型企业利率水平较年初下降 18 个基点，较第三季度下降 30 个基点。辖区企业融资成本有效降低，降息、降准政策成效明显。

3. 推进小微企业信用档案建档立卡工作，落实小微企业信用培植政策

2015 年人行海西中支下发了《关于开展海西中小（微）企业建档立卡的通知》，以小微企业建档立卡为工作抓手，为小微企业信用体系建设工作推进提供有效的信息支撑。截至 2016 年末，共为海西州 289 户小微企业建档立卡，小微企业贷款余额 94.5 亿元。认真落实人行西宁中支等三部门联合下发的《青海省小微企业信用培植工程实施意见》，指导格尔木支行 2016 年下发了《关于进一步加强小微企业信用培植工作的通知》，通过制定培育目标、明确培植主体、细化培植程序，有针对性地开展小微企业信用培育工作。截至 2016 年末，完成小微企业信用培植 47 户，贷款余额为 4.85 亿元。

（三）海南州金融支持“双创”概况

自 2009 年 6 月小额担保贷款业务开办以来，海南州金融机构稳步推进创业小额担保贷款业务，担保基金由原来的 1∶3 扩大为 1∶5，贷款额度由

10万元调整为50万元。截至2016年末，海南州创业小额担保贷款余额为16100万元，其中，吸纳下岗失业人员达到30%的劳动密集型企业担保贷款余额为180万元，创业人员小额担保贷款余额为15920万元。

1. 为创业人员注入启动资金，实现了就业梦想

2009年以来，海南州各承贷金融机构累计发放创业小额担保贷款85636万元，直接扶持自主创业4588人，带动就业9100人，其中扶持高校毕业生57人，扶持就业困难对象150人，扶持下岗失业人员2478人，累计贴息15776万元，人均贷款额度为18.66万元。通过小额担保贷款的支持和扶持，充分发挥了政府培训机构的培训资源和金融机构的资金资源的作用，为具有创业能力但缺乏启动资金的下岗失业人员提供了创业资本，帮助他们解决了创业启动资金困难问题。

2. 有效防范投资者盲目投资造成的投资风险

强化担保公司对信贷项目的评价评估，有效帮助下岗失业人员增加对投资项目的经营前景、经营风险、经营效益等各环节的了解，减少了下岗失业人员只看重投资项目的经济效益，而忽视潜在的经营风险造成信贷资金和经营的损失。

3. 促进中小企业的发展

根据《海南州创业小额贷款担保基金管理办法》，小额担保贷款政策不只是限于对单个失业人员的扶持，对劳动密集型企业也加大了扶持力度，有效地发挥了企业对扩大就业再就业的辐射拉动作用。青海寒雪宝有限责任公司作为一家当年吸纳下岗失业人员30%以上的民营企业，2016年在原材料价格持续上涨的情况下出现了资金困难，青海共和农村商业银行依据小额担保贷款程序为该企业及时办理了180万元的小额担保贷款，缓解了该企业的资金困难问题。

（四）黄南州金融支持“双创”概况

1. 加大信贷资金投放力度

黄南州银行业金融机构深入落实青海省人民政府办公厅出台的《关于加快大众创业万众创新支撑平台建设服务实体经济转型升级的实施意见》，青海银监局印发的《关于青海银行业支持大众创业万众创新的指导意见》

等一系列文件精神，增强信贷投放力度，拓宽信贷投放渠道、创新金融服务模式，开发推出“青春创业贷”“创业担保贷”等金融产品，支持创业创新。截至2016年12月，全州金融机构共发放各类创业、再就业担保贷款3017万元。其中：州邮储银行发放大学生青春创业贷款1130万元，信用联社发放创业就业贷款1887万元，累计发放1.3亿元。同时，发放农户贷款12.76万元、向农牧业合作社等新兴农村经济组织发放贷款8760万元，支持城乡社会青年、高校毕业生、复转军人、农牧民、妇女、下岗失业者投资创业就业和扩大生产，有力助推大众创业万众创新工作的开展。全州金融机构共发放小微企业贷款14.6亿元、高校毕业生创业贷款3010万元、下岗失业人员小额贷款6016万元、妇女贷款49万元，使“双创”工作得到了有力的信贷资金支持。

2. 加强融资担保平台建设

针对“贷款难”问题，高度重视融资担保平台建设。近年来，通过不断加大财政资金投入、推进融资担保平台整合力度等方式，扩大担保基金规模，不断提升担保平台担保能力，先后投入财政资金3300万元设立中小微企业“助保贷”平台，投入1500万元设立政策性支农支牧担保公司——河南县牧鑫支农支牧融资担保公司。截至2016年底，全州拥有担保融资平台18个（州本级设有中小企业担保平台、创业小额担保平台及助保贷，所属四县分别设有中小企业担保平台、支农支牧担保平台和创业小额贷款担保平台、精准扶贫基金担保平台），平台担保基金1.56亿元，初步形成了州、县两级全覆盖的担保平台体系。

3. 稳步推进全州农村信用体系建设

按照“横向到边、纵向到底”的原则，积极推动农村信用体系建设工作，深入开展“信用户、村、镇（乡）”创建活动，打造“信用黄南”。农村信用体系建设工作稳步推进，全社会信用环境持续向好的局面初步形成，信用体系建设取得丰硕成果，建成全省第一个省级信用县——河南县，顺利完成了农村信用体系建设第一个五年规划。截至2017年4月，全州共评定信用户15002户，创建信用村150个，创建信用乡20个，创建信用县2个，建立农户经济信用档案18423户，全州信用户贷款余额1.62亿元。加快金融服务网点建设，全面推进普惠金融。截至2017年4月，全州共建成惠农金融服务店 238 个，建成“惠农综合服务站”10 个。在乡镇设立自助取款点 208 个，布设 ATM 及自主支付设备 56 台、POS 机 765 个，实现了基础金融服务在乡镇一级全覆盖，并逐步向村社延伸。

4. 全面推动“双基联动”[①] 合作贷款

自 2015 年州委“三基”办、州金融办、州银监分局开展“双基联动”合作贷款试点以来，不断扩大“双基联动”试点范围和服务对象，已基本实现“双基联动”合作贷款模式全覆盖。截至 2016 年 12 月末，辖区银行业金融机构 26 个银行网点与 223 个基层党组织签订了“双基联动”合作贷款余额达 1.53 亿元。2016 年累计发放“双基联动”合作贷款 2071 笔，金额 1.24 亿元。

（五）海北州金融支持“双创”概况

近年来，海北州金融办、中国人民银行海北州中心支行等金融部门认真贯彻国家、青海省宏观经济政策，深入实施创新驱动发展战略，全州金融机构主动适应经济发展“新常态”，按照金融服务实体经济的要求，着力加大信贷投入，努力优化信贷结构，不断改善金融服务环境，金融服务经济能力进一步增强。

1. 探索建立海北州中小微企业信用体系

为助推全州产业发展，激发大众创业万众创新活力，2016 年提出了建立海北州中小微企业信用体系。州委州政府印发《海北州中小微企业信用体系建设实施方案》，由州金融办牵头，会同人民银行海北州中心支行、海北州银监分局、州县级相关部门以及州县级金融机构，制定出推进方案和具体实施细则。在相关部门单位的支持下，经过多部门联合把关，通过排查资产、资信状况，将不符合国家产业发展导向、不规范经营、不依法纳税、不诚实守信的企业，以及“僵尸企业”“空壳企业”等不合格企业剔除，筛选并确定了拟纳入资信评估、认定信用等级的 986 户企业名单。同时，与中诚信青海分公司、青海联合信用管理有限公司等信用评级中介机构有序衔接企业信用评级委托工作，严格评级工作程序，在全州范围展开了企业信用评级

① 指基层银行、基层党组织合作贷款。

工作。截至2017年3月底，已完成2批近200户企业的信用评级。根据州委第十二届十次常委会要求，认真开展组建海北州北润国有融资担保有限公司工作，2016年7月份争取省财政厅1亿元的担保基金。

2. 金融改革创新明显加快

州金融办根据中国人民银行等七部委，省委省政府和州委州政府相关文件精神，结合全州实际，经过大量调研，起草《海北州金融支持精准扶贫实施方案》。加大金融支持全州文化、旅游产业的投资力度，督促各银行金融机构不断改进金融服务手段，提升金融服务质量。修改完善《金融支持海北州文化和旅游产业加快发展的意见》《海北州金融机构支持地方经济社会发展考核及表彰办法（试行）》，通过考核、奖励的方法，辖内金融机构支持实体经济发展的积极性、主动性得到极大提高。稳妥推动“两权”抵押贷款试点。自2016年初海北州海晏县和门源县被确定为“两权”抵押贷款试点县后，中国人民银行海北州中心支行及时成立“两权”抵押工作督办小组，协调召开联络会议，联合政府相关部门深入调研，制定《海晏县农村承包土地经营权抵押贷款试点实施方案》和《门源县农村承包土地经营权抵押贷款试点工作方案》。2016年底，实现“两权”抵押贷款零突破，门源县和海晏县共发放“两权”抵押贷款220万元。

3. 农牧业金融服务得到加强

通过推广“双基联动”合作贷款模式，助推精准扶贫。引导金融机构相继推出了惠农卡、紫丁香卡、邮储绿卡、公务卡等银行卡产品，银信通、利得盈、网上银行等银行结算产品，住房贷款、福社团贷款、“农民乐”“商家乐”等信贷产品，有效满足了不同客户的需求。引导金融机构加大银行卡受理终端特别金融服务空白乡ATM机和POS机的布设力度，有效推动“农村金融服务村村通”工程，金融服务内容不断丰富和创新，金融服务覆盖面进一步扩大，有效地改善了农牧区金融服务，支持了农牧区经济发展。

4. 小微企业融资难问题明显改善

银行业金融机构认真贯彻落实全省金融工作会议精神，把加大对重点行业、重点企业的贷款投放力度作为一项重点工作。截至 2017 年 3 月末，按照“着力推进高原现代畜牧业示范区、高原生态旅游示范区和工业集中发展区建设”的经济发展规划，将信贷资金投向新能源、旅游、农畜产品、农牧业专业合作社等领域，有力支持了重点企业的生产经营，有效缓解了小微企业融资难的问题。海北州中小微企业贷款余额 18.2 亿元，同比增加 0.04 亿元，同比增长 0.22%。

5. 认真开展“金融招商”工作

海北州牢固树立“抓金融就是抓发展”的理念，通过各种渠道捕捉金融信息，突出把金融招商工作放在首要位置，强化对金融招商工作的责任意识，努力提升政府行政效率和服务水平。通过开展金融招商工作，一批新金融机构相继落户、开业。积极协调和引导金融机构在全州辖区内增设分支机构，拓展延伸金融服务，不断提高金融服务水平。完成海北金贝科技小额贷款有限公司、海北世通农牧小额贷款有限公司筹建初审工作。完成中国大地财产保险股份有限公司海北支公司和青海银行门源县支行落户设立工作。

6. 信用体系建设成效显著

加大社会信用体系建设力度，州、县、乡层层签订目标责任书，逐级落实责任，并通过多种方式推动辖区内农村信用体系建设工作。截至 2017 年 3 月底，全州建立信用档案 43310 份，建档覆盖面为 79.8%。全州评定信用户 35741 户、信用村 98 个、信用乡 9 个、信用县 2 个。

7. 认真做好金融培训工作

2017 年以来，为贯彻省、州金融工作会议精神，组织举办两期金融干部、银行业金融机构高级管理人员和中小微企业培训班。安排全州金融管理干部、银行业金融机构业务骨干、各工业园区和中小微企业负责人 30 余人次参加省内外组织的金融培训，有效提高了全州金融管理干部和相关人员的金融素质。

8. 认真执行稳健的货币政策

通过制定《海北州信贷工作指导意见》《金融支持电子商务发展的实施意见》，筛选印发《金融支持企业名录》等措施，引导金融机构加大对“三农”、中小企业、大学生创业等实体经济的有效支持。截至2016年末，全州金融机构各项存款余额142亿元，较年初增加20亿元，增长16%，增长率提高6个百分点。各项贷款余额60亿元，较年初增加10亿元，增长20%，增长率提高10个百分点。积极做好民族贸易、民族产品优惠利率贷款贴息工作。根据相关规定要求，2016年为海晏夏华、刚察草原肉、祁连亿达、门源伊源等4家企业发放贷款13550万元，全年累计贴息215万元，认真落实了民贸民品优惠政策。

9. 引导金融机构进一步加大创业担保贷款支持

为应对返乡农民工、高校毕业生创业就业等问题，根据州财政局、州人力资源和社会保障局、人民银行海北中心支行联合下发的《关于进一步加强创业担保贷款管理工作的通知》，督导金融机构认真落实创业担保贷款优惠政策，简化贷款受训，降低贷款门槛，进一步加大创业担保贷款扶持力度。截至2016年末，全州创业担保贷款余额2.54亿元，其中高校毕业生创业贷款0.26亿元，劳动密集型小企业创业贷款0.48亿元，其他创业贷款1.79亿元。创业担保贷款政策的全面落实为促进县域地区就业再就业、社会稳定、经济发展发挥了积极的推动作用。

第二节　财税金融支持创业创新存在的主要问题

近年来，青海省关于鼓励和促进创业创新的财税金融政策体系不断优化，在激励全社会创业创新方面发挥了极大的促进作用。但是，从经济环境的变化、市场经济的发展以及创新驱动战略实施需要看，财税金融支持创业创新仍然存在一些问题。

一　支持力度不大，制约创业创新

从创业创新主体的需求看，财政和金融对大众创业万众创新的支持和保障力度都需要进一步强化。

（一）财政投入不足

青海省积极探索转变财政扶持方式，设立了中小企业担保基金、特色产业引导基金、中小企业发展基金和外贸发展基金等一批专项基金，但不论规模还是总量，都相对较小。根据调查，一些地区财政投入研发经费不足，创业担保基金来源单一且缺口较大。湟源县本级财政投入的研发经费从 2012 年的 20 万元，增长到现在的每年 80 万元，虽然增长幅度比较大，但与省、市要求的本级财政投入要达到本级财政支出 1.5% 的比例相距较远，制约了创业创新。大通县财力有限，增支因素较多，财政收支矛盾异常突出，相关就业创业财政配套资金无法全额落实，制约了就业创业工作的有序进行。大通县按照 1∶5 的比例，成立了小额担保贷款服务中心，积极为创业人员提供担保贷款服务，但是，615 万元的担保基金仍明显不足，经办银行多次要求增加担保基金。

（二）金融支持力度不够

国内宏观经济下行压力较大，银行业金融机构放贷意愿减弱，支持创业创新力度不强。政府对创业园、创业孵化基地的资金支持力度有限，不少创业实体资金筹措能力不强，缺乏创业资金，制约了创业孵化基地的运行效率和后续发展。根据调查，认为金融支持创业创新“力度很大”和“力度较大”的创业者仅占一半（见图 5－3）。青海多数州县自身财力不足，担保平台普遍存在基金规模小、担保实力弱、贷款放大倍数不高等问题，且承保额度已接近或即将接近底线，急需补充。

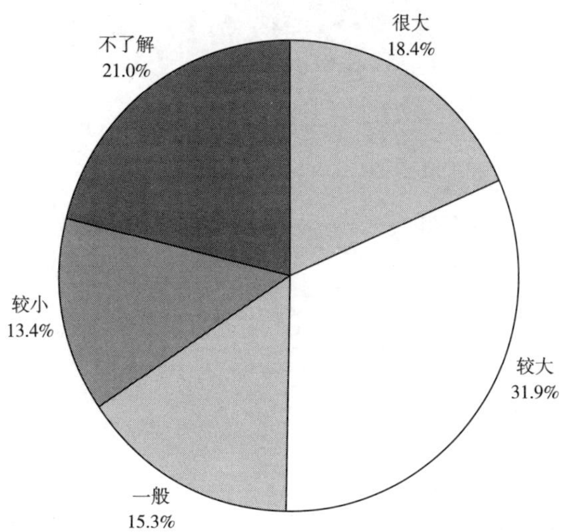

图 5－3　金融支持创业创新的力度

二　政策措施单一，支持效益不高

从财税金融政策的效益看，财政政策支持创业创新的效益有提高，税收政策的预期效果有待提升。

（一）财政政策支持效益不高

青海省支持创业创新的财政政策直接手段多，如财政直接投资，而运用财政贴息、投资抵免、贷款担保等间接手段少。直接手段的过多运用，导致支持项目成功率低下，财政资金支持创业创新效益不高（见图5－4）。部分财政政策支持重点不突出，特别是中央和省级安排的就业创业扶持资金结构不合理，大多用于普惠性的一些补贴政策，没有真正用在激发市场活力和培育众创空间方面，使用效益不高。创业人员以高校大学生为主，大多没有创办企业经验，无法通过第三方机构尽职调查审查，导致大学生创业创新引导资金引导作用不明显，资金滞留项目实施单位。以2015年为例，大学生创业创新引导资金有1280.8万元未形成支出。

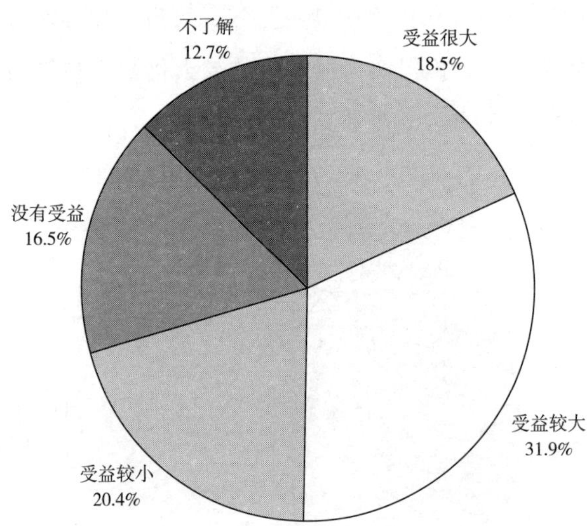

图5－4　创业创新财政政策受益率

（二）税收政策预期效果不佳

根据调查，仅有49.7%的创业创新主体认为税收政策实施效果“很好”

和“较好”（见图 5－5）。也就是说，超过半数的创业创新主体对税收优惠政策落实效果不看好。具体地，科技企业孵化器的认定条件既包括孵化器本身的场地面积、企业户数等要求，还需要对在孵企业的财务指标、经营规模等条件进行审核，由于认定标准较高，青海藏区多数州县难以得到实惠。此外，研发费用加计扣除优惠政策是支持企业进行研发活动的一剂“强心针”，能够切实减轻创业创新企业税收负担，将对企业的减免税转化为推动研究开发活动，促进创业创新的强大动力，充分发挥税收优惠政策产生的正效应。但是，青海地区特别是藏区六州经济发展水平较低，市场发育程度不够，能够享受到这项优惠政策的创业创新企业很少。例如，海北州大部分企业没有建立自己的企业技术中心，企业创新意识不强，科研投入不足，除少数几个规模以上企业外，企业研发投入几乎为零。截至 2016 年底，海北州还没有享受研发费用加计扣除优惠政策的企业。虽然有两户企业涉及相关项目，但没有按照不同研发项目分别归集，暂未能享受该项税收优惠。享受西部大开发和高新技术政策的企业均按 15% 税率征收企业所得税，高新技术企业认定条件和程序较西部大开发政策（西部地区鼓励类产业）苛刻，加之需要定期复评，部分科技型企业选择了享受西部大开发税收政策，影响了高新技术和高新技术企业发展。税收优惠政策重叠，政策效应被稀释。国家

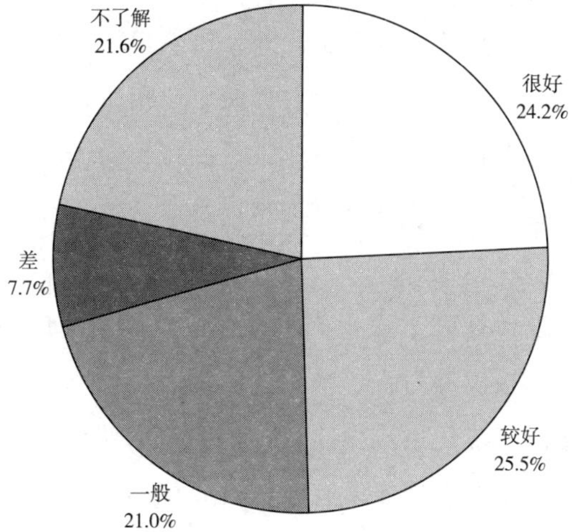

图 5－5　促进创业创新的税收优惠政策落实效果

对小微企业和科技型企业都出台了税收优惠支持政策，而青海省藏区多数州县（如海南州等）科技型企业属于小微企业的优惠范畴，而小微企业的优惠力度更大，两种优惠只能选择其一，两者在很大程度上起到了相互替代作用。从固定资产加速折旧政策出台后的执行情况看，主动享受该项政策的企业较少，政策效应没有达到预期效果。主要原因：一是固定资产加速折旧申报表填写复杂，纳税人填报比较困难；二是对于时间差异性，需要修改会计软件，而修改软件又需要纳税人投入大量人力和物力成本；三是税会差异处理较为困难和烦琐。

三　政策受惠面较窄，普惠性不强

从金融和税收政策的覆盖面看，金融支持创业创新的条件和门槛需要降低，税收优惠政策的对象、种类、区域也有待完善。

（一）金融优惠政策受惠面较窄

按照担保公司和就业部门、金融机构的协议，由就业部门对借款人进行初审，再由担保公司继续审核项目营利性和稳定性，审核条件较为严格，要求借款人有固定经营场所、营业执照和一定铺底资金。经审核淘汰20%～30%的借款申请人，然后交由承办金融机构进行审核。例如，2014年海东市委市政府出台《海东市创业小额担保贷款发放办法》，规定的贷款对象必须具有海东户籍，政策受惠面较窄。此外，虽然申请金融机构贷款的劳动密集型企业不少，但审核认定的不多，主要是企业招用下岗失业人员达不到规定人数的比例，大多数企业没有与失业人员签订长期用工合同，使劳动保障和财政部门无法认定，经办的金融机构难以发放贷款。

（二）税收优惠政策受惠面较窄

税收优惠政策设计往往只是针对特定对象，其他创业创新主体不能享受，并且以事后和直接优惠为主，采用加速折旧、提取风险准备金、加大费用列支等减少税基的事前优惠较少，对一些经营周期长、投资规模大、技术和资本密集型的中小企业支持效果有限，税收优惠政策受益率不高。根据调查，创业创新群体认为从税收优惠政策中“受益很大”的仅占22.9%，“受益较大”的占31.2%（见图5－5）。税收优惠政策重区域优惠，轻产业优惠。税收优惠政策往往以区域为主导，造成同一项目在园区内外税负出现较大差异，使创业创新企业纷纷以挤进园区为目的，没有体现税收公平原则。并且，一旦园区内企业享受税收优惠后，如果由于改变经营产品等原因不再属于政策扶持范围之内时，税收优惠不予追征，走向保护落后和限制创业创新的反面，违背了实行税收优惠政策的初衷。部分税收政策覆盖范围窄，优惠力度大打折扣。例如，研发费用加计扣除政策限定了研发费用的具体种类，有些研发费用不能加计扣除，一定程度上增加了企业的负担。

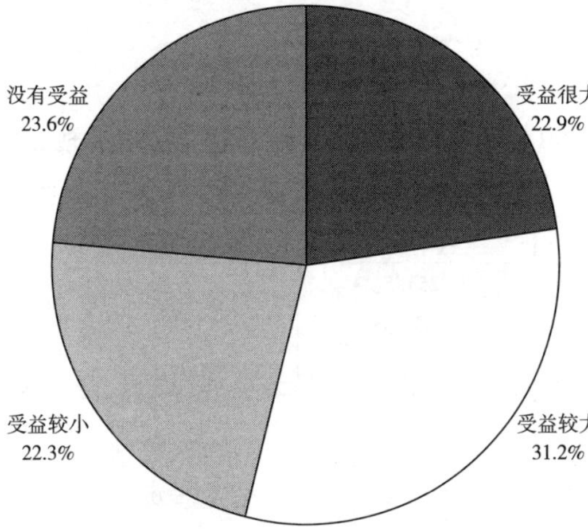

图 5－6　创业创新群体税收优惠政策受益率

四　支持力度不平衡，影响整体推进

从整体协调推进看，创业创新发展的软环境建设亟待增强，各地区之间财政支持力度需要进一步优化。

（一）硬件建设和软环境建设投入力度不平衡

受地区经济发展水平、对创业创新重视程度以及财政金融专业人才等因素影响，各地区之间财政支持力度失衡。除西宁、海东等经济发展相对较好的地区之外，其他地区特别是广大藏区财政支持力度较小，创业创新发展较为缓慢。财政政策偏重支持科技产业园基础设施、公用设施、基本建设等创业创新硬件建设，较为忽视对创业创新软环境的培育，缺乏对创业创新企业不同成长阶段的个性化策略。

（二）地区之间财政支持力度不平衡

2014 至 2016 年，海东市财政支持创业创新力度最大，无论是发放创业补贴、创业担保贷款，还是设立创业担保基金规模，都在全省名列第一。西宁市紧随其后，位列第二。青海藏区支持力度有限（见表 5－5）。再从海东市六区（县）来看，2016 年全市下达就业补助资金共计 13185 万元。其中，乐都区获得就业补助资金 3212.7 万元，在全市 6 县（区）中最多，占 24.4%；互助县仅获得就业补助资金 1143 万元，在全市 6 县（区中）最少，占 8.7%。

表 5－5　2014～2016 年青海省各州（市）财政支持创业创新情况

单位：万元

序号	地区	发放创业补贴	发放创业担保贷款	设立创业担保基金规模
1	海东市	3254.5	82762	30898
2	西宁市	682.65	38708	12164
3	海西州	38.9	19661	9027.54
4	海北州	23.4	48132	7025
5	海南州	—	24559	4605
6	果洛州	8.86	3510	6384
7	黄南州	—	—	1516
8	玉树州	—	—	—

注：“—”表示数据缺失。

五　政策缺乏系统性，未能得到全面落实

近年来，青海省各个部门陆续出台了若干鼓励和支持创业创新的财税金融政策，但是缺乏有效的衔接和协调联动，政策措施相对分散，缺乏系统性，政策碎片化问题较为突出，有些政策甚至交叉重叠，没有形成合力。中小微企业对国家和青海省近年来出台的财政政策知晓率不高，已制定的政策没有全面、及时、准确地传递到企业中去，且已有的优惠政策落实不到位，导致不少企业抱怨缺少政策支持和帮扶，使本该成为转型推动力的财政政策措施没有发挥应有的作用。

六　政策宣传方式单一，知晓度不高

从创业创新主体对税收和金融优惠政策的知晓度看，税收优惠政策宣传方式需要创新，金融优惠政策宣传力度需要加强。

（一）税收优惠政策宣传方式单一

青海省各级税务部门虽然通过多种方式宣传税收优惠政策，但是，由于全省相当一部分州县处于脑山地区，山大沟深，交通不便，且纳税人分布零散，加之税收宣传手段较为单一，许多纳税人对于现行或新出台的税收优惠政策、法规认知和了解有限，税收优惠政策宣传没有实现全面覆盖。此外，支持电子商务、“互联网 +” 等新业态的税收优惠政策措施相对较少，对纳税人的支持力度还不够。

（二）金融政策宣传不到位

金融支持创业创新的政策宣传，特别是金融创新产品宣传推介工作不到位。近年来，青海省金融机构相继推出了很多金融创新产品，但由于宣传工作不及时、不到位，广大创业创新群体对金融产品知晓率不高，导致金融创新产品发挥作用有限。根据调查，近半数受访者对促进创业创新的金融政策不了解。全社会创业创新氛围不够浓厚，还没有形成广泛参与、人人响应的局面（见表 5 –6）。

表 5 –6　创业创新群体对金融优惠政策“不了解”情况

序号	答案选项	“不了解”占比(%)
1	建立直接融资平台	49.7
2	设立创业投资引导基金	44.8
3	放宽外商投资准入条件	46.7
4	创业创新金融优惠政策	47.1
5	建立知识产权融资体系	42.7
6	创业担保贷款政策	38.2

七　创业创新企业贷款难问题依然突出

目前，银行信贷依然是科技型、创新型企业的主要融资模式（见图 5 –

7）。一方面，银行信贷资源大多由大中型国有企业挤占，广大中小企业实际获得的信贷资源比较有限。另一方面，受以抵押为基础的信贷配给文化的制约和影响，中小微企业、科技型企业由于缺乏合格抵押品而难以获得贷款。以海西州为例，2015 至 2016 年共计有 16 家企业申请创业担保贷款，申请金额 1950 万元，实际对 7 家发放贷款 1150 万元，企业获贷率和资金满足率仅为 43.8%、59.0%。此外，银行规定中小企业贷款必须找一位国家公职人员进行担保，由于多数企业找不到担保人，一些创业人员无奈选择民间社会融资，以高于银行数倍利息的借贷解决资金需求，导致经营成本剧增，甚至有的企业陷入高利贷泥潭。

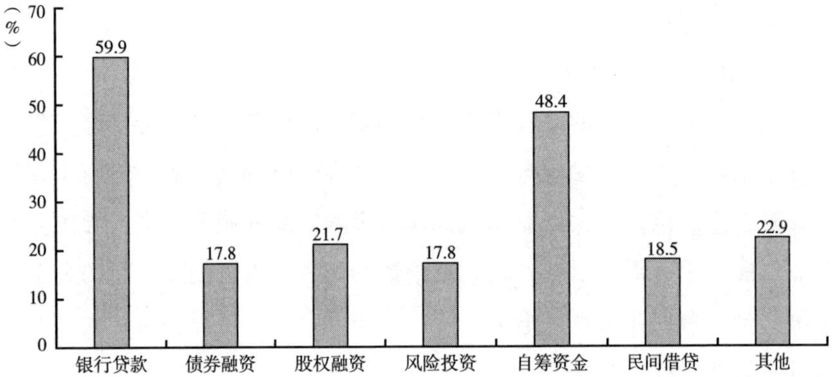

图 5－7 创业创新群体融资渠道

八 创业投资改革进展缓慢

国内外研究和实践经验表明，股权投资是创业创新最有效率的金融支持方式。青海省风险投资资源较为匮乏，缺乏足够、有效的天使投资、股权投资等提供风投支持，缺乏专业化人才提供融资指导，制约了科技型、创新型企业发展。中小企业由于自身内部资本积累能力弱，内源直接融资难于满足中长期发展的资金需求，外源直接融资渠道狭窄，通过非正式资本市场吸纳私募法人股权资本和创业投资、私募股权投资基金、产业投资基金等私募机构股权基金的直接融资渠道不通畅。以政府为主导的创业投资模式资源配置效率较低。地方政府在推动创业创新发展中发挥了重要作用，但是以政府为主导的创业投资模式也存在一些不足。政府资金支持范围有限，主要是新能源、新材料等战略性新兴产业，不能涵盖创业创新全部领域。投入产出比不高，资源配置效率较低。并且，在政府资金的投入使用方面，存在重审批、轻验收以及重事前评估、轻事中管理和事后评价等弊端，容易导致权力寻租、科技造假等问题。创业创新主体金融思想观念亟待转变。根据调查，有的企业没有考虑与创投机构合作，也不知如何合作，不了解创业投资相关政策法规；有的企业虽然接触过创投机构，但是由于属于农业、养殖业等投资报酬率相对较低行业，创投机构投资意愿较低，导致创业企业心灰意冷，不再考虑风投、创投机构问题；还有的创业者思想观念陈旧，不愿割舍企业的部分股权，不能正确认识天使投资在促进创业创新的重要作用，片面地认为天使投资不是“天使”而是“魔鬼”等。

九　协同推进机制不健全，基础工作亟待夯实

从协同推进机制角度看，财税金融支持大众创业万众创新的整体性不足，协同机制不健全，一些基础工作也需要进一步夯实。

（一）协同推进工作机制不够健全

以共青团青海省委、省扶贫开发局和邮储银行联合实施的“青春创业扶贫行动”为例，由于三方之间衔接沟通不够，影响了整体工作进度：有的地区（如海东市化隆县）没有邮储银行网点，导致资金无法注入，影响了工作进程；有的基层团组织工作人员对五花八门的创业申请项目没有辨别能力，使得有限的贷款资金没有用到好项目上；有的地区在初审过程中对创业青年户籍有严格要求，提高了贷款门槛；一些地区合作三方未建立健全合作推进机制，存在慢作为、不作为，甚至职责不清而乱作为现象，干涉邮储银行自主审核放贷，导致工作推动缓慢或停滞不前；还有的地区没有按照“推荐一个、审核一个、发放一个”的原则执行，导致申报项目过多，贷款发放进度缓慢。

（二）贷款办理工作程序过于复杂

根据调查，一些金融部门忽视行业企业特点，办理贷款程序复杂，时间

跨度较大，在一定程度上影响了创业创新企业的效益和发展。目前，申请小额担保贷款的主要流程及时间是：提出申请（1 天）——创业培训（20 天）——劳动就业部门审查（5 天）——担保公司继续审查（5 天）——提交到承贷银行（1 天）——承贷银行贷前调查（10 天）——发放贷款（1 天）。共计需一个半月左右，导致很多项目错过了最佳的资金投资时机。

（三）税收服务管理工作亟待夯实

部分基层税务部门工作人员仍然存在“重大轻小”“重数据，轻服务”等思想观念，税收监控管理服务措施不到位，管理服务方法流于形式，影响创业创新工作的有效推进。随着大众创业万众创新的大力推进，相关税收政策更新快、数量多、涉及面广，税收工作任务繁重，但一些税务工作人员业务能力有限，对相关涉税政策理解不深、把握不准、业务不熟。例如，技术转让、技术开发和与之相关的技术咨询、技术服务业较为专业，税务人员缺乏必要的专业知识，具体税收实践不容易把握。根据调研，技术转让等服务实行免征增值税优惠方式，下游企业无法取得增值税专用发票，切断了增值税抵扣链条，不利于科技成果转化和流通。税收服务管理制度不完备，增值税改革和转型不彻底，不利于创业创新企业减轻税负，导致税收优惠效应不明显。特别是生产型增值税导致企业的固定投资和科技成果转让费等支出所含的税金无法从销项税中扣除，对高新技术企业造成了一定的消极影响。

第六章

创业服务改革

创业服务是大众创业万众创新的基础性工程，需要发挥政策引领作用，引导公共服务资源、社会化服务资源、科技资源、信息资源等与创业创新活动对接，为创业者提供从种子、苗圃、孵化、加速到独立成长的各种配套服务，助力大众创业万众创新持续健康发展。

第一节　创业服务改革的主要做法与成效

发展创业服务，重点是加快发展创业孵化服务，大力发展第三方专业化服务，发展“互联网+”创业服务，研究探索创业券、创新券等公共服务新模式，构建起良好的创业生态。

一　创业孵化服务提质增速

创业孵化服务，是指为创业之初的个人、公司提供办公场地、设备乃至咨询意见和资金等服务，从而帮助创业者、企业成长并做大做强或转型升级。创业孵化服务必须依托于一定的服务平台，如众创空间、创业孵化器、孵化基地、孵化中心等。依据服务内容和方式，可将创业孵化服务分为托管型和策划型，从青海的实际情况看，托管型创业孵化服务占多数，有些创业孵化平台也提供一定的咨询策划服务。

（一）做大做强众创空间

2015 年国务院出台的《关于加快构建大众创业万众创新支撑平台的指导意见》指出，要大力发展专业空间众创，鼓励推进网络平台众创，培育壮大企业内部众创，通过创业创新服务平台聚集全社会各类创新资源，大幅降低创业创新成本，使每一个具有科学思维和创新能力的人都可参与创新，形成大众创造、释放众智的新局面。为此，青海省人民政府办公厅于2015年出台了《关于发展众创空间推进大众创新创业的实施意见》，明确了发展目标，即到2020年，全省建成众创空间50家以上，培育企业1000家以上，基本形成创业创新全链条服务体系；培育一批创业投资机构，畅通创业投融资渠道；孵化和培育一大批创新型中小微企业，并从中成长出能够引领未来经济发展的骨干企业，通过发展众创空间等创业创新服务平台，推进大众创业创新，打造新常态下经济发展的新引擎。其中：2016年，全省设市城市（含县级市）、州府所在地城镇、西宁经济技术开发区（青海高新区）、柴达木循环经济试验区、海东工业园区及青海大学、青海师范大学和青海民族大学均要建成1家以上众创空间；到2017年，全省有条件的城镇及职业技术学校（学院）均要建成1家以上众创空间，全省累计达到20家以上，培育企业500家以上。

截至2016年底，青海省已先后在西宁市、海东市、德令哈市、格尔木市、海南州、黄南州和青海大学、青海民族大学、青海师范大学投资建设了一批创业孵化基地和创业孵化园，为各类创业人员提供创业平台。其中，已挂牌创业孵化基地33家，在建3家；建成科技企业孵化器13家，其中，国家级4家；建成众创空间20家，其中4家通过科技部备案，享受科技企业孵化器相关政策支持。2016年，成立了由孵化器、中介服务机构等30余家会员单位组成的青海省孵化器行业协会，组织开展培训、考察、研讨交流等行业活动，促进行业良性发展。

调查问卷统计数据显示，在各地区搭建的各类众创空间类型中，创业园区（创业基地）分布数量最多，其次是创客空间，创新工场、创业咖啡等也占据一定比例（见图6－1）。

创业人员在创客空间和创新工厂创业的各占13.25%，在创业咖啡创业的占17.22%，在创业园区创业的占15.89%，在其他创业平台创业的占13.25%。在各类众创空间中，在创业咖啡和各类创业园区创业的人员占比相对较高（见表6－1）。

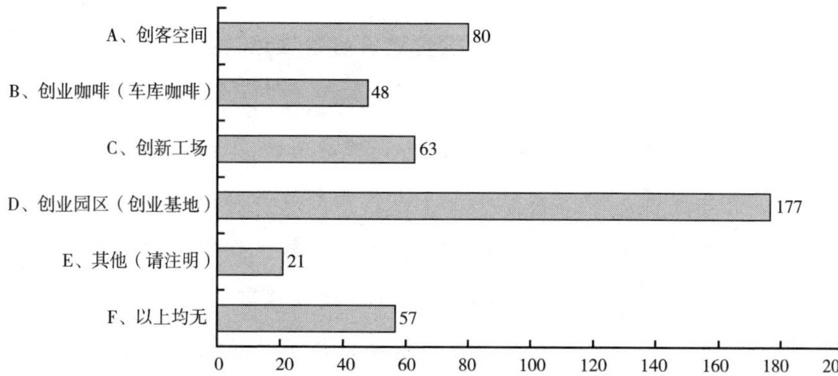

图6-1　青海省各类众创空间分布情况

表6-1　创业人员在各类众创空间分布情况

单位：%

序号	答案选项	所占比例
1	创客空间	13.25
2	创业咖啡(车库咖啡)	17.22
3	创新工场	13.25
4	创业园区(孵化基地)	15.89
5	其他	13.25
6	以上均无	27.15

（二）创业创新孵化服务

创业创新孵化服务是由专门设立的服务机构依托众创空间平台，针对创业创新人员提供全方位、专业化、社会化创业创新孵化服务。创业创新孵化服务主要有车库咖啡、创客空间、创新工场、创业孵化基地等模式，青海大多数地区采用创业孵化基地的模式。创业孵化基地入驻有各类专业服务机构，为创业者提供全方位服务，孵化基地管理运营机构通过综合运用政府购买服务、无偿资助、减免费用、业务奖励等方式，支持创业者和专业化服务机构开展业务，保障孵化基地正常运转。

目前，青海省基本具备各种类型的创业孵化平台和创业孵化服务模式，因投资主体、管理架构、服务模式等的不同，可以将各类创业孵化平台划分为政府投资建设与管理运营型、政府投资建设与社会化运作型、社会资本投资与公司化运作型等几种类型。

专栏6-1　政府投资建设与管理运营型

西宁创业孵化基地。由省、市两级财政资金投资建设，于2015年5月开园，总占地面积为1.22万平方米，建筑面积约为3.55万平方米，可入孵企业120家。基地由西宁市人力资源和社会保障局创业指导服务中心负责运营管理。基地采用三级孵化模式：第一级为创业预孵化（创业苗圃），主要针对未成立公司的创业项目进行预孵化，孵化期为半年；第二级为创业孵化，主要针对预孵化成功后注册成立的新企业和初创企业进行孵化，孵化期为三年；第三级为创业加速孵化，主要针对创业孵化成功的高成长性企业提供加速孵化，孵化期为二年。服务内容包括行政事务服务、投融资服务、市场接入服务、场地及办公设施服务、科技资讯服务、培训服务等。

专栏6-2　政府投资建设与社会化运作型

城北区大学生创业孵化基地。由西宁市城北区人力资源和社会保障局牵头建设（购买楼宇），建筑面积约1600平方米，可为30余家创业企业提供办公空间和配套服务，吸纳100多人就业。基地的管理运营采取政府购买社会服务的模式，由青海众创空间创业孵化服务有限公司负责。该公司是青海首家社会力量创办的市场化创业孵化器，被认定为青海省首批国家级众创空间。创业孵化分为三个阶段：第一阶段，经评审获得入园资格的初创者先进入开放式的众创空间进行创业培育；第二阶段，培育成功后安排进入独立办公室进行创业孵化；第三阶段，创业孵化成功后转入加速孵化，期满后出园。基地可为创业者提供场地及办公设备、开业、导师、金融和技术、人力资源、市场宣传、政策咨询、培训等服务。

专栏6-3　社会资本投资与公司化运作型

西宁黄河小微企业创业基地。由黄河实业集团斥资9亿元在北川工业园宁张路21公里处投资建设，基地占地1100余亩，总建筑面积700000平方米，基地建成后可容纳小微企业220多家，直接创造8000个就业岗位。该园区一期规划面积达到300亩，是青海省首家产权式工业园。创业基地以3~5亩独立式标准厂房为主，布局清晰，采用了目前流行的"前房后厂"的设计理念，分户独立供水、供电、供气。基地内的标准厂房可租可买，产权30年。基地由2012年成立的西宁黄河小微企业创业基地有限公司负责运营管理，其经营范围包括物业管理、企业经营管理信息咨询、房屋代理销售、房屋租赁等，入驻企业可享受各种政府优惠政策和专业化服务。基地还与战略合作银行一起为入驻企业提供设备购置贷款、生产经营流动资金贷款等金融政策扶持，为入驻企业免除后顾之忧。

调查问卷统计结果显示，近四成半的受访对象对青海省落实创业孵化服务政策的实际效果比较认可，同时也可以看出，与发达地区相比，青海在落实创业孵化服务政策上还存在一定差距（见表6-2）。

表6-2　受访对象对青海省落实创业孵化服务政策实际效果的评价

单位：%

序号	答案选项	所占比例
1	效果很好	12.79
2	效果较好	32.13
3	效果一般	25.56
4	效果较差	5.57
5	效果很差	2.30
6	不了解	20.66

（三）创业孵化器与天使投资、创业投资相结合

孵化器与天使投资、创业投资融合发展主要有两种模式：一是政府主导的孵化器与天使投资、创业投资融合发展模式；二是企业型孵化器与天使投

资、创业投资融合发展模式。目前，青海省以政府主导型孵化器为主，企业型孵化器较少，各类孵化器与天使投资、创业投资的融合程度还不高。个别孵化器曾经引进过一些发达地区的天使投资、创业投资机构，但与本地初创企业对接的效果并不理想，成功率较低。一些创业者也尝试直接与风险投资、创业投资机构接触，但由于双方目标差异较大，或创业项目不够成熟，对接成功的很少。省内外风险投资、创业投资机构对大学生创业创新大赛中涌现出的一些项目比较关注，也签署了一些意向性投资协议，但最终投资于这些项目的并不多见。据青海省科技厅统计，2015 年至 2016 年，通过连续两届“交行杯”青海省大学生创业创新大赛，为企业成功对接天使投资 1 家、融资 1500 万元，风险投资 2 家、融资 2200 万元。总体而言，青海省内创业孵化器与天使投资、创业投资相结合尚处于摸索阶段，成功的个案不多，要形成气候尚需时日。

调查问卷统计结果显示，创业人群对创业孵化器与天使投资、创业投资相结合的投融资模式听闻、了解的比例不低，但运用或部分运用的比例并不高。创业孵化器与天使投资、创业投资相结合的投融资模式是一个很专业的问题，对于普通公众而言，不了解这种投融资模式的人较多，也在情理之中（见表 6-3）。

表 6-3　创业人群对创业孵化器与天使投资、创业投资相结合的投融资模式的运用和了解程度

单位：%

序号	答案选项	所占比例
1	全部运用过	13. 25
2	运用过其中一部分	29. 14
3	均未运用过	28. 48
4	不了解	29. 14

（四）创业孵化与高校、科研院所技术成果转移相结合

创业孵化最需要技术和资金支持。2017 年初，青海省出台奖励和补助政策，对各类创新主体与国内外大型企业、高校、科研院所、科技企业孵化

器通过合作投资和服务外包等方式在省内建设的众创空间，绩效突出的给予100万元以内的后补助奖励支持。未来三年内，青海省还将依托龙头企业、高校、科研院所建立专业化众创空间，增加技术创新有效供给，实现科技成果向现实生产力加速转化，形成具有自主知识产权的技术200项以上，转移转化各类科技成果200项以上，建设以科技人员为核心、具有研发和成果转移转化能力的专业化众创空间8家以上。

目前，青海创业孵化与高校、科研院所技术成果转移相结合的服务模式主要有技术转移战略联盟、中小企业创业园、科技集成创新中心、网上技术交易市场平台等类型。

专栏6-4　青海技术转移战略联盟

为促进产学研紧密结合，加速科技成果转化，充分发挥青海地区相关技术转移机构、科研院所、中介机构、其他服务机构及政府相关部门的科技资源优势，2015年11月30日，由青海省生产力促进中心等15家单位共同发起创立的青海技术转移战略联盟正式成立。青海技术转移战略联盟是集技术、科技成果、人才、投融资、项目咨询评估、成果对接、技术服务、技术培训、会展服务等为一体的全方位综合创新服务体系。通过举办各种科技信息交流和科技成果转化论坛，相互提供发展机会，实现资源信息共享，培植新的科技成果转化点。

专栏6-5　青海生科中小企业创业园

青海生科中小企业创业园成立于2006年，2011年被国家科技部认定为“国家级科技企业孵化器”，主要服务于生物医药、绿色食品和保健品等生产性企业。2015年，生科创业园引进青海藏医药研究院、中科院西北高原生物研究所等科技服务企业8家，进行技术研发、中试平台建设，其技术成果直接服务于园区内中小企业，目前已培育科技型企业10户、高新技术企业2户，引导83%的企业建立了研发中心。其中，4

家企业的研发中心被认定为市级研发中心，2家企业被批准为“西宁市产学研创新基地”。

专栏6－6　青藏高原生物科技集成创新中心

青藏高原生物科技集成创新中心（以下简称中心）是依托中科院西北高原生物研究所、青海海洲生物工程有限公司组建的科技研发与技术服务型企业，中心于2015年筹建，2016年落户于青海生科中小企业创业园。中心拥有技术研发与中试平台，依托中科院西北高原生物研究所的研发技术力量开展技术研发，同时还面向社会提供咨询、培训等技术服务，为生物医药企业提供成套设备及相关技术培训，进行技术改造、产品技术升级，为引进、消化、吸收国外先进技术提供技术支撑等。中心采用企业化模式管理运作，自主经营、自负盈亏、有偿服务。中心成立以来，有效协助企业进行技术改造和工艺完善，利用中心技术成果为园区中小企业及省内外生物医药企业提供技术支撑，对科技型中小企业的成长壮大发挥了积极的促进作用。

专栏6－7　青海科易网

青海科易网是由青海省生产力促进中心搭建的“青海省网上技术交易市场平台”。该平台引入技术价值评估系统，以目前公认的预期收益法、成本重置法评估技术价值，让技术交易双方知道以多少价格交易技术是合适的。平台设有企业专项服务入口，可以快速进入全国技术合同登记系统、高新企业认定平台、科技型企业认定平台、科技企业统计分析平台、青海省大学生创业创新平台等。通过站内微信、短信通知、商友管理、信息订阅等基础对接功能，促成平台日常对接的活跃。引入技术交易服务体系——科易宝，创造性实现技术交易的电子商务化，为区域内从事技术交易的各方提供全流程服务，为创业者打通科技成果转化的“最后一公里”。

调查问卷统计结果显示，在有创业经历的受访对象中，曾经接触过或听说过创业孵化与高校、科研院所技术成果转移相结合这种技术成果转移方式的比例相对较高，亲身经历过的比例较低，对其不了解的比例也较高（见表6－4）。

表6－4　创业孵化与高校、科研院所技术成果转移相结合情况

单位：%

序号	答案选项	所占比例
1	亲身经历过	11.92
2	曾经接触过	29.80
3	听说过	27.81
4	不了解	30.46

调查问卷统计结果还显示，创业人群对本地区落实创业孵化服务政策措施情况的认可度与满意度相对较高，有19.87%的人表示满意，有36.42%的人表示基本满意（见表6－5）。

表6－5　创业人群对本地区落实创业孵化服务政策措施的满意度

单位：%

序号	答案选项	所占比例
1	满意	19.87
2	基本满意	36.42
3	不满意	15.89
4	不了解	27.81

二　创业创新专业化服务优势初显

青海省各类众创空间、孵化基地、工业（科技）园区等创业创新平台在提供创业创新服务上，主要采用挖掘和依托自有服务资源，自有资源与社会资源相结合、优势互补，与中介服务机构进行对接、直接引入第三方专业化服务等做法。总体而言，西宁、海东等地依托国家级、省级开发区和工业园（科技园）区搭建的创业创新平台，以及近几年建设的大型综合性创业孵化基地、大学生创业园等创业创新平台，引进了一批实力较强的第三方专业化服务机构，能够为创业者提供全方位、专业化、社会化和“一站式”的创业创新服务，引领着创业创新专业化服务的发展趋势。

（一）依托自有资源服务创业创新

西宁市加快发展科技服务业，培育壮大科技中介机构，重点发展研究开发、检验检测、创业孵化和知识产权等科技服务，完善成果转化激励机制，促进科技成果与市场对接的双向互动和良性循环。2014 年，成立了“国家知识产权局西宁代办处”，西宁地区服务机构已发展到 400 余家。在全省率先成立了创业指导服务中心和小额担保贷款服务中心等机构，积极搭建创业指导和贷款服务平台，成立西宁青年创业（者）联合会，为青年创业者搭建整合资源平台，促进创业青年的交流与合作。

海西州格尔木市打造“一街一园一基地”创业孵化平台，对入驻孵化基地的创业者在房租补贴、创业奖励、创业担保贷款、社保补贴、企业注册登记、创业导师服务、创业系列活动等方面给予扶持，并免费提供办公桌椅、宽带网络、创业培训、政策咨询、创业项目推介等服务。

海东市建立了青年就业创业服务平台网站、微信公众平台和 QQ 群，及时发布创业政策、创业培训、劳务信息、岗位信息、市场信息等信息，解读与宣传申请入驻创业园流程，为创业青年搭建互动交流平台。组织开展创业项目开发、方案设计、风险评估、开业指导、融资服务、政策扶持等“一条龙”服务，建立了由企业家、创业成功人士、专家学者及政府部门工作人员共同组成的创业服务指导专家队伍，提供创业指导、创业培训、信息咨询、政策扶持等服务。

黄南州积极搭建小微企业公共服务平台，组建了黄南州经信企业服务有限公司，探索完善小微企业服务体系，2015 年服务平台运营以来，累计为 100 多家各类小微企业提供市场准入、项目申报、企业管理等方面的咨询服务。

（二）优势互补、资源共享，服务创业创新

这是一种政府、企业和其他社会力量共同合作、优势互补，集中优势资源为创业创新提供多元化、专业化服务的模式，在创业创新专业化服务中比较常见。

格尔木市充分利用对口援青资源，邀请浙江省知名创业导师、专家前来开展多场次电子商务专题培训，组织初期创业者前往浙江、武汉、广州等地参加创业能力提升培训。

柴达木循环经济试验区各工业园区创业创新平台多措并举，为入驻孵化基地的企业提供代办公司核名、工商税务注册、公章刻制等“保姆式”无偿服务。引进人才交流、技术咨询、技术转让、知识产权代理、质量检测、公共信息、物流、信用体系评价等中介服务机构和科技研发队伍，为中小企业提供金融、商务、信息、资讯、生活配套等各项服务。

共青团青海省委支持建设的青海青年创业园打造了156名企业家组成的导师团队，常态化深入农牧区、高校开展“寻找高原青年创客”、导师服务进基层等活动。与律师事务所、会计记账公司、营销策划协会、金融信息服务公司等专业机构达成加速孵化合作协议，为加快创业创新孵化进程搭建基础服务平台。

西宁经济技术开发区充分发挥各园区既有的国家级、省级、市级研发中心、院士工作站等创新技术研发平台作用，鼓励创新平台与众创空间、孵化器等创业载体对接服务，为企业提供技术创新服务。积极引进检验检测、信息物流、人才培训、财税管理、知识产区服务等第三方服务机构，为企业提供各类公共服务。

（三）引入第三方专业化服务机构服务创业创新

国务院《关于大力推进大众创业万众创新若干政策措施的意见》指出，要加快发展企业管理、财务咨询、市场营销、人力资源、法律顾问、知识产权、检验检测、现代物流等第三方专业化服务，不断丰富和完善创业服务。在创业孵化过程中，创业者面临创意设计、项目筛选与申报、企业注册登记、财务、税务、融资事务、人力资源管理、知识产权保护、争议纠纷解决等一系列问题，这些问题专业性强，需要花费大量人力、物力和精力，对于初创人员来说，很多问题自身无力解决，因此，在众创空间引入第三方专业化服务机构，为创客和入驻企业提供各种专业化服务，便成为一种最优选择。

专栏6－8　西宁市城西区第三产业服务中心

服务中心依托入驻的第三方专业化服务机构，为全区中小微企业经营管理人员与从业人员提供教育培训、企业管理、金融保险、工商注册、会计审计、财税代理、法律咨询、融资贷款、信息咨询、人才信息发布、企业文化推广等全方位、社会化、专业化服务。建设运营第三产业服务中心网站，不断完善企业服务载体和功能，提升企业项目申报、招聘信息发布、政策解读、活动动态、企业风采展示等服务功能，定期对服务企业优惠项目进行整合发布，依托第三方服务托管机构不断提高服务企业质量。

专栏6－9　西宁市创业孵化基地

西宁市创业孵化基地引入第三方专业化服务机构10余家，可为入孵企业提供行政事务、工商注册、会计审计、税务、知识产权、投融资、市场接入、科技、法律、企业管理等多个领域的事务咨询及代理服务。基地制定了各类代理服务流程图，做到各类专业化服务公开、透明、合规、合法、可追溯。基地还整合社会力量组建了由创业成功人士、金融机构及有关部门专业人员组成的40余人的创业导师团，为创业者提供开业指导、市场分析、营销策划、信贷融资咨询、诊断等智力支撑与服务。

专栏6－10　海东工业园区中小企业园

海东工业园区管委成立了公司化运作的管理与服务机构，搭建起信息畅通、功能完善、资源共享、供需对接、便捷有效的综合性公共服务平台，为入驻企业提供信息咨询、人员培训、技术支持、创业辅导、市场开拓、管理咨询、融资担保、物流服务、法律维权、人员招聘、证照代办、技术质量检验检测等“一条龙”服务。有些入驻园区孵化的企业兼具孵化与服务双重功能，如青海鼎发会计代理有限公司入驻园区以来，边孵化成长，边为入驻园区的企业提供会计代理服务，公司得到了快速发展。

调查问卷统计结果显示，受访对象对当前青海省创业创新中的第三方专业化服务水平表示了一种谨慎乐观的态度，认为服务水平一般和较好的占比相对较高，与调查接触到的实际情况大致吻合（见表6－6）。

表6－6　对青海省创业创新第三方专业化服务水平的评价

单位：%

序号	答案选项	所占比例
1	很好	10.82
2	较好	28.20
3	一般	29.51
4	较差	8.85
5	很差	4.26
6	不了解	18.36

对创业人群的调查问卷统计结果显示，创业人群中接受过人力资源、市场营销、企业管理、财务咨询等第三方专业化服务的占比相对较高。表明目前青海省第三方专业化服务仍以传统服务方式为主，新兴服务较少（见表6－7）。

表6－7　创业人群接受创业创新第三方专业化服务的情况

单位：%

序号	答案选项	所占比例
1	企业管理	14.57
2	财务咨询	13.25
3	市场营销	17.22
4	人力资源	17.88
5	法律顾问	5.96
6	知识产权	4.64
7	检验检测	0.66
8	现代物流	3.97
9	其他	1.99
10	以上均未接受过	19.87

创业人群对青海省第三方专业化服务水平的评价相对较好。认为服务水平很高的占23.84%，认为水平较高的占23.18%，近半数受访者对第三方专业化服务持满意或较满意态度（见表6－8）。

表6－8　创业人群对青海省第三方专业化服务水平的评价

单位：%

序号	答案选项	所占比例
1	水平很高	23.84
2	水平较高	23.18
3	水平一般	19.21
4	水平较低	10.60
5	水平很低	0.66
6	不了解	22.52

三　“互联网＋”创业创新服务方兴未艾

近年来，“互联网＋”在我国的发展势头十分迅猛，抓住这一良好契机，顺应互联网时代经济社会发展趋势，加快推进青海“互联网＋”行动，促进互联网与创业创新融合发展，推进创业创新提质增效升级，打造经济社会发展新引擎，是欠发达地区实现跨越发展的必然选择。近期，青海省人民政府出台了《关于积极推进“互联网＋”行动的实施意见》，将互联网视为大众创业万众创新的重要支撑平台，将“互联网＋”创业创新作为“互联网＋”行动的重点领域，整合各类资源，合力推进众创空间建设；完善公共服务模式，促进社会资源开放共享；培育创业创新文化，激发全社会热情和活力，加快形成大众创业万众创新的生动局面。

（一）“互联网＋”创业创新网络平台与服务体系建设

青海省各级政府与各类市场主体联手，采取创新与创业、线上与线下、孵化与投资相结合的方式，积极搭建“互联网＋”专业化创业创新平台，探索“互联网＋”专业化服务路径，取得了明显成效。

在省级层面，青海省发改委通过争取国家专项建设基金，支持了西宁城市生活创业服务平台建设等 3 个“互联网 +”重大工程创新项目，落实国家专项建设基金 9300 万元，拉动社会投资近 10 亿元。青海省公共信用信息共享交换平台和“信用青海”网站建设项目已全部建成，正在试运行，下一步将逐步实现各地区、各相关部门信用信息的归集整合和交换共享。青海省经信委于 2016 年组织完成了全省中小企业公共服务平台建设，该平台由 1 个省级枢纽平台和 20 个窗口平台（9 个地区平台 +11 个产业平台）组成。平台的建成，将进一步提升对中小企业的公共服务能力，为“互联网 +”创业创新奠定良好的基础。

在市、州、县及高等院校层面，近年来各类主体采取多种途径和形式，积极搭建“互联网 +”创业创新平台，其中既有政府搭建的综合性专业化平台，也有社会力量、创业者搭建的区域性、行业性专业化平台，还有在高等院校范围内举办的“互联网 +”大学生创业创新大赛，更多的创业者则是通过电子商务触“网”的。

专栏 6 – 11　海东市“互联网 +”拉面经济

海东市化隆县辞职创业人员马青云创办的中国拉面网和微信公众号于 2013 年 10 月上线，率先在拉面行业做出了互联网 + 服务、互联网 + 产品等一系列借助网络而展开的业务，抢得了清真拉面市场在互联网领域的先机。中国拉面网把青海众多资源整合到一起，为拉面人提供从最简单的劳务信息服务到更深层次的拉面商学院、产品配送等服务，拉面人则在这个平台上学会获取信息、获得学习机会、树立品牌意识、完成转型升级。为更好地精准服务遍布全国的三万家青海拉面店，2015 年，马青云筹建了化隆拉面服务中心。目前，化隆拉面服务中心以“中国拉面网”和微信公众号作为服务的主要阵地，通过拉面资讯、拉面文化、拉面招工、拉面商机、饭店转让、人才培训、伊麦佳配送、微信商城等栏目宣传拉面文化，提供拉面行业内的面店信息、人才培养、产品销售等服务，每天的浏览量可达千余次，其微信公众号也已拥有十余万粉丝。同时，借助国家“互联网 +”“大数据”等政策优惠，化隆拉面服务中心正在全力筹建中国拉面App和拉面大数据平台。其中，中国拉面App已经上线，内容包括店面管理、拉面商学院、拉面论坛、拉面公益、食材管理、技术指导、资金支持、信用管理等，为拉面人提供从开店的资金筹备、政策解读到开业之后的店面经营、员工管理、品牌建设等一条龙服务，实现了从农场到餐桌、从资金到理财、从管理到技术指导等多角度多层次的拉面经营管理。

就青海省落实“互联网+”创业服务政策措施的实际效果而言，受访对象中近一半人对青海省落实“互联网+”创业服务政策措施的实际效果持肯定态度，但也有相当比例的受访对象或认为效果一般，或不了解实际情况，持否定态度者则较少（见表6-9）。调查问卷统计结果表明，青海省“互联网+”创业服务尚处于起步阶段，未来还有很大的上升空间。

表6-9　对青海省落实“互联网+”创业服务政策实际效果的评价

单位：%

序号	答案选项	所占比例
1	效果很好	15.74
2	效果较好	31.80
3	效果一般	28.20
4	效果较差	4.59
5	效果很差	2.30
6	不了解	17.38

“互联网+”创业政策的实施，使得众多创业人群从中受益。调查问卷统计结果显示，超过六成的受访者是“互联网+”创业网络体系的受益者或部分受益者，表明“互联网+”创业正在受到越来越多创业者的青睐（见表6-10）。

表 6－10　“互联网＋”创业政策受益情况

单位：%

序号	答案选项	所占比例
1	受益	23.18
2	部分受益	37.75
3	未受益	20.53
4	不清楚	18.54

（二）互联网数据开放共享

互联网的便捷性、开放性，要求互联网平台数据资源应当向全社会开放共享。当前，移动互联网、云计算、大数据、物联网等新一代信息技术应用在各领域日趋深入，强化云计算、大数据在各相关行业的融合应用，有助于加快形成以开放共享为特征的经济社会运行新模式。当大数据能够开放共享时，不同的人都能够从大数据中挖掘出对自己有用的信息，因此，将互联网大数据应运于创业创新，会产生意想不到的倍增效应。

青海省在发展培育大数据产业、促进互联网数据开放共享及应用上未雨绸缪，抢抓机遇，率先出台了相关政策。2015 年 8 月，青海省人民政府办公厅印发了《关于促进云计算发展培育大数据产业实施意见》，确定了到 2020 年的发展目标和重点任务。2016 年 3 月，青海省人民政府办公厅又印发了《青海省运用大数据加强对市场主体服务和监管的实施方案》，提出要加快全省公共信用信息共享交换平台建设，实现信息共享，推进政府和社会信息资源开放共享，提高政府运用大数据的能力。

青海省互联网大数据平台建设及其应用主要有以下几类。

一是大型基础电信运营企业开发建设、管理运营的大数据平台。如中国移动青海公司建设的高原大数据中心。该中心位于海东科技园，是青海省人民政府与中国移动通信集团青海有限公司战略合作的重点工程，于 2015 年年底建成启用。高原大数据中心是青海省内唯一的国家级大型 IDC 数据中心，也是西北最大的数据中心。高原大数据中心采用虚拟化、云计算、新式制冷、自然冷源、绿色节能、仓储式机房、软件定义网络等多种最新技术建设，可提供主机托管、网络接入、网络安全、运行维护、应用辅助与综合配套六大类百余项基础服务和增值服务，具备承载全省信息化平台建设的能力。高原大数据中心建成以来，已陆续引入阿里巴巴、百度等大型互联网公司及相关政府部门信息化项目入驻。2017 年，高原大数据中心受到省政府表彰，荣获 2016 年度青海省企业技术创新奖。高原大数据中心正在成为推进青海信息化建设的重要平台。

二是政府及其部门建设和管理运营的大数据平台。如 2017 年 2 月 28 日正式上线运行的青海省电子政务云平台。该平台按照“服务商建设运营、政府购买服务”的模式建设运营，采取“1 + N + n”的技术架构，即建设全省统一的电子政务云监管平台（“1”），实现对各政务云服务商平台的集中监管和云资源动态调配；依托社会云服务商资源，按照统一技术路线，建设多个政务云服务平台（“N”），提供计算、存储、网络、安全等云计算服务；按照统一的技术标准，整合对接各部门已建的私有云平台（“n”），实现软硬件资源整合和扩展。在这种技术架构下，政府部门可借助云监管平台对所采购的政务云服务进行服务质量量化考核，N 个云服务商平台采用标准开放的技术路线，有效形成充分竞争，优胜劣汰的良好机制。同时，利用政务云开放架构特点，将各部门自建机房和设备改造纳入省级政务云的统一监管，供政府各部门共享使用，最大限度地保护已有资源。

三是政企（政商）合作建设的大数据平台。2017 年 1 月，青海省人民政府与浪潮集团有限公司在西宁签署了打造浪潮西部运营总部的战略合作协议。根据协议，“十三五”期间浪潮集团将投资 30 亿元在青海打造浪潮西部运营总部，统筹云计算大数据产业的本地化发展，投资建设省级一体化大数据中心、公共云服务平台、政府大数据共享与开放平台、大数据创新中心及创业创新空间，参与建设政务云、生态云、产业云、民生云，推动云计算技术和服务模式创新，打造数据收集、分析挖掘、开放共享、深度应用的大数据产业链。

四是创业创新主体自行搭建的大数据平台。一些从事“互联网 +”、电子商务的创业创新主体，在创业创新过程中利用互联网平台或电商平台逐渐积累了一定规模、一定数量的客户生产生活、住所、人户、需求、偏好等信息资源，通过开发软件、建模、计算，就可以产生一定范围的大数据，并可根据对大数据的分析，选择自己的经营模式或规划未来的发展前景。相对于真正意义上的大数据，这只能算是对大数据应用的一种补充。

搭建互联网大数据平台，是实现互联网数据开放共享的前提和基础，更重要的还在于互联网数据平台在创业创新中的应用。调查问卷统计结果显示，青海省互联网大数据实现部分开放共享的情况较多见，实现全部开放共享的也占一定比例，未来还有较大的开放共享空间（见表6－11）。

表6－11　青海省互联网数据开放共享实现情况

单位：%

序号	答案选项	所占比例
1	实现全部开放	13.77
2	实现部分开放	38.69
3	未实现开放	23.28
4	不了解	24.26

社会公众从政府、大型互联网企业、基础电信企业获取创业所需的互联网数据资源的难易度，是衡量互联网数据开放共享程度的一个重要指标。调查问卷统计结果表明，一方面，越来越多的创业者更为重视互联网数据的作用，另一方面，随着大数据平台建设步伐加快，人们在获取所需的互联网数据资源时将更加方便快捷（见表6－12）。

表6－12　从政府、大型互联网企业、基础电信企业获取创业所需的互联网数据资源的难易程度

单位：%

序号	答案选项	所占比例
1	很容易	11.92
2	比较容易	36.42
3	比较困难	23.18
4	很困难	9.27
5	不了解	19.21

调查问卷统计结果显示，近五成半的受访者对青海省落实“互联网 +”创业服务政策措施的情况表示满意或基本满意，反映出“互联网 +”创业服务政策的落地效果已初步显现（见表 6 – 13）。

表 6 – 13　青海省落实“互联网 +”创业服务政策措施情况的满意程度

单位：%

序号	答案选项	所占比例
1	满意	19.21
2	基本满意	35.76
3	不满意	22.52
4	不了解	22.52

第二节　创业服务改革存在的主要问题

前进的道路上总有阻碍和波折，青海省创业服务改革也遇到了不少困难和问题，发现问题，才能找准突破口，将创业服务改革健康有序地向前推进。

一　政策合力尚未形成，落实力度有待加强

创业服务改革涉及多个部门、行业，政策形不成合力，原因是多方面的，结果则是改革成效大打折扣。

（一）政策碎片化问题较为突出

顶层设计缺乏沟通与协调，政策缺乏系统性和统一性，有些政策相互交叉重叠，还有一些政策没有突出重点。目前，全省各地都是按照行业主管职能分部门推进创业创新工作，部门之间缺乏紧密的沟通、协调与协作，鼓励和支持创业创新的政策措施相对分散，各类创业创新扶持资源存在低水平重复建设现象，造成资源浪费、效率降低。

（二）政策落实难以形成合力

创业创新涉及的单位比较多，协调难度大，各部门各搞各的，工作多头实施，区域内资源分散、分割，高校、园区和企业科技、信息等资源开放共

享系统尚未形成，政策合力难以落实。从调查问卷统计结果来看，党政机关工作人员工作业务与创业服务关联度一般、较低及没有关联度的受访者合计占62.24%，说明创业服务政策涉及的部门虽然较多，但部门内部沟通不够、部门之间缺乏联系。

（三）创业服务改革进展不均衡

有些地区和部门在推进创业创新上缺乏战略思维和长远眼光，支持引导市场主体开展创业创新的力度还不够大，创业服务政策落地效果不佳，地区之间差异较明显。

（四）创业服务政策落实力度有待加强

调查问卷统计结果显示，党政机关工作人员认为青海省落实创业孵化服务政策措施的实际效果一般、差、很差、不了解的受访者合计占到53%；创业人群、服务对象、企业职工对本地区落实创业孵化服务政策措施情况的满意度也不高，不满意和不了解的合计占到43.70%。

二　大众创业意识不强，万众创新氛围不浓

社会公众特别是创业者本人的创业创新意识是推动创业创新的关键因素，意识不强，则动力不足。

（一）创业氛围不够浓厚

社会公众的创业意识不强、创业热情不高、创业动力不足，打工者多、创业者少，还没有形成全民创业的良好社会氛围。

（二）创业意愿左右摇摆

一部分家长担心创业风险太大，不愿让子女去创业。不少大学毕业生把未来希望寄托在通过公考进入体制内工作，不想也不敢去尝试创业。有些人虽有创业的欲望，但缺乏创业的勇气和充分的思想准备，不愿去面对创业的艰辛艰苦艰难，存在“怕”“难”“守”的心态，就业创业形势不容乐观。

（三）创业目的不够端正

部分企业、创业者存在“等、靠、要”思想，总想躺在政府怀抱里不起来，甚至有的拿着政府财政补贴、扶持资金去做投资理财项目，做着一夜暴富的美梦。

（四）创业缺乏创新引领

目前的创业者以大学生为主，虽然创业热情较高，但他们涉世未深，缺乏创业经验和知识产权保护意识，创业项目同质化严重，失败风险较高。有些创业创新项目科技含量不高、效益不好，市场前景黯淡。

三　平台建设步伐迟缓，公共服务能力不足

创业创新平台是提供创业创新公共服务的主要载体，平台建设步伐迟缓、公共服务能力不足，是制约青海大众创业万众创新进程的重要因素。

（一）创业创新平台建设进展不一

全省各地创业创新平台建设进展不平衡，西宁市众创空间不论是数量、面积，还是公共服务能力，都位居全省前列，其他市、州则相对落后，特别是青南地区，创业创新平台建设进展较缓慢。

（二）市场化运营服务欠缺

大多数众创平台属于政府主导型或合作运营型，依赖政策补贴甚至靠政府兜底来实现正常运营，运营管理人员尤其是专业人才紧缺，运营管理松散、服务内容单一、服务效率较低，创业创新指导及服务能力薄弱，不能按市场规律提供便捷、高效、专业的要素服务。

（三）创业孵化链条短、不完整

一些众创空间、孵化基地缺乏从“苗圃—孵化—出孵—入园”的完整链条，孵化慢、出壳少，创业项目出壳以后没有园区平台可供发展，或因种种原因进入不了园区发展，以至于半途夭折。

（四）考核与激励约束机制不健全

目前大多数众创空间尚未建立起有效的创业孵化服务考核奖惩激励机制，无法调动创业孵化平台提升自身孵化能力和服务水平的主动性、积极性。孵化器管理人员缺乏专业化、系统性培训，上升空间有限，人员流动频繁，难以吸引和留住人才。

（五）生产生活配套服务不优

一些众创平台缺乏与科技含量较高的创业项目相配套的产业链服务，如专业检验检测平台、技术试验共享平台等，制约着科技创新向高端迈进。大

多数众创平台地处工业园区，远离中心城区，生活配套设施还比较滞后，吃、住、行等基本服务不能满足便利化需求，一定程度上削弱了众创平台的吸引力。

（六）目标责任考核与评价机制缺失

按照相关文件要求，涉及创业创新的行业、部门、单位要将众创空间建设与发展情况纳入目标责任考核评价范围，但此项工作开展不久，各地进展不一，目前尚缺乏考核评价的硬指标和成熟经验，因此，多数地方还未将此项工作纳入目标责任考核评价范围，既考核又评价或单独评估的情况比较少见。调查问卷统计结果显示，将众创空间建设与发展情况纳入目标责任考核评价范围的情况不容乐观。受访对象所在单位将众创空间建设与发展情况全部纳入考核评价范围的占 17.38%，只考核不评估的占 15.08%，只评估不考核的占 11.48%，均未纳入的占 12.13%，对此不了解的占 43.93%。

四　专业化服务平台较少，专业化集成服务不够

专业化服务是创业创新的重要支撑，专业化服务平台少、服务水平低，是青海创业服务改革的明显“短板”。

（一）创业创新公共服务同质化严重，特色不明显

大多数众创空间仅能为创业者提供办公场地、设备、物业服务等较低层次服务，对政府部门、社会组织、市场主体的服务资源整合度不够，缺乏为创业创新活动提供专业化、一站式服务的能力。

（二）市场化程度较低，引进第三方专业化服务机构面临不少困难

由于区域经济社会发展不平衡，省内欠发达地区公共服务供给不足，也很难吸引来第三方专业化服务机构，大多数众创平台缺乏专业化服务运营团队，无法针对不同类型和不同层次水平的创客提供个性化、差异化服务，在提供“一对一”创业辅导、提升创业能力以及专业化服务方面还处在探索阶段。

（三）互联网数据信息应用滞后，大数据开放共享水平不高

目前，全省基于互联网的大数据平台还处于建设阶段，政府部门建设的大数据平台缺乏互联互通、信息集成和完全意义上的开放共享，针对创业创

新的互联网数据信息供给侧结构性改革有待进一步深化。

（四）社会公众对创业创新专业化服务满意度较低

从调查问卷统计结果来看，党政机关工作人员认为青海省针对创业创新的第三方专业化服务水平一般、较低、很低、不了解的合计占到60.98%；创业人群对省内第三方专业化服务水平的评价虽略好于前者，但认为水平一般、较低、很低和不了解的比例也达到52.99%。两类受访对象对所在地区互联网数据开放共享的认可度也不高，党政机关工作人员认为尚未实现开放共享及不了解的合计占47.54%；创业人群认为从政府、大型互联网企业、基础电信企业获取创业所需的互联网数据资源比较困难、很困难、不了解的合计占51.66%。

五　初创企业人才匮乏，创新能力有待提高

人才是创业创新的核心资源，人才匮乏、创新能力不高，是青海作为欠发达地区的突出特征。

（一）经营管理模式落伍

大多数初创企业缺乏现代管理理念和管理模式，内部激励约束机制不够健全完善，尚未建立科学有效的人力资源引进、培育和使用机制，经营管理和技术创新型人才尤为匮乏，严重制约了企业的可持续发展。

（二）企业创新能力不高

企业科技创新要素不强、产出不优、氛围不浓等问题仍然较突出，一些企业缺乏创新的动力和机制，科技创新投入不足或舍不得投入，产品科技含量和附加值相对较低，市场竞争力不强。

（三）科技公共服务能力相对不足

有些创新扶持政策不够接地气甚至脱离实际，对小微企业特别是欠发达地区、民族地区的小微企业设置了较高的准入门槛，导致这些企业享受不到政府的科技扶持政策。一些地区的科技主管部门及基层科技工作者队伍在简政放权改革中有所弱化，人员、经费偏少，难以满足企业、创业者对科技服务的需求。

（四）技术成果转移服务还不到位

全省众创空间技术成果转移平台总体偏少，有些地区甚至没有技术成果转移平台，高等院校、科研院所技术成果与众创空间未能实现有效对接，中小微企业接受技术成果转移的意识和能力均有待提高。调查问卷统计结果表明，社会公众对创业孵化与高校、科研院所技术成果转移相结合的情况并不乐观，仅听说过和不了解情况的要占到受访对象的58.37%。

六　宣传工作尚不到位，政策知晓率有待提高

政策传导不及时、不到位，社会公众对政策不知晓、不了解，也会影响政策实施的效应。

（一）宣传力量整合不够，效果不明显

虽然各级政府部门对涉及本部门的支持创业创新的政策措施积极宣传、主动落实，但因工作中缺少沟通协调，缺乏合力，政策宣传普及同样存在碎片化问题，社会公众对创业创新的政策措施只能知道个一鳞半爪，导致宣传的整体效果不佳。

（二）宣传形式创新不足，存在政策盲区

有些部门在政策宣传上的主动性、积极性不够，以人员少、任务重为借口，不愿去基层、去服务对象中打通政策宣传的“最后一公里”，农村牧区村级宣传还不到位。有些部门在政策宣传普及上图形式、走过场，喜欢在活动周上露露脸，却不重视日常管理与服务中细雨润物式的政策宣传。

（三）对互联网新媒体重视不够

一些地方和部门存在思维定式，习惯沿用老一套宣传手段，对微博、微信、“互联网+”等新媒体平台不熟悉、不重视、不会运用，存在政策宣传上的盲区。还有些地方和部门不善于运用群众熟悉的、通俗的、听得懂的语言文字来进行政策宣传，导致一些少数民族群众、文化程度较低的创业者对支持创业创新的政策似懂非懂、一知半解，甚至造成对政策的误解。

（四）干部群众对创业服务政策及其落实情况的知晓率较低

从调查问卷统计结果来看，受访对象对政策及其落实情况不了解、不知晓、不清楚的占比普遍较高（见表6-14）。

表 6-14　受访对象对创业服务政策的知晓率

单位：%

序号	政策类别	不了解比例
1	创业孵化服务政策措施	29.49
2	是否出台创业券、创新券政策	40.66
3	众创空间建设与发展情况是否纳入目标责任考核评价范围	43.93
4	是否建立了“互联网+”创业网络体系	45.57
5	创业孵化与高校、科研院所技术成果转移相结合情况	30.46
6	落实“互联网+”创业服务政策措施情况	22.52
7	第三方专业化服务水平	22.52
8	落实创业孵化服务政策措施情况	27.81
9	创业孵化器与天使投资、创业投资相结合的投融资模式	29.14

第七章

创业创新平台建设

创业创新平台是实现创业与创新、线上与线下、孵化与投资相结合，面向大众的低成本、便利化、全要素的开放式综合服务平台，对大众创业万众创新有着重要支撑作用。通过创业创新支撑平台建设，能够营造“四众”发展的良好环境，推动各类要素资源集聚、开放、共享，提高资源配置效率，在更大范围、更高层次、更深程度上推进大众创业万众创新，打造新引擎，壮大新经济。

第一节　创业创新平台建设的主要做法与成效

创业创新平台为广大创业者提供了广阔的创业空间，在大众创业万众创新中发挥着重要的支撑作用。其中，打造各类创业创新公共平台，搭建创业创新技术平台，完善创业创新区域平台，是创业创新平台建设的重点任务。

一　公共平台建设步伐加快

打造创业创新公共平台，加强创业创新信息资源整合，建立创业政策集中发布平台，鼓励开展各类公益讲坛、创业论坛、创业培训等活动，支持各类创业创新大赛，加强和完善中小企业公共服务平台网络建设，是增强创业创新支撑能力的重要抓手。

（一）各类创业创新平台建设

1. 出台促进创业创新平台建设的政策措施

2015 年，青海省人民政府办公厅出台《关于发展众创空间推进大众创新创业的实施意见》，明确提出要加快建设符合青海经济社会发展实际的众创空间等创业创新服务平台。各地区要按照众创空间发展目标要求，围绕本地区主导产业和经济发展特点，制定相关发展规划，引进推广创客空间、创业咖啡、创新工场等新型创业创新服务平台，与社会资源相结合，构建一批低成本、便利化、全要素、开放式的众创空间。2017 年，青海省人民政府办公厅又出台《关于加快大众创业万众创新支撑平台建设服务实体经济转型升级的实施意见》，要求以营造良好的创业创新环境、服务实体经济转型升级为目标，围绕全省特色优势产业，依托龙头企业、高校、科研院所等各类创新主体，建设产学研紧密结合的专业化众创空间，构建一批“四众”平台，营造大众创业万众创新发展环境，激发全社会创业创新活力。为贯彻落实国家和青海省关于促进创业创新平台建设的安排部署，全省各地结合本地实际，相继出台了一系列具体的政策措施，努力将搭建创业创新平台的要求落到实处。

从调查问卷统计结果来看，干部群众对创业创新平台建设的政策措施关注度较高，对政策措施的了解程度也较高，一方面表明青海省出台创业创新平台建设的政策措施涉及面广、社会影响力大，另一方面也显示出创业创新平台建设取得了一定的成效，得到了多数干部群众特别是创业人员的认可（见表 7 -1）。

表 7 -1　对创业创新平台建设政策措施的了解程度

单位：%

序号	答案选项	所占比例
1	完全了解	19.12
2	部分了解	57.56
3	不了解	23.32

注：表中数据取党政机关工作人员和创业人员两类受访对象的平均值。

2. 各地区创业创新平台建设

创业创新平台建设能够反映一个地区创业创新的活跃度。课题组选出“众创空间数量”“创业孵化基地（园）数量”“‘创业创新’大赛获奖数量”三个指标，设计了调查统计表，由各市、州统计填写并反馈回统计结果。各市、州 2014 ~2016 年创业创新平台建设统计表大致能够反映各地区三年来创业创新平台建设的基本情况（见表 7 -2）。

表 7－2　各市、州 2014～2016 年创业创新平台建设统计

地区	序号	统计指标	2014 年	2015 年	2016 年
西宁市	1	众创空间数量（个）	—	1	6
	2	创业孵化基地（园）（个）	21	25	26
	3	创业创新大赛获奖数量（个）	6	7	9
海东市	1	众创空间数量（个）	—	—	团市委 1
	2	创业孵化基地（园）（个）	—	市人社局 1	市发改委 4；市人社局 2；市科技局 1
	3	创业创新大赛获奖数量（个）	团市委 3	市人社局 7；团市委 6	市人社局 6；团市委 6
海西州	1	众创空间数量（个）	—	—	—
	2	创业孵化基地（园）（个）	2	2	2
	3	创业创新大赛获奖数量（个）	—	13	24
海南州	1	众创空间数量（个）	—	—	1
	2	创业孵化基地（园）（个）	1	1	1
	3	创业创新大赛获奖数量（个）	—	—	1
海北州	1	众创空间数量（个）	—	—	—
	2	创业孵化基地（园）（个）	—	—	1（在建）
	3	创业创新大赛获奖数量（个）	—	2	8
黄南州	1	众创空间数量（个）	—	—	1
	2	创业孵化基地（园）（个）	—	1	2
	3	创业创新大赛获奖数量（个）	—	3	6
果洛州	1	众创空间数量（个）	—	—	1
	2	创业孵化基地（园）（个）	—	—	1
	3	创业创新大赛获奖数量（个）	—	—	1
玉树州	1	众创空间数量（个）	—	—	—
	2	创业孵化基地（园）（个）	—	—	—
	3	创业创新大赛获奖数量（个）	—	—	—

注：“—”为数据缺失。

从上表可以看出，全省创业创新平台建设起步时间、进度、平台数量不一，西宁市起步较早、进度较快、平台数量较多，海东、海西紧随其后，海北、海南、黄南加紧追赶，玉树、果洛进展较缓慢。需要说明的是，创业创新工作涉及多个部门，有些地区仅统计一两个部门的数据，不足以反映创业创新平台搭建工作的全貌，再则，创业创新平台形式多样，有些地区还有其他形式的创业创新平台，也许未能统计进来。因此，上述统计结果只能作为评估的一个参考因素。

受访对象对青海省落实创业创新公共平台建设政策措施情况的评价，也从一个侧面反映了青海创业创新平台的建设水平。调查问卷统计结果显示，有24.54%的受访对象认为青海省落实创业创新公共平台建设政策措施成效明显，有33.46%的受访对象认为成效一般，认为成效较小的占15.61%，认为没有成效的占4.83%（见表7－3）。

表7－3　对落实创业创新公共平台建设政策措施情况的评价

单位：%

序号	答案选项	所占比例
1	成效明显	24.54
2	成效一般	33.46
3	成效较小	15.61
4	没有成效	4.83
5	不了解	21.56

创业人员对于落实创业创新公共平台建设政策措施的情况有着直观的感受。调查问卷统计结果显示，受访对象对青海省落实创业创新公共平台建设政策措施情况表示很满意的占17.11%，表示满意的占25.00%，表示比较满意的占26.97%（见表7－4）。

表7－4　对落实创业创新公共平台建设政策措施情况的满意程度

单位：%

序号	答案选项	所占比例
1	很满意	17.11
2	满意	25.00
3	比较满意	26.97
4	不太满意	8.55
5	很不满意	2.63
6	不了解	19.74

3. 创业创新平台支撑作用

创业创新公共平台通过为创业人群提供各种公共服务，从而发挥着平台对创业创新的支撑作用。通过对创业创新平台开展各类活动的调查，可以了解和掌握平台采取了哪些支撑创业创新的举措，以及创业人员的受惠程度。

从调查问卷统计结果看，创业培训、创业大赛、创业论坛等平台活跃度较高，对创业创新的支撑作用较明显。

创业创新平台开展过哪些活动，能够反映出一个地区支撑创业创新的主要举措和力度。调查问卷统计结果显示，受访对象对创业培训的知晓率最高，其次是创业大赛，对创业论坛和公益讲坛的知晓率也占一定比例。表明创业培训、创业大赛等活动在创业平台上的活跃度较高，支撑能力较强（见表7－5）。

表7－5 创业平台开展创业支撑活动情况

单位：%

序号	答案选项	所占比例
1	公益讲坛	26.39
2	创业论坛	28.62
3	创业培训	55.39
4	创业大赛	37.55
5	其他	0.04
6	以上均无	0.06
7	不了解	0.21

注：本问题为多选题。

从创业人群的角度看，参加过创业平台主办的哪些活动，同样能够反映当前青海省创业平台各类促进创业创新举措的支撑能力。调查问卷统计结果显示，创业人员中参加过创业培训的人数最多，其次是创业大赛，参加过创业论坛、公益讲坛、创业项目展示推介活动的人也占一定比例（见表7－6）。

表7－6 创业人员参加创业平台创业支撑活动情况

单位：%

序号	答案选项	所占比例
1	公益讲坛	22.37
2	创业论坛	34.21
3	创业培训	50.66
4	创业大赛	46.71
5	创业项目展示推介	20.39
6	其他	0.06
7	以上均无	11.84

注：本问题为多选题。

（二）创业政策集中发布平台建设

建立创业政策集中发布平台的目的，在于加强创业创新信息资源整合，完善专业化、网络化服务体系，增强创业创新信息透明度，为创业创新提供开放共享、便捷高效的政策网络信息支撑体系。

1. 各级政府门户网站政策集中发布平台

近年来，各级政府全力推进依法行政，加快建设法治政府，政府信息公开更加及时、规范、有序，政策信息公开成为常态，政府门户网站已成为创业创新政策集中发布的重要平台。青海省人民政府门户网站及省政府各部门网站，市、州、县政府网站等均设有政策、信息公开专栏，凡依法应当公开的各种规范性文件，特别是各种支持创业创新的政策，基本都能在网上查阅、下载、复制、收集。

2. 专业化政策集中发布平台

专业化政策集中发布平台是行业、产业信息化建设的产物，这类平台以行业、产业信息归集交换、开放共享为目的，兼具政策发布、政策申请与享受、行业监管与服务等多重功能，一般都具有政策发布、公示的作用。

专栏7－1　青海省小微企业名录系统实现小微企业扶持政策公示功能

青海省工商局于2015年9月底建成了“青海小微企业名录系统”，初步实现了小微企业扶持政策的公示功能，成为继重庆之后全国第二个开通该系统的省份。系统分为“政策集中公示”“扶持申请导航”“享受扶持政策信息”“小微企业库”四大板块。该系统的开发运行，首次将全省小微企业统一纳入了扶持发展的名录，向社会公示了各级政府及其部门出台的扶持政策，以及享受政策扶持的企业名单，为今后全方位扶持发展小微企业奠定了基础、拓展了空间。

3. 各类众创空间政策集中发布平台

众创空间、创业孵化基地、工业园、科技园、创业指导服务中心等各类创业创新平台的一项重要功能是政策宣传与咨询，因此，这些创业创新平台会根据自身实际情况与市场需求，采取多种方式与途径，进行政策宣传与咨询，实际上发挥着政策发布平台的作用。

专栏 7－2　通过网站、微信公众平台等发布创业创新政策

城西区第三产业服务中心搭建了服务中心网站和微信公众平台，能够及时将服务企业的政策信息和活动通过微信公众平台定向推广，截至 2016 年底，已编发图文消息 130 期 640 余条，并在中心网站及时更新相关信息，在“就业创业超市”微信公众平台发布创业扶持政策。

调查问卷统计结果显示，有 39.47% 的受访对象认为所在地区已经建立了创业政策集中发布平台，有 26.97% 的人认为尚未建立（见表 7－7）。

表 7－7　所在地区建立创业政策集中发布平台情况

单位：%

序号	答案选项	所占比例
1	已经建立	39.47
2	尚未建立	26.97
3	不了解	33.55

为就业创业人员提供就业创业信息，是建立创业政策集中发布平台的目的之一。调查问卷统计结果显示，受访对象从人力资源市场、报刊了解就业创业信息的相对较多，从政府网站、广播电视、中小企业公共服务平台等渠道了解就业创业信息的人数大致相当，差异不大。从实地调查、考察情况来看，绝大部分地方的人力资源市场都设置了大型电子显示屏，滚动播出就业创业信息，给人们留下了深刻印象（见表 7－8）。

表 7 – 8　就业创业人员了解就业创业信息的主要渠道

单位：%

序号	答案选项	所占比例
1	政府网站	34.87
2	人力资源市场	50.66
3	报刊	38.82
4	广播电视	35.53
5	中小企业公共服务平台	32.23
6	其他	0.1

注：本问题为多选题。

（三）创业创新大赛

各级各类创业创新大赛是推进创业创新不断提质增效的重要抓手和平台载体。近年来，青海省有关部门组织开展了各类创业创新大赛活动，先后在全省范围内举办了“中国银行杯”创业创新大赛、“交通银行杯”大学生创业创新大赛、“邮政储蓄银行杯”涉农产业创业创新创富大赛、青海省“互联网+”大学生创业创新大赛等赛事，搭建项目甄选和交流展示平台，加强项目指导、咨询、推广等服务，有效提升了企业和创业者的创业创新能力和水平。

青海省创业创新大赛。大赛由青海省人社厅等九家单位共同主办，青海省就业服务局、青海省创业指导服务中心等单位承办，已连续举办两届。2015 年举办了首届青海省创业创新大赛，参赛项目涵盖信息服务类、新型服务类、电子软件技术开发、传统服务类、创意类等领域。经过初赛和复赛的激烈角逐，最后进入决赛的 27 个项目获奖。2016 年举办了第二届青海省创业创新大赛，中国银行青海省分行协办，冠名“中国银行杯”青海省第二届创业大赛。此次大赛共有 61 个项目参与激烈角逐，优胜者获得最高 10 万元的创业奖金。两届赛事均在赛后举办了创业成果展。

“交通银行杯”青海省大学生创业创新大赛。大赛由青海省科技厅、财政厅、团省委、交通银行青海省分行主办，青海省生产力促进中心承办。2015 年举办了首届大赛，共有 83 家企业、135 个团队参赛，参赛项目涵盖生物医药、电子信息、互联网和移动互联网、新材料、新能源、先进制造、节能环保、文化创意等领域。经过激烈角逐，最终有10个企业项目、10个团队项目分获一、二、三等奖及优胜奖。2016年举办了第二届“交通银行杯”青海省大学生创业创新大赛。此次大赛同时也是第五届中国创业创新大赛青海赛区选拔赛，参赛项目达到238个，共有14家企业和14家团队获奖。

青海省“互联网+”大学生创业创新大赛。大赛由青海省教育厅主办，各高校承办，2015年举办首届大赛，已连续举办两届。大赛吸引近万人次大学生参与，以赛代训，增强了创业创新教育的实践性，营造了大众创业万众创新的良好氛围。2016年成功举办了青海省第二届“互联网+”大学生创业创新大赛，最终决出金奖3项、银奖5项、铜奖7项，并推荐青海师范大学藏汉双语教育信息化系统等4个项目参加全国总决赛，获得一银三铜的好成绩。

各地区在积极配合办好各类全省性创业创新大赛的同时，还举办了一些区域性赛事。如西宁市先后举办了城中区“万达杯”青年创业大赛、城西区“科创杯”创业创新大赛、西宁市第二届青年创业大赛等多项赛事。海东市自2014年以来连续三年组织开展创业创新大赛，并推荐选拔优秀项目参加省级创业大赛决赛。海西州先后举办了大学生创业创新大赛、青年创业创新大赛、“民族团结杯”创业创新大赛等赛事。

（四）中小企业公共服务平台网络建设

近年来，中小企业公共服务平台在促进大众创业万众创新中的作用日益凸显。为全面贯彻国家和青海省推进大众创业万众创新工作部署，强化政策扶持和引导，青海省财政厅、经信委等部门于2016年研究制定了《关于支持小微企业创业创新发展的实施意见》，相继出台了《青海省中小企业创新能力提升工程实施方案》等六个方面的具体政策措施，进一步优化了中小微企业创新发展的环境。2016年，青海省经信委组织完成了全省中小企业公共服务平台的建设项目，平台由1个省级枢纽平台和20个窗口服务平台组成，其中，窗口服务平台由9个地区平台和11个产业平台组成。平台建成后，将进一步提升对中小企业的公共服务能力，为创业创新提供更好的专业化、信息化、规范化服务。

部分工业园区、创业孵化基地也比较重视搭建中小企业公共服务平台，健全完善平台网络体系，提升对中小微企业的服务能力。如共青团青海省委搭建的青海青年创业园，获得了“青海省中小企业公共服务示范单位（平台）”称号。

分地区来看，中小企业较集中的地区，如西宁市、海东市、海西州等地搭建中小企业公共服务平台的积极性高、步子迈得快，平台网络功能较完善，服务中小微企业成效明显。其他地区多依托省级中小企业公共服务平台提供服务，或正在建立完善本地区区域性网络平台，服务功能有待提升。

调查问卷统计结果显示，受访对象对本地区搭建中小企业公共服务平台的情况较为乐观。有47.58%的受访对象认为本地区已经建立了中小企业公共服务平台，21.93%的受访对象认为正在建立，不了解情况的占比较低（见表7－9）。

表7－9　对所在地区搭建中小企业公共服务平台的认知程度

单位：%

序号	答案选项	所占比例
1	已经建立	47.58
2	正在建立	21.93
3	尚未建立	26.39
4	不了解	4.09

（五）创业创新统计指标体系建设

2015年国务院出台的《关于大力推进大众创业万众创新若干政策措施的意见》要求，要加快建立创业企业、天使投资、创业投资统计指标体系，规范统计口径和调查方法，加强监测和分析。从调查情况来看，目前青海省针对创业创新的统计工作分散在各个部门，统计口径和调查方法不一致，缺乏系统监测和分析，要达到统计口径和调查方法的规范、统一，还有较大难度。

近期，国家统计部门加强了与创业创新有关的统计调查工作，对企业创新调查进行了调整改革。青海省统计局按照国家统计局企业创新调查方案，认真组织实施了企业创新调查。经过各级统计部门的努力，2016 年企业创新调查数据报送已基本完成。调查结果初步显示，2016 年全省企业创新调查单位数为 1388 家，比 2014 年增加 371 家，增长 36.48%。从行业分布看，规模以上工业企业 592 家，特、一、二级总承包，专业承包建筑业企业 189 家，规模以上服务业企业 607 家，比 2014 年分别增长 4.23%、950.00% 和 40.84%。其中，规模以上服务业中的租赁和商务服务业、科学研究和技术服务企业数增长较快，比 2014 年分别增长 80.65% 和 79.31%。规模以上工业企业和规模以上服务业企业占比较高，分别达到 42.65% 和 43.73%。从地区分布看，1388 家企业主要集中在西宁市、海西州和海东市，分别占全部企业的 59.01%、18.80% 和 11.17%。果洛州和黄南州企业数增长较快，比 2014 年分别增长 62.50% 和 50.00%。

部分地区的统计部门还对“三新”（新产业、新业态、新商业模式）、“四众”（众创、众包、众扶、众筹）统计工作进行了初步探索。2016 年，国家统计局出台《关于加强和改进“三新”统计工作的通知》《关于开展“四众”企业专项统计调查工作的通知》，要求尽快开展“三新”“四众”统计调查，完善统计调查方法，开展统计分析，建立健全专项统计报表制度。海西州统计局按照要求启动了“三新”“四众”调查工作，对全州高新技术产业、电子商务、众创空间、城市商业综合体等发展情况进行了初步调查，摸清了一些基本情况。

（六）创业创新活动周

从 2015 年起，国务院决定设立“全国大众创业万众创新活动周”（简称“创业创新活动周”），定于每年 10 月举行，具体时间根据年度安排确定，每年设置不同主题。活动周期间在全国各地举办政策宣传、展览展示、经验交流、信息发布、文化传播、互动对接、投资交易、成果转化等活动，促进各类创业创新要素聚集交流对接，在全社会营造良好创业创新氛围。

为进一步营造大众创业万众创新的浓厚氛围，激发全社会参与创业创新的热情，汇集发展新动力，青海省有关部门积极贯彻落实国务院关于举办创业创新活动周的安排部署，与全国同步组织开展了创业创新活动周。按照国家发改委办公厅《关于做好 2016 年全国大众创业万众创新活动周筹备工作的通知》要求，2016 年 10 月 12 日至 18 日，青海省与全国同步举行了“2016 年全国大众创业万众创新活动周”，重点举行了创业创新活动周启动仪式、企业家进课堂、创投人士进园区、“创客工坊”等一系列活动。据不完全统计，在举办“活动周”重点活动期间，全省共举办各类活动 45 场次，累计辐射 19200 余人次。其中举办展览 21 场，共接待观众 10000 余人次；举办论坛 18 场，参与人员 6368 人次；开展项目路演 2 场，路演项目 54 个，辐射观众 200 余人次；开展群众竞赛 2 场，涉及参赛项目 71 个、创客 700 余人次；举办专业服务 2 场，为 2000 余人次提供创业创新服务。

全省各地区、部门、园区也同步组织开展了形式多样、内容丰富的创业创新活动周活动。

随着创业创新活动周社会影响力的不断提升，社会公众对创业创新活动周的认知度、参与度也越来越高。调查问卷统计结果显示，受访对象中参加过多次创业创新活动周的占 11.18%，参加过但次数不多的占 40.79%，两者合计占比为 51.97%（见表 7－10）。

表 7－10　参加创业创新活动周情况

单位：%

序号	答案选项	所占比例
1	参加过多次	11.18
2	参加过，但次数不多	40.79
3	从未参加过	30.92
4	不清楚	17.11

二　技术平台建设稳步推进

国务院《关于大力推进大众创业万众创新若干政策措施的意见》指出，要用好创业创新技术平台，建立科技基础设施、大型科研仪器和专利信息资源向全社会开放的长效机制，鼓励企业建立一批专业化、市场化的技术转移平台，鼓励企业开展面向创业者的社会化服务。其要义在于充分发挥高校、科研院所、企业等科技主体现有技术平台的科研资源和技术优势，为创业创新提供有力的技术支撑。

（一）科技资源开放共享平台建设

为深入贯彻落实国务院《关于国家重大科研基础设施和大型科研仪器向社会开放的意见》精神，加快推进全省科研设施与仪器向社会开放，进一步提高科技资源利用效率，2015 年青海省人民政府出台了《关于国家重大科研基础设施和大型科研仪器向社会开放的实施意见》。为充分利用现有大型科学仪器设备，实现科技资源的共享与优化配置，提高大型科学仪器的使用效率，增强区域科技创新能力，青海省科技厅于 2014 年出台了《青海省大型科学仪器设备共享服务管理办法》，该管理办法对大型科学仪器共享服务平台建设与管理、向社会提供开放共享服务、资金补贴等事项做出了详尽规定。

1. 开展科研设施和仪器共享服务

2011 年，青海省初步搭建了大型科学仪器共享服务平台，启动现有科研设施和仪器的资源调查、备案、开放共享工作。近年来，又对省级大型科学仪器共享服务网络管理平台各项功能做了进一步完善，先后将 71 家入网单位的 538 套大型科学仪器纳入平台开放共享，并建立了管理单位开放服务补偿机制，进一步降低申请人的使用门槛，以促进区域自主创新。2014 年以来，每年对大型科研仪器入网单位进行评审并给予共享服务补贴。2017 年，经青海省科技厅评审，对 2016 年度 14 家大型仪器入网相关单位给予 168.6 万元共享服务补贴，其中，中科院青海盐湖研究所和中科院西北高原生物研究所各获得 30 万元的最高额度补贴。此举将促使大型仪器进一步向社会全面开放，提高大型科学仪器的使用效率和资源的共享利用程度。

2. 搭建专利信息资源开放平台

青海省网上技术交易市场平台——青海科易网，既是青海省网上技术交易市场平台，又是省内最大、最专业的专利信息资源开放平台。平台开设有“专利微店”，集成了 20 余个行业门类的专利信息，并公开交易价格，供买方参考、选择，如果买方没有找到合适的专利技术，还可以将需求信息发布到“专利微店”信息平台上，平台将提供免费服务。访问者可以根据相关的行业分类找到企业所需要的技术专利，实时了解专利所在地、价格等相关信息，还可以直接搜索关键字查询技术专利，提高效率。该平台最大的特点是为买卖双方提供便利的网上技术交易服务。平台通过对电子商务模式的再创新，实现电子商务与技术交易的有机结合，为技术供需提供多元化、个性化的对接形式，解决技术信息不对称的难题，实现企业、专家不出办公室，通过平台同步找技术、谈合作，为技术交易双方提供公平、公正、安全、规范的交易环境，提升科技成果转化的成功率。此外，由青海省知识产权局、青海省科学技术信息研究所共同搭建的青海省中小企业专利信息化服务平台也于近期通过验收。该平台具备专利信息服务、检索、信息管理、预警分析、评估等功能，能够为中小企业提供便利、开放的专利信息服务。平台开放以来，已经为113家中小企业提供了专利信息服务。

社会公众对科技资源开放共享的认知和评价，有助于了解现阶段青海创业创新技术平台建设水平。调查问卷统计结果显示，两类受访对象对于所在地区（行业、部门、单位）的科研基础设施、大型科研仪器和专利信息资源向全社会开放的程度，在认知和评价上虽略有差异，但差异并不大，其主观感受在一定程度上能够映衬现实状况（见表7－11，表7－12）。

表7－11　党政机关工作人员对科研基础设施、大型科研仪器和专利信息资源向全社会开放程度的评价

单位：%

序号	答案选项	所占比例
1	全部开放	15.61
2	部分开放	37.17
3	不开放	15.99
4	不了解	31.23

表7－12　创业人员对科研基础设施、大型科研仪器和专利信息资源向全社会开放程度的评价

单位：%

序号	答案选项	所占比例
1	全部开放	16.45
2	部分开放	37.50
3	不开放	13.16
4	不了解	32.89

（二）社会化服务平台建设

2015 年国务院出台的《关于大力推进大众创业万众创新若干政策措施的意见》鼓励众创平台、企业依托三维（3D）打印、网络制造等先进技术和发展模式，开展面向创业者的社会化服务。引导和支持有条件的领军企业创建特色服务平台，面向企业内部和外部创业者提供资金、技术和服务支撑。现阶段，青海省为创业者提供技术创新社会化服务，既有政府搭建的平台，也有企业搭建的平台，还有政府和企业、企业与企业合作搭建的平台。

1. 政府搭建社会化服务平台

在市场发挥基础性作用不明显的地方，或政府公共服务资源具有明显优势的时候，由政府来搭建社会化服务平台，有着事半功倍的效果。青海省市场发育相对缓慢，市场主体承接公共服务的能力较弱，政府搭建社会化服务平台，有其必要性。

专栏 7－3　青海省中小企业公共服务平台

平台为了更好地服务企业，根据中小企业共性和个性需求，整合吸纳社会服务资源，通过线上线下服务齐头并进，为全省中小企业提供信息、创业、法律、投融资、人才培训、技术创新、管理咨询、市场开拓 8 大类服务，并结合青海省企业发展实际，积极创设电子商务、项目申报、软件超市 3 类服务，构建了公益性服务全覆盖、特色化服务有创新的“8＋N”服务项目，下一步还将开通“96868”服务热线，免费接受中小企业的各类问题咨询。

2. 企业搭建社会化服务平台

青海省各级政府运用政策手段引导、鼓励、支持企业建设工程技术研究中心。在省级层面，2016 年新组建 7 家省级工程技术研究中心，目前青海省省级工程技术研究中心已达到 59 家。全省工程技术研究中心通过技术入股、技术转让、工程承包和技术服务等方式进行成果推荐与扩散，累计转化成果 117 项，转化项目产值达 195.9 亿元，创收 2.87 亿元，实现利税约 37.13 亿元。

有些工业园区、科技园区、孵化基地也注重引入为创业创新服务的科技型企业，为园区、基地入驻企业提供专业化、社会化服务。有的园区、基地购置了三维（3D）打印等设备，对园区内用户开放共享。

社会公众对所在地区的企业开展面向创业者的社会化服务（如 3D 打印、网络制造等）状况的评价，有助于了解现阶段青海省企业打造社会化服务平台的水平。从调查问卷统计结果来看，受访对象认为所在地区的企业开展面向创业者的社会化服务做得很好和较好的合计占 49.34%，认为做得较差和很差的仅占 5.27%（见表 7－13）。

表 7－13　对所在地区的企业开展面向创业者的社会化服务状况的评价

单位：%

序号	答案选项	所占比例
1	做得很好	20.39
2	做得较好	28.95
3	做得一般	23.68
4	做得较差	4.61
5	做得很差	0.66
6	不了解	21.71

3. 政府与企业、企业与企业合作搭建社会化服务平台

近年来，青海省各级科技主管部门与第三方专业化服务机构合作，建立面向“四众”平台的专利申请绿色通道，完善知识产权公共服务平台。西宁市在高新区、工业园区等建设一站式知识产权服务机构，在中小微企业聚集的创业基地、孵化器、产业园等逐步推行知识产权联络员制度和专家服务试点。鼓励建立多元化知识产权交易与评估机构。海东工业园区“海东驿站”与青海中关村高新技术产业基地签订合作协议，借助高新技术产业优势和科学化管理，着力推动众创空间发展。

（三）技术转移平台建设

近年来，面对经济发展新常态，青海省着力实施创新驱动发展战略，鼓

励引导企业通过科技创新抢占市场，加快构建科技成果转化机制，积极协同推进国家《促进科技成果转化行动方案》的贯彻实施。为推动科技成果转移转化，青海省先后制定出台了《青海省深化体制机制改革加快创新驱动发展的实施意见》《青海省人民政府关于加快科技服务业发展的实施意见》《青海省人民政府办公厅关于印发青海省科技成果转移转化行动方案的通知》等政策措施，从财税金融、平台建设、人才队伍、收益分配、优化环境等方面，鼓励和支持科技成果向现实生产力转化。在政策支撑下，全省服务科技成果转化能力明显增强，企业科技研发能力显著提高，搭建科技创新与成果应用桥梁的积极性进一步高涨。

1. 加强省际的横向联合

为深入推进“一带一路”建设，2016 年 12 月底，青海省科技厅与陕西、甘肃、宁夏、新疆等省、区科技厅共同组建了西北技术转移联盟，拟建设国家技术转移西北中心，促进区域科技成果转移转化，助力区域经济社会发展。

2. 积极推进专利转移转化工作

近年来，青海省专利等科技成果大幅度增长，专利申请量和授权量、万人有效发明专利拥有量屡创新高。截至 2016 年 11 月，全省专利申请量为 2828 件，较 2015 年同比增长 28.1%；专利授权量为 1269 件，较 2015 年同比增长 16.1%；万人有效发明专利拥有量为 1.538 件，较 2015 年同比增长 44.4%。面对这一喜人形势，科技部门主动作为，积极推进专利转移转化工作，为企业自主创新提供科技服务。2016 年青海省科技厅共促成 6 家企业实现 9 笔专利权质押融资贷款 8196.36 万元；设立“青海省大学生创业创新大赛知识产权服务之窗”，为创业创新者推荐专利 2175 件；成功促成中科院青海盐湖研究所一项核心专利实现 4000 万元的专利许可转让，充分凸显了核心专利技术对提升企业的创新能力和促进企业创新产生的效益。

3. 加强对技术市场交易和服务机构的支持

青海省科技主管部门积极推动建成统一开放、线上线下结合、产学研介等各方主体扁平化合作，能与国家技术交易网络平台无缝对接的青海省技术交易大市场。对促成网上技术交易的技术转移服务机构，按交易额的一定比例给予补助，补助资金在财政科技专项中安排。“十二五”期间，青海省技术市场技术合同总成交额从2011年的16.89亿元增长到2015年的46.95亿元，增长率为172.7%。技术合同总成交额的全国排名从第24名上升到第22名，西部排名从第9名上升到第6名。

受访对象对青海省落实创业创新技术平台建设政策措施的评价情况相对比较乐观，认为政策落实得好和较好两项合计占比为51.31%，认为政策落实一般的占24.34%，认为政策落实差和较差的合计占比为10.53%（见表7-14）。

表7-14　对落实创业创新技术平台建设政策措施情况的评价

单位：%

序号	答案选项	所占比例
1	好	18.42
2	较好	32.89
3	一般	24.34
4	较差	6.58
5	差	3.95
6	不了解	13.82

三　区域平台建设持续发力

创业创新区域平台是辐射整个区域（如省、市、州等）、汇集全方位创业创新要素、具有示范效应的创业创新平台，是创业资源的聚集区、科技成果的展示区、创业创新的体验区。青海省搭建创业创新区域平台的成效，主要体现在推动实施小微企业创业创新基地城市示范工作、为创业者提供低成本办公场所和居住条件等方面。

（一）推动实施小微企业创业创新基地城市示范工作

国务院《关于大力推进大众创业万众创新若干政策措施的意见》指出，引导和鼓励创业创新型城市完善环境，推动区域集聚发展，推动实施小微企业创业基地城市示范。2015年，财政部等五部门出台《关于支持开展小微企业创业创新基地城市示范工作的通知》，对支持开展小微企业创业创新基地城市示范工作做了安排部署。2015 年、2016 年，相继有 2 批各 15 个城市入围首批、第二批国家小微企业创业创新基地城市示范名单。

1. 支持小微企业创业创新

2015 年，青海省制定出台支持小微企业创业发展实施意见，三年累计安排资金 1.2 亿元，支持小微企业改善基础设施条件和开展科技创新等活动。青海省财政厅等五部门出台了《关于开展小微企业创业创新基地城市示范初选工作的通知》，协调国家相关部委，支持西宁市申报小微企业创业创新城市示范，获得 2 亿元国家财政资金支持。海东市编制上报了《青海省海东市小微企业创业创新基地城市示范实施方案》，争取到省上下达的 2016 年小微企业创业创新基地示范工作补助资金 350 万元，主要用于支持海东工业园区“一区四园”和各县（区）小微企业创业创新基地建设。海东工业园青海中关村高新技术产业基地获得省级小微企业创业示范基地奖励资金 10 万元。海东市、德令哈市、玉树市开展了省级创业型城市创建活动。海东市、县两级成立了创建省级创业型城市工作领导小组，制定了创建工作方案，明确了各部门的工作责任和任务，各成员单位充分发挥各自职能，积极搭建服务平台，出台扶持政策，深入推进各项政策措施落实到位。目前，海东市创建省级创业型城市工作已进入收尾阶段。

调查问卷统计结果显示，受访对象对小微企业创业创新基地城市示范工作的认知度略低。对小微企业创业创新基地城市示范工作了解和比较了解的合计占比为 49.35%，了解不多和不了解的合计占比为 50.66%（见表 7－15）。

表 7－15　对小微企业创业创新基地城市示范工作的了解程度

单位：%

序号	答案选项	所占比例
1	了解	13.82
2	比较了解	35.53
3	了解不多	31.58
4	不了解	19.08

2. 加快小微企业创业创新基地建设

2015 年，青海省经信委制定出台《青海省小型微型企业创业创新示范基地管理暂行办法》，鼓励支持小微企业创业基地加快建设步伐，优化小微企业创业创新环境，组织认定省级小微企业创业创新示范基地 11 个，经国家工信部认定国家级小微企业创业创新示范基地 6 个。综合运用专项资金，加大对区域性中小企业工业集中区、创业基地（孵化园）标准厂房建设、综合设施建设项目的支持力度，并对租赁标准厂房入驻园区的企业给予厂房租金补助，加快推动区域中小微企业集聚化发展。

西宁经济技术开发区生物园区中小企业园被国家科技部命名为“国家级科技企业孵化器”；青海生科中小企业创业园、青海青年创业园获得首批国家级小微企业创业创新示范基地认定，已建成面积 15.1 万平方米，入驻企业 177 户，目前正在建设创业园三期项目。南川工业园中小企业创业园一期项目已建成投运，共有 8 栋 4.4 万平方米标准化厂房，已入驻中小微企业 26 家，二期项目正在建设中。

3. 大力推进千家小微企业培育工程

根据《青海省千家中小微企业培育工程实施意见》精神，海东市研究制定了《海东市千家中小微企业培育工程贯彻意见》，明确各县（区）、各部门年度培育目标分解任务，重点培育科技型、成长型企业。加快海东科技园和各县（区）中小企业园建设，全市已建、在建中小企业园区 11 个，入驻企业 225 户。

4. 加强中小企业人才培训

近年来，青海省经信委联合省财政厅举办多期中小企业中高层管理人员培训班，组织全省各市、州中小企业管理部门、中小微企业中高层管理人员赴省外培训、参观、考察；开展中小企业银河培训工程，组织开展中小企业中高层管理人员、财务人员专题培训，年培训人数 3500 人次以上。举办“青海企业家大讲坛”，邀请国内知名专家学者授课，拓展企业发展思路，更新管理理念，促进企业自主创新与转型升级。

海东市强化中小微企业人才培训工作，通过银河培训、小微企业从业人员培训、技能培训等途径，组织开展各类培训班 30 多期，累计培训中小微企业负责人和员工 6000 余人次。

（二）为创业者提供低成本办公场所和居住条件

青海省各地区、各部门积极落实国家和本省关于为创业者提供低成本办公场所和居住条件的政策要求，各园区、孵化基地都制定了入园、入孵的管理与服务制度，采取了一系列免费或低成本提供办公场所、设施设备等方面的优惠服务措施，赢得了广大创业人员的赞誉。

专栏 7－4　创业孵化基地提供“两免一补”创业孵化服务

“两免一补”创业孵化服务，即免费提供办公桌椅及网络通信等基础办公设施；免费提供开业指导、项目评估、市场分析、信贷融资咨询等创业服务。创业预孵化半年期间可享受100%房租补贴；创业孵化期间第一年可享受100%场租补贴，第二年可享受80%场租补贴，第三年可享受50%场租补贴。城西区大学生创业孵化服务中心、城北区大学生创业孵化基地等提供的创业孵化服务与上述服务内容基本等同。有些孵化基地、园区除提供以上免费、低成本服务外，还配套了宿舍、公寓、食堂等服务设施，或开辟休闲阅读区、交流区等开放式公共空间，供创业者休闲学习、相互交流。

课题组通过实地走访考察了解到，各类创业创新平台均能为创业者免费或低成本提供办公场所、设施设备等方面的优惠服务措施，调查问卷统计结果也印证了这一点。在关于受访对象是否享受过低成本办公场所和居住条件的问题中，超过半数的受访对象享受或部分享受过上述优惠服务措施。因受访者中非创业人员占有一定比例，故享受过上述服务的创业人员比例应该更高（见表 7－16）。

表 7－16　享受低成本办公场所和居住条件的情况

单位：%

序号	答案选项	所占比例
1	全部享受过	17.11
2	只享受过其中之一	37.50
3	均未享受	25.00
4	不了解	20.39

第二节　创业创新平台建设存在的主要问题

近年来，青海省在搭建创业创新平台方面做出了很大努力，取得了明显成效，但不可否认，区域之间发展不平衡、部分地区创业创新公共平台建设步伐迟缓，创业创新技术平台和区域平台不健全不完善等“短板”依然存在，这些问题不同程度地制约着全省大众创业万众创新工作向纵深推进。

一　创业创新平台区域建设不平衡

全省创业创新平台建设步伐总体上在加快，但区域之间还存在较大差异。仅以众创空间数量来看，大致可以分为四个集团。西宁作为全省推进创业创新工作的领头羊，处在第一集团；海东、海西处在第二集团；环湖两州处在第三集团；青南地区特别是玉树、果洛排在最后。分析原因，主要有两大影响因素：一是工业化、信息化、城镇化发展水平以及市场发育程度有差异。“三化”发展程度和市场发育程度越高，则创业创新基础越好，推进速度也越快。二是资源禀赋和聚集度有差异。西宁、海东、海西的科技、人才、人口等资源聚集程度高，资源禀赋好，特别是省会西宁市，聚集了全省最好的科技资源和人才资源，人口聚集度最高，故而在创业创新推进工作中领跑于全省。区域间创业创新推进失衡，将导致就业、科技创新、人才培育与使用等诸多方面的连锁反应，其影响持久而深远，应当引起有关方面的高度重视。

二　创业政策集中发布平台建设滞后

截至目前，青海尚未建成专业性的创业政策集中发布平台，创业政策发布多分散于政府网站、部门网站、众创空间服务平台、行政服务中心等平台。部分地区、部门网站信息公开不规范、不及时、不完整，政策发布内容少、更新慢、时效性差，创业者、服务对象在了解创业政策信息上还存在不少困难。调查问卷统计结果显示，36.43%的党政机关工作人员认为当地尚未建立创业政策集中发布平台，26.97%的服务对象认为当地尚未建立创业政策集中发布平台，对当地是否建立了政策集中发布平台不了解的人占比较高，达到33.55%。分析原因，一是有些地方、部门主观上不够重视，特别是工业化和城镇化程度较低、创业创新不太活跃的地区，创业政策集中发布平台建设更为滞后。二是客观上受到限制，省内一些欠发达地区信息化程度较低，网络信息基础设施建设步伐缓慢，网络信息技术人才短缺，搭建创业政策集中发布平台存在一定困难。

三　创业创新统计指标体系建设难度大

目前，全省乃至全国统一的创业创新统计指标体系尚未形成，虽然各相关部门做了一定程度的调查统计工作，但离真正意义上的统计指标体系建设目标还较远。统计部门涉及创业创新的调查统计工作，目前仅限于“三新”“四众”等少数领域，各地区基本上都是由参与创业创新的相关部门按其工作职能与权力边界，自定统计口径、自行统计，难免会出现重复统计、统计遗漏、统计数据打架等问题，给党委、政府科学决策带来影响。究其原因，一是就全国而言，推进创业创新工作时间短、经验少，由统计部门来出台一套较完整成熟的统计指标体系，难度较大，由统计部门来具体实施统计调查，难度可能更大。二是目前推进创业创新的体制机制还不够顺畅，青海省除在省级层面建立了推进创业创新工作领导小组，确定了牵头单位外，各市、州、县做法不一，有的有牵头单位，有的没有，有牵头单位的，也互不一致，导致统计工作各自为政，很难形成统一的创业创新统计指标体系。

四　创业创新技术平台建设存在“短板”

大型科研基础设施、科研仪器等科技资源开放共享平台开放程度不高，部分开放的占多数，全部开放的较少，且优质资源主要集中在西宁等地，分布不均衡，利用率较低。企业开展面向创业者的科技类社会化服务门类较少，覆盖面较窄，供给侧存在“短板”。目前企业科技成果只占全省科技成果的26.52%，应用技术成果的产业化率只有38.92%。全省专利服务机构数量少、能力弱、服务内容单一，比较接地气的应用性技术成果数量不多、质量不高。技术成果持有人、创业者对技术转移平台重视程度不够，交易不活跃，成交量偏低。调查问卷统计结果显示，党政机关工作人员和服务对象认为所在地区（行业、部门、单位）的科研基础设施、大型科研仪器和专利信息资源向社会部分开放的分别占37.17%和37.50%；认为所在地区的企业开展面向创业者的社会化服务做得一般的占23.79%和23.68%；认为做得较差和很差的合计占比分别为7.06%、5.27%。受访对象对所在地区的企业建立专业化、市场化技术转移平台状况的评价情况也不容乐观，服务对象认为政策落实成效一般的占24.34%，差和较差的合计占比为10.53%；党政机关工作人员认为政策落实成效一般的占23.05%，差和较差的合计占8.18%。

五 创业创新区域平台建设步伐有待加快

西北地区已有陕、甘、宁三省份的三个城市成功入围国家级小微企业创业创新基地城市示范名单，青海省、西宁市两级政府在推进西宁市小微企业创业创新基地城市示范中做了大量工作，但仍需努力。省内其他地区、城市争创国家级、省级创业创新示范基地、小微企业创业创新基地城市示范建设的主动性、积极性不高，措施不得力。各地创业创新平台在为创业者提供低成本办公场所和居住条件等公共服务上还有待进一步挖掘现有资源，拓展服务内容，提升服务水准。调查问卷统计结果显示，服务对象中只享受过低成本办公场所或居住条件等公共服务其中之一的占37.50%，均未享受过的占25%；党政机关工作人员中认为本地区为创业者只提供其中一种服务的占32.34%，均不提供上述服务的占17.10%。

六 社会公众对政策落实的认知度有待提升

调查问卷统计结果显示，不论是党政干部还是普通社会公众，对推进创业创新平台建设的各项政策措施及其落实效果认知度还不高，相当数量的受访对象不了解政策措施的内容或落实情况。如对创业创新平台建设的政策措施，党政干部不了解的占22.30%，服务对象不了解的占24.34%。对青海省落实创业创新公共平台建设政策措施的成效如何，党政干部不了解的占21.56%，服务对象不了解的占19.74%。关于所在地区（行业、部门、单位）的科研基础设施、大型科研仪器和专利信息资源是否向全社会开放的问题，党政干部不了解情况的占比为31.23%；服务对象不了解的占比为32.89%。服务对象对小微企业创业创新基地城市示范工作了解不多和不了解的合计占比为50.66%，对为创业者提供低成本办公场所和居住条件等公共服务不了解的占20.39%。

第八章

鼓励各类人员创业创新

科研人员、大学生是大众创业万众创新的主力军，支持科研人员、大学生创业创新，深入实施科研院所等专业技术人员离岗创业政策和大学生创业引领计划，调动科研人员、大学生创业积极性，能够为创业创新注入持久活力。妇女、残疾人是就业的弱势群体，扶持妇女、残疾人创业，能够充分发挥创业带动就业的作用，彰显中国特色社会主义制度的优越性。

第一节　鼓励各类人员创业创新的主要做法与成效

2015 年国务院出台的《关于大力推进大众创业万众创新若干政策措施的意见》明确提出，要激发创造活力，发展创新型创业。通过政策引导，充分调动科研人员、大学生创业积极性，支持各类人员创业创新。2015 年青海省人民政府出台的《关于进一步做好新形势下就业创业工作的实施意见》指出，要加强困难人员的就业援助，鼓励就业困难人员到企业就业、自主创业或灵活就业。青海各地区、各部门积极落实国家和青海省关于鼓励各类人员创业的一系列政策措施，强化政策引导，创新工作手段，提升服务水平，取得了显著成效。

一　科研人员创业创新多措并举

国务院于 2015 年出台的《关于进一步做好新形势下就业创业工作的意见》中提出，探索高校、科研院所等事业单位的专业技术人员在职创业、离岗创业有关政策，允许科研人员保留职位 3 年离岗创业。为全面贯彻落实国务院关于支持科研人员创业创新的政策部署，青海省相继出台《关于进一步做好新形势下就业创业工作的实施意见》《关于发展众创空间推进大众创新创业的实施意见》等政策性文件，结合省情实际，提出了鼓励科研人员在职创业、离岗创业、返乡创业等方面的优惠政策措施。

（一）坚持制度创新，调动科研人员创业积极性

近年来，青海省委省政府高度重视科研人员在创业和科技创新工作中的特殊作用，始终把科技创新作为调整产业结构、转变经济增长方式的核心环节，坚持制度创新，不断调动科研人员创业创新积极性。

提高科研人员成果转化收益分享比例，将用于奖励科研负责人、骨干技术人员和团队的收益比例，由国家规定的不低于50%的标准，提高到不低于70%，在此基础上，科技成果拥有单位可以自行确定奖励的比例。

完善国有企业科技成果转化的激励政策，将享受科技成果转化激励政策的覆盖面由国有科技型企业扩大至全省所有国有企业。同时，将企业用于股权奖励的激励额从不超过近三年该科技成果转化税后利润累计形成的净资产增值额的15%提高至20%，以此增强全省国有企业科技成果转化的动力和科技创新能力。

规范担任领导职务的科技人员获得科技成果转移转化奖励，对于担任领导职务的科技人员获得科技成果转移转化奖励，按照分类管理的原则执行。对高校、科研院所具有独立法人资格单位的正职领导，是科技成果的主要完成人或对科技成果转化做出重要贡献的，可以按照促进科技成果转化法规定获得现金奖励，原则上不得获取股权激励。其他担任领导职务的科技人员，是科技成果的主要完成人或对科技成果转化做出重要贡献的，可以按照促进科技成果转化法的规定获得现金、股份或者出资比例等奖励和报酬。

完善高校、科研院所和机关事业单位科技人员离岗创业政策，允许和鼓励科技人员保留基本待遇到众创空间等开展创新工作或离岗创办企业，在全国率先将离岗创业的科研人员范围扩大到机关事业单位。

2014年以来，青海省以企业为创新主体，着力使科技创新资源向企业聚集。2014至2016年，对科技企业“双创”项目的投资额年均增长率在17.55%以上。持续加强科技人才队伍建设，截至2016年底，全省高新技术和科技型企业已分别达到130家、256家，入选国家创新人才8人，入选国

家“万人计划”5人。

调查发现，青海省机关事业单位科研人员在职创业创新多为所在单位安排的职务行为，自主创业者不多，离岗创业的情况较少。对科研人员自主创业及离岗创业的情况还有待进一步观察。

针对专业技术人员的调查问卷统计结果显示，11.11%的人认为青海省已完全落实了国家鼓励科研人员创业的政策，61.11%的人认为政策得到了部分落实（见表8－1）。

表8－1　青海省是否落实了国家鼓励科研人员创业政策

单位：%

序号	答案选项	所占比例
1	完全落实了	11.11
2	部分落实了	61.11
3	未落实	16.67
4	不了解	11.11

对青海省鼓励科研人员创业创新政策的满意度调查结果显示，大部分受访者对鼓励科研人员创业创新政策表示比较满意，不满意、不了解的人也占有一定比例（见表8－2）。

表8－2　对青海省鼓励科研人员创业创新政策的满意度调查

单位：%

序号	答案选项	占比
1	满意	0.00
2	比较满意	61.11
3	不满意	27.78
4	不了解	11.11

（二）多措并举，助力科技企业和科研人员创业创新

为落实国家和青海省鼓励科研人员创业创新的一系列政策措施，各地区各部门结合实际，多措并举，从资金引导、贷款担保、成果转化、人才引

进、横向合作等方面对科技企业创新、科研人员创业予以大力扶持。

青海省科技创新引导基金在推进高新技术企业发展中的作用日益显现，省财政注入资金已扩大至2.9亿元；通过与社会资本结合，先后设立8只基金，吸引社会资本7.56亿元，总规模达到10.76亿元。青海省科技厅利用青海省科技型中小企业创业投资引导基金，联合兴业银行西宁分行设立了规模为5000万元的青海省科技创业孵化基金，支持科研人员创业创新。

西宁市从强化服务入手，优化有利于科技人员创业创新的制度和政策环境，在全省率先实施科技项目投入机制改革，建立科技项目资金后补助机制，强化企业创新主体地位，培养和聚集了一批科技和产业领军人才，高层次创新型人才和学科带头人达到501名，专业技术人才总量达到5.03万人。

海东市成立海东科技担保有限公司，着力解决大学生和科技人员创业资金困难，以大学毕业证或专利证书等做抵押，以低于其他各类贷款利率的优惠条件，为70余家大学生和科技人员创办的企业进行贷款担保，发放贷款240余万元。大力倡导各类科技人员通过多种途径，以技术入股、科技特派员、承包租赁或创办实体等形式开展创业创新活动。

海南州积极推进与科研院所和高校的科技合作，与中科院西北高原生物研究所等5所科研院所和高校签订科技合作协议，组建海南州博士专家工作站，实施了“海南州植物图鉴编撰”“共和县饲草料规模化种植与产业化技术研究”等项目，并在海南州“十三五”科技规划编制、省部科技项目申报、国家可持续发展实验区和农业科技园区申报建设等多方面提供技术支持和服务。

海西州设立总规模10亿元的科技创新产业基金，专项支持重大产业科技研发、关键性技术攻关、高新技术项目研发等。对培养或从州外引进高层次杰出人才、领军人才和拔尖人才，给予特殊经费支持，并给予科技项目资助。2015～2016年，州财政预算安排科技计划项目支出1280万元，主要用于支持科技创新研究与开发计划、科技成果转化与产业化推动计划、科技发展战略研究计划和科技创新能力与环境建设计划等重大科技计划。

二 大学生创业创新日趋活跃

大学生作为创业创新的重要力量，受到国家高度重视。2015 年国务院出台《关于大力推进大众创业万众创新若干政策措施的意见》等一系列普惠性政策，从创业引领计划、创业基金、高校资源统筹、弹性学制等方面为大学生创业提供了政策指引。2015 年，青海省人民政府办公厅出台《关于发展众创空间推进大众创新创业的实施意见》《关于印发〈青海省深化高等学校创业创新教育改革实施方案〉的通知》，明确了大学生创业平台建设目标及学分计算、税收减免、创业补贴等扶持政策。为落实国家和青海省关于支持大学生创业的政策措施，相关职能部门、省内各高校积极推动实施大学生创业引领计划，大学生创业方兴未艾。

（一）实施大学生创业引领计划

根据国家人力资源和社会保障部等九部门《关于实施大学生创业引领计划的通知》精神，青海省人社厅、发改委、教育厅、财政厅等十部门于 2014 年 8 月印发《青海省大学生创业引领计划实施工作方案》，力争 2014～2017 年实现引领 2000 名高校毕业生创业、带动 6000 名高校毕业生就业的预期目标。大学生创业引领计划的实施，为大学生创业创新注入了新的活力。

1. 搭建创业平台，提升大学生创业创新能力

强化各类大学生创业园、创业孵化基地和小微企业创业基地等大学生创业创新教育实践平台建设，在省内 3 所本科高校分别投入资金 500 万元建设 3000 平方米的大学生创业创新孵化基地。其中，青海大学成立了创业创新学院，装修改造了近 5000 平方米的创新大厦，建成总建筑面积 500 平方米的创客空间，入驻小微企业 14 家，发展创客 101 人。青海师范大学设立了创业创新学院和社会创新研究中心，建成总建筑面积 3000 平方米的大学生创业孵化园。园区主要由创业苗圃区、创业孵化区、创业孵化加速区三个孵化区构成，另有创业生活服务区及基本服务区。青海民族大学建成大学生创业创新孵化基地，57 名学生实现自主创业，创办经营实体 48 个。发挥校企合作、职教集团作用，建设大学生校内外实训实践和创业创新基地，新建 27 个大学生实践创新基地。

专栏 8－1 青海师范大学成立“创业创新学院”

2016 年 11 月，在青海省人社厅、科技厅、教育厅等部门的支持下，青海师范大学汇聚社会各方力量，在已建成的大学生创业孵化园基础上，成立了集创业创新教育、创业孵化、企业成长、综合服务于一体并具有高原地域特色的“青海师范大学创业创新学院”。学院下设创业培训中心、创业孵化中心、创业发展中心等机构，主要承担在校学生创业创新教育、面向社会开展创业创新培训、共同扶持孵化校内和全省创业项目、科技专利项目转化、紧密对接企业行业需求等任务，全面服务于青海青年创业创新。

除普通高校为在校大学生搭建创业创新平台外，全省各地还依托国家级高新区、工业园区、科技园区、农业产业园区等既有资源建设大学生创业创新平台，助力大学毕业生创业创新，孵化出一批大学生创办的企业（见表 8－3）。

表 8－3 部分市州 2014～2016 年大学生创办企业统计

单位：户

地区	2014 年	2015 年	2016 年
西宁市	53	56	67
海东市	113	228	224
海西州	70	105	127
海北州	7	14	15
黄南州	56	81	132
果洛州	73	40	29

2. 设立大学生创业创新引导资金，加强创业创新资金保障

2015 年青海省人民政府办公厅出台的《关于发展众创空间推进大众创新创业的实施意见》规定，每年整合 5000 万元财政科技资金，建立大学生创业创新引导资金，支持由省内各高校在读两年以上的大学生及毕业七年以

内的省内外高校毕业生在青海境内创办企业，从事创业创新活动；对于为大学生提供技术、检验检测、知识产权、财务、法律、金融等服务，业绩较突出的众创空间给予 100 万元以内的奖励支持。

在省财政的大力支持下，相关部门整合各类资金，设立青海省大学生创业创新投资引导资金，撬动社会资金，共同支持众创空间等创业创新服务平台建设。2015 年，青海省科技厅会同省财政厅制定出台了《青海省大学生创业创新投资引导资金管理暂行办法》，计划连续三年，每年投入 5000 万元财政专项资金，支持大学生创业创新。2015 年下达青海省大学生创业创新投资引导资金 5000 万元，其中 1000 万元用于青海大学国家大学科技园科技服务能力建设，4000 万元用于重点支持首届“交行杯”大学生创业创新大赛参赛企业和团队。2016 年，继续投入 5000 万元专项资金，其中 4000 万元用于重点支持省内各高校在读两年以上的大学生及毕业 7 年以内的省内外高校毕业生在省内依法注册、创办具有独立法人资格的企业，创业企业利用银行、非银行金融机构等渠道融资发展的项目以及能够为大学生创业提供金融、创业辅导业绩较突出的创业园等专业化服务机构，1000 万元用于支持青海大学国家级科技园建设。

青海省教育厅积极筹措资金，支持青海大学设立大学生科技创新基金，实施青海大学创新大厦基础建设改造项目、校级大学生创业创新训练计划、高等教育综合实力提升计划——人才培养模式改革等项目，2014 至 2016 年，三年累计投入资金 1677.5 万元。

此外，各高等院校还自筹资金，用于支持在校大学生创业。如青海大学自 2008 年起，就专门设立了大学生科技创新基金，用于支持大学生进行科研创新活动，到目前为止已累计支持科创项目 150 余项，资金超过 150 余万元；2016 年，青海大学又设立了 150 万元创业创新基金，用于该校师生的科技创新项目扶持和创业资助。青海师范大学每年投入 50 万元的创业创新教育专项经费，用于支持大学生创业创新活动。

调查问卷统计结果显示，在国家大学生创新引领计划的激励下，在校大学生中已有不少人萌发出创业的想法、规划甚至已采取实际行动（见表 8-4）。

表 8-4　在校大学生创业想法调查

单位：%

序号	答案选项	所占比例
1	不想创业	0.00
2	有创业意愿，还没有着手准备	29.17
3	有初步的创业规划	58.33
4	已经开始创业	12.50

（二）健全大学生创业创新服务体系

1. 打造一流的创业创新服务平台，为大学生创业创新提供专业化的服务

采用“苗圃 + 孵化（加速器） + 科技型企业 + 高新技术企业 + 科技小巨人”创新服务模式，整合社会各方面资源，打造集技术资源、金融资源、导师资源为一体的创业创新服务平台，并通过平台为大学生创业创新提供全要素、低成本、便捷化的服务。大学生创业者通过这些平台，能够得到融资、入孵等对接服务，财务、法律、经营管理、知识产权等方面的咨询服务，申报科技型企业、高新技术企业等指导服务，降低了创业风险和创业成本，提高了创业成功率。实施大学生创业创新训练计划，进一步完善国家、省、学校三级创业创新实训教学体系，立项建设大学生创业创新训练计划校级项目 145 个、省级项目 15 个，入选国家级项目 6 个。建立覆盖各主要学科专业的学生创客空间，支持大学生成立创业创新协会等组织，举办创业创新讲座论坛，开展创业创新实践。截至目前，已成立大学生科技协会、创业者协会、创业俱乐部等社团 8 个，举办创业创新讲座论坛 56 场次，建立大学生创客空间 4 个，在校大学生创业人数 687 人。

专栏 8-2　青海师范大学搭建大学生创业孵化平台

青海师范大学每年遴选具备潜质的大学生人选 100 人次左右、10 个项目或团队进行创业孵化。所有入驻项目或团队在校内均将受到专业的创业测评、创业认知、创业规划、创业辅导、创业实践、创业扶持 6 个

环节的创业指导与帮扶，助推具备条件的项目或团队实现创业梦想。此外，学校还依托SIYB创业培训，每年为1500名在校学生举办“SIYB”创业培训，进一步提升了在校大学生的创业创新理论水平。

专栏8－3　青海大学为大学生创业提供专业化服务

青海大学依托学科优势及科研成果，与多家大型民营企业签订战略合作协议，为创业创新师生建设了一批校外实践基地。积极实施大学生创业创新训练项目，开展“牛人大讲堂”37场次；集合校内外资源，开展“能量集市”咨询活动，累计咨询40场次；积极联系各方优秀创业人士，每周定期举办“创业经验分享汇”“创业技能培训”“年度天使投资交流会”等活动，免费为大学生进行培训和指导，促进了大学生创新精神的培养和创业能力的提高。为了完善创业创新服务机制，该校还成立了青海大学创业创新中心、青海大学创客俱乐部、青海大学大学生科技协会，积极联合其他学生组织共同推进校园创业创新文化建设。

调查问卷统计结果显示，有近六成的在校大学生知道并且参加过学校组织开展的创业创新培训（见表8－5）。

表8－5　受访者所在大学是否举办关于大学生自主创业的培训

单位：%

选项	答案选项	所占比例
1	知道但没参加过	8.33
2	知道而且参加过	58.33
3	不知道	33.33

2. 组织开展大学生创业创新大赛，激励大众创业创新

近年来，青海省教育厅、科技厅、财政厅、银行等部门、机构联手，先后举办了“互联网＋”大学生创业创新大赛、物理建模竞赛、生态文明创

意作品大赛、电子设计大赛、沙盘模拟经营大赛等10余项省级赛事活动，参与学生近万人次。大赛中涌现出一批技术含量高，成长性好、发展前景广阔的项目、企业，有望成为经济结构调整的生力军。

专栏8－4　大学生创业创新大赛获奖项目获得大学生创业创新引导资金扶持

青海青藏华峰中蜂蜂业有限公司的“中华蜜蜂强群高产新技术及其产品前景”项目获得2015年首届“交行杯”青海大学生创业创新大赛企业组一等奖。在得到大学生创业创新引导资金以阶段参股形式支持400万元后，仅仅经过一年的时间，公司总产值就翻了一番，由500万元增加到1000万元，净利润由50万元增长到210万元，增长了3倍多，养殖蜂群由200群增加到1200群，增长了5倍，员工由25人增加到40多人，增长了0.6倍，并在贵德县河东乡建设40亩新厂区一处。企业计划申报高新技术企业，筹建蜂文化馆，以文化促进企业发展。

青海大学学生李建杰通过大学生创业创新投资引导资金108万元的支持，成功创办企业并打造了青海首款一站式O2O高校生活服务平台，受到大学生们的欢迎，成为青海省内大学生休学创业的第一人。

为了鼓励在校大学生积极投身到创业创新，省内各高校也积极组织举办各种校际创业创新赛事。2016年，青海大学举办了首届OM头脑风暴大赛、第三届“创新杯”科普知识竞赛、创业计划书大赛、第十四届“挑战杯”全国大学生课外学术科技作品竞赛校内选拔赛、“创青春”创业大赛校内选拔赛、第二届“交行杯”创业创新大赛校内选拔赛、第二届“互联网＋”创业创新大赛校内选拔赛等创业创新赛事。同时，学校还积极引导学生参加各类科技创新、创意设计、创业计划等大型竞赛，先后荣获国家级奖项9项、省级奖项34项。

2016年，青海师范大学学生在各类创业创新大赛中取得了优异的成绩。

一是在青海省第二届“交行杯”创业创新大赛中，荣获三等奖1项，优秀奖2项。二是在“中国银行杯”青海省第二届创业大赛中，该校推选的“藏汉双语教育信息化系统”荣获企业组二等奖，“藏文书法及其衍生产品的研发与推广”荣获团队组三等奖。三是在2016年“创青春”大学生创业大赛中，“藏汉双语教育信息化系统”项目荣获全国银奖。四是在2016年第二届“互联网+”创业创新大赛中，该校参赛团队在青海赛区的比赛中获得1金1银的成绩，并代表青海省参加全国总决赛，最终获得大赛银奖。

（三）改革课程设置、完善教学方法、健全弹性学制

为解除在校大学生创业创新的后顾之忧，必须健全创业创新教育课程体系，改革教学方法和考核方式，实施弹性学制。国务院办公厅2015年印发的《关于深化高等学校创业创新教育改革的实施意见》明确提出，高校要根据人才培养定位和创业创新教育目标要求，调整专业课程设置，促进专业教育与创业创新教育有机融合。要实施弹性学制，放宽学生修业年限，允许调整学业进程、保留学籍休学创业创新。教育部于2017年2月16日颁布了新修订的《普通高等学校学生管理规定》。该规定要求健全休学创业的弹性学制，新生可以申请保留入学资格开展创业创新实践，入学后也可以申请休学开展创业，可以将参加创业创新等活动折算为学分，计入学业成绩；对休学创业的学生，可单独规定最长学习年限，并简化了休学批准程序。经了解，青海省各高校已按照国家和本省支持大学生创业的相关要求，修订完善了课程设置、教学管理与考核、学分与学籍管理等方面的规章制度，积极稳妥推进创业创新教育教学管理各项工作。

青海师范大学强化创业创新理论指导，注重提高大学生创业创新理论水平。为提高人才培养质量和大学生创业创新能力，青海师范大学在制定2016年本科生人才培养方案的过程中设置了创业创新学分，同时引进优质的创业创新课程作为通识选修课程面向学生开设。面向学生开设了“创新思维训练”“品类创新”“创新思维与创新设计”“浅谈创新能力的培养”“网络创业理论与实践”“创业精神与实践”“创业管理实战”等创业创新课程。

青海大学加强创业创新类课程建设，健全创业创新学分设置及转换制

度，完善弹性学分制。一是面向全体学生开设了研究方法、学科前沿、创业基础、就业创业指导等方面的必修课和选修课。二是健全创业创新学分设置及转换制度，设置了合理的创业创新学分，从学生参与学科竞赛、科研训练、科研成果、知识产权、技能证书、文体活动、创业竞赛、创业项目、创业实践、创业课程和创业活动 11 个方面设计了学分认定与转换制度。三是完善弹性学分制相关规定，进一步加大实施弹性学制力度，放宽学业年限，鼓励学生保留学籍休学创业，允许学生休学创业。

从调查问卷统计结果来看，在校大学生对于学校开设的创业创新课程，最青睐的内容是创业创新知识，其次是人际交流与沟通技巧，对市场营销、税务、个性化辅导等课程也有一定兴趣。在学校为学生提供的各类创业创新支持措施中，在校大学生最希望提供专家指导，其次是创业创新教育培训和硬性措施。对学校出台的大学生休学创业弹性学制管理办法，则心态各异，超过四成的大学生表示满意和比较满意，超过三成的人表示不满意（见表 8－6）。

表 8－6 对学校出台的大学生休学创业弹性学制管理办法的满意度

单位：%

序号	答案选项	所占比例
1	满意	4.17
2	比较满意	41.67
3	不满意	37.50
4	不了解	16.67

三 残疾人就业创业注重实效

残疾人是社会弱势群体，促进残疾人就业是全社会义不容辞的责任。2015 年国务院出台的《关于进一步做好新形势下就业创业工作的意见》提出，加快完善残疾人集中就业单位扶持政策，推进残疾人辅助性就业和灵活就业。在大众创业万众创新的大背景下，青海省各级政府把促进残疾人就业创业作为民生工作的重点，在政策上扶持，机制上保障，感情上重视，通过集中就业、按比例分散就业以及自主创业等渠道，帮助有劳动能力和就业意愿的残疾人就业创业。青海省各级残联创新工作理念，整合各类资源，制定特殊扶持政策，省、市（州）、县（区、市）三级残联上下联动，与相关政府部门紧密协作，充分吸纳社会力量共同推进残疾人就业创业工作，残疾人就业创业取得新进展。

（一）整合各类资源，开展残疾人就业创业培训工作

2014 年至 2016 年，青海省人社厅、青海省残联先后下达全省城乡残疾人培训指导计划，根据东部农业区、环湖地区和青南牧区的不同特点，指导各市、州、县（市、区）残联以种植业、养殖业和加工业为重点，开展不同类别的残疾人专项实用技术培训。2014 年以来，依托各类培训项目对全省城乡 1.9 万余名残疾人进行了职业技能和实用技术培训，全省新增残疾人就业 7001 人次。

黄南州依托社会资源，组织开展残疾人技能培训活动，在残疾人群体中长期实施“劳动技能提升计划”，先后创新推行了“农机、家用电器维修”“唐卡、堆绣制作”“种植和养殖技术”等多种提升残疾人就业创业技能的培训辅助模式，有 1000 多名残疾人在培训中受益。

海北州在过去五年间依托各类培训项目共培训城乡残疾人 3450 人次，其中，培训职业技能 160 人次，培训实用技术 3290 人次。

海西州残联创新技能培训方式，与政府相关部门协调，将残疾人技能培训工作纳入全州城乡劳动力技能培训计划中，统一制定培训计划、统一下达培训任务、统一实施培训项目。打破以往职业培训“大水漫灌”模式，本着培训一人成功创业一人的原则，精心遴选培训对象，有针对性地开展残疾人职业技能培训，分别组织开展了“淘宝云客服”、LED 灯制作、工艺美术制作、玉石雕刻、盲人保健按摩等培训及考核考试，为更多有就业创业需求的残疾人提供个性化服务。

（二）落实优惠政策，提升残疾人就业创业服务能力

1. 落实扶持残疾人就业创业的财税金融政策

全省各地区、有关部门积极争取财政资金、创业引导资金对残疾人就业创业的支持，落实国家对残疾人创业的税收优惠政策，为残疾人就业创业提

供多种便利条件。

海东市多渠道筹措资金，积极实施残疾人就业扶贫工程。2016年以来，争取省政协残疾人就业创业项目资金25万元，全省残疾人就业示范点项目资金24万元，因地制宜，加强残疾人技能培训和实用技术培训。通过多渠道资金扶持，目前共有30241名残疾人就业，就业率达到94%。

海北州采取政府财政贴息的办法来撬动残疾人扶贫贷款。2016年，政府贴息95.8万元，落实残疾人康复扶贫贷款1716万元，其中，到户贷款1216万元，扶持残疾人1716人；项目贷款500万元，扶持残疾人20人；建成残疾人就业扶贫示范点11处。全州累计征缴残疾人就业保障金1267万元，为残疾人事业发展特别是为残疾人就业创业培训提供了财力保障。

海西州在“十二五”期间，累计投入省级扶持资金56万元、州级扶持资金48.2万元、县级扶持资金36.9万元，累计安排6990名城乡残疾人就业。

黄南州从残疾人就业保障金中先后投入资金30万元扶持集中安置和辐射带动型两种类型的就业基地，目前创建并挂牌的残疾人就业扶贫基地共有16处，帮助安置残疾人上岗就业68人，辐射带动残疾人家庭就业创业60多个，使200多名残疾人的生活质量得到了提升。

海东市国税局贯彻落实国家扶持弱势群体就业创业税收优惠政策不打折扣，确保促进残疾人就业创业增值税优惠政策落到实处。2016年全年享受残疾人就业增值税优惠政策的纳税人有26户次，退税310万元，减轻了残疾人就业创业负担，促进了377人次残疾人就业。

2. 开展灵活多样的就业创业服务

通过开展“就业援助月”、职业技能比赛和就业服务指导等活动，帮助残疾人就业创业。青海省残联会同省人社厅在全省范围内开展了2014~2017年“就业援助月”等活动，全省累计组织召开专场招聘会389场，帮助667人次残疾登记失业人员实现就业，帮助804人次残疾人享受专项扶持政策。

海东市按照推荐安置残疾人就业为主，收取残疾人就业保障金为辅的原则，以收缴促安置，稳步推进残疾人按比例就业，2016年按比例就业531

人。残疾人集中就业形式不断创新，通过盲人按摩机构实现视力残疾人就业。目前，海东盲人按摩机构已发展到16家，从事按摩的工作人员80余名。先后建立了18处具有地域特点优势、行业技术优势的扶贫基地，共安置残疾人150余人，带动1000余户残疾人家庭实现脱贫致富。

海西州切实加强残疾人就业创业服务机构和工作队伍建设，已建立州本级和格尔木市2个残疾人劳动服务部，主要承担对各级残疾人就业创业服务机构的督促指导，残疾人求职登记，残疾人劳动能力评估、就业咨询、就业培训、职业介绍等工作。通过举办各类活动并借助新闻媒体大力宣传残疾人就业创业工作，充分利用海西州残联官方网站宣传国家和省州相关创业创新政策，加大对残疾人创业成功者事迹的宣传，树立先进典型，倡导创新精神，营造创业创新的浓厚氛围。

（三）搭建残疾人就业创业平台

2017年2月，青海省残疾人就业创业孵化基地正式揭牌。孵化基地以政策扶持、项目培育及创业导师团队指导为工作原则，依托当前残疾人就业创业保障制度，为残疾人创业企业和个人提供信息交流合作、资源整合对接、信息技术服务，为全省残疾人创办企业和个人实现创业、共享社会文明成果搭建平台。目前，基地已经实施了残疾人手工编织、小家电维修、LED产品制作和淘宝云客服等4个孵化项目。

海西州积极推进各级残疾人就业服务机构规范化达标建设工作，打造巩固就业创业基地，依托已建立的创业基地，帮助残疾人拓展创业形式和范围。截至目前，全州已建成并投入使用残疾人就业创业示范基地2个，省级残疾人就业创业扶贫基地3个，州级残疾人就业创业扶贫基地2个。

黄南州着力建设残疾人就业创业扶贫基地，以公司、加工厂、农牧业专业合作社、养殖场等社会资源为载体，以适应残疾人劳动脱贫需求为取向，投资30万元建设残疾人就业扶贫基地16个。推动残疾人就业创业由“输血型”向“造血型”转变，实施了残疾人从业创业项目扶持，共惠及全州30多户残疾人。

调查发现，青海省残疾人就业创业与全省创业创新步伐基本一致，尚处于起步阶段。目前，全省残疾人就业创业以分散就业为主导，以集中就业为补充。分散就业中，按比例就业、居家就业、个体就业、公益性岗位就业等形式并存，各占一定比例。近年来，残疾人自主创业的政策环境日趋向好，残疾人创办企业的数量也从无到有，并逐渐增加，随着大众创业万众创新工作的深入推进，残疾人自主创业的比例也会越来越高（见表8－7）。

表8－7　部分市州2014～2016年残疾人创办企业数量统计

单位：户

地区	2014年	2015年	2016年
西宁市	—	3	4
海西州	—	—	2
海北州	—	2	—
果洛州	—	—	4

四　妇女创业就业因地制宜

妇女是推动经济社会发展的“半边天”，也是推动大众创业万众创新的生力军。促进妇女创业就业，是主动适应经济发展新常态，推动经济结构调整和产业转型升级，加快推进创新型省份建设的内在要求，是进一步做好新形势下就业创业工作，把创业和就业结合起来，以创业创新带动就业的重要举措。近年来，青海省各级妇联组织紧紧围绕省委省政府的重要部署和全国妇联的工作部署，结合基层妇女实际需求，全面落实中央和青海省促进创业创新的政策措施，引领广大妇女积极投身创业创新的社会实践，以转变妇女创业就业观念为先导，以整合社会资源、搭建创业服务平台为支撑，把妇女创业就业工作摆在重要位置，最大限度地调动妇女的创业创新激情，充分展现妇女在大众创业万众创新中的“半边天”作用。

（一）强化宣传动员，点燃妇女创业就业激情

全省各级妇联组织多措并举，加大宣传动员力度，提升妇女创业信心，激发妇女创业就业激情。一是借助电视、报刊、网络等宣传媒体，广泛宣传妇女创业就业优惠政策措施，传播巾帼创业理念，努力营造妇女创业就业的浓厚氛围，提高广大妇女对创业就业的认同认知。海南州妇联创新工作方

式，建立海南州妇联微信公众平台，并融入全省妇联系统手机短信平台，依托互联网新媒体平台进行宣传动员。二是大力宣传妇女创业先进典型。组建巾帼创业报告团，在全省开展巾帼创业先进事迹巡回报告会，发挥典型引领作用。海西州格尔木市大力宣传妇女创业及与脱贫致富的经验案例，表彰了一批优秀女企业家、巾帼建功标兵、双学双比女能手、致富女带头人等先进典型；海北州组织开展“创业创新巾帼行，脱贫攻坚战风采”等主题宣讲活动，用典型事例激励农牧区妇女树立自力更生、勤劳致富的坚定信念。三是组建巾帼脱贫行动专家服务团、志愿者服务队，有针对性地开展宣传指导。海南州举办巾帼创业专题讲座，为创业女性和女大学生答疑解惑、传授经验、提供指导。海北州定期组织志愿者下乡，将企业招聘信息、就业创业热点、技能培训等信息送到基层农牧区，扩大创业就业政策信息传播力。

（二）加强技能培训，提升妇女创业就业能力

全省各级妇联组织积极顺应市场发展需求，利用妇女干部学校和各级妇联业务骨干的资源优势，按照“以培训促创业、以创业带就业”的思路，把加强妇女技能培训作为提高城乡妇女素质、增强自主创业能力和就业竞争力的关键环节。一是因地制宜、按需施训，增强培训的针对性、实效性。各级妇联组织深入基层开展调查研究，了解基层妇女对技能培训的所思所想、所盼所求，摸清当地适合妇女创业就业的产业发展状况，制定培训计划，确定培训重点。黄南州妇联多次深入所辖各县实地开展专题调研，重点调查农牧区富余妇女劳动力现状和民族手工制品产业发展现状，向州委州政府提出了“依托民族特色文化，发展手工编织产业，带动妇女创业就业、促进社会和谐稳定的建议”。海南州妇联根据实地调研了解到的情况，将烹饪等技能确定为农牧区留守妇女、生态保护易地搬迁妇女技能培训的重点，在全州启动了“千人烹饪培训计划”。二是创新培训方式，通过“请进来，送出去”，提升妇女自我发展能力。海南州妇联加强与有关部门的联系沟通，有针对性地开展重点培训、分层培训和分类培训，形成“一方提供资金、一方实施教学、一方组织学员”的三位一体培训格局。海北州、黄南州、格尔木市等地利用对口援青资源，选派妇女前往省外发达地区参观考察、培训学习，或邀请省外师资来青培训授课，边培训边实践，扶持创立实体企业，

有效提高了妇女创业创新能力。

（三）整合社会资源，拓宽妇女创业就业渠道

促进妇女创业就业，需要整合社会各方面的力量，共同搭建妇女创业就业平台，拓宽妇女创业就业渠道。一是在推进妇女创业就业中致力于搭建平台、做好服务。在省级层面，建成了青海省妇女创业就业综合服务大厅，为近万名妇女开展了就业服务和创业指导。组建了青海家庭服务业协会和青海妇女手工制品协会，有力推进了家庭服务业和妇女手工制品的组织化、规范化发展；积极搭建电商平台，在京东商城大美青海馆设立“江源巧姑”频道，专门宣传和推销青海妇女手工制品。二是整合项目资源，抓好项目扶持。青海省妇联主动加强与财政、人社、金融等部门的沟通与联系，印发了《关于进一步做好妇女小额担保贷款财政贴息工作的实施意见》，为妇女贷款提供便利，给予优惠。2014 年以来，发放妇女小额担保贷款 9.15 亿元，落实财政贴息资金 4000 多万元，在全省催生了 15200 多人的“创业娘子军”。

在各级妇联组织的动员引领和各有关方面的大力支持下，青海省妇女创业就业工作不断向前推进，全省各地由妇女创办的企业等经济实体稳步增加，妇女在大众创业万众创新中的重要作用正在逐步显现出来（见表 8－8）。

表 8－8　部分市州 2014～2016 年妇女创办企业数量统计

单位：户

地区	2014 年	2015 年	2016 年
西宁市	23	30	36
海东市	4	21	19
海西州	72	108	138
海北州	62	52	78
海南州	—	5	5
果洛州	—	4	11
玉树州	1	—	3

第二节　各类人员创业创新中存在的主要问题

青海省科研人员、大学生、残疾人和妇女等群体创业创新取得的成效有

目共睹，但也面临诸多困难和问题，影响和制约着大众创业万众创新向更高水平迈进。

一　政策落实不到位，科研人员创业裹足不前

科研人员创业创新面临体制机制障碍、政策配套尚不够、政策难以落实到位等一系列困难和问题，创业创新活跃度不高。

（一）科研人员创业创新活动面临体制机制障碍

科研人员在科技成果转移转化中的收益比例政策难以落实。国家出台的一系列促进科技成果转移转化的政策法规，大幅提高了科研人员在科技成果转移转化中的收益比例。但调查发现，政策落地还有待时日，特别是国有科研单位科技人员持股，需要突破体制机制障碍。如政策规定国有科研院所的正职领导可以通过技术交易所得获得现金奖励，但国有科研院所大多是事业单位，对科研干部往往参照党政干部管理，组织、纪检部门在廉洁自律方面对领导干部设有红线，领导干部对之不得触碰。相关政策还规定除正职外的科研人员可以参股企业，但有些国有科研单位副所长也是副处级干部，按有关党内法规的规定则不得兼职、持股。科研人员尤其是担任领导职务的人员对此心存疑虑、左右为难，权衡利弊得失之后，往往放弃，这在一定程度上影响科研人员创业创新的积极性。

（二）科研人员创业创新政策配套性差

一是人才政策不配套，技术人员难评职称。如软件企业工程师完成工作后，只有软件著作权或者测试报告，一般不会去发表论文，也不会去申请专利，但现有的职称评价体系则要求申报副高、正高职称，必须在核心期刊上发表论文，这样一来，造成企业技术人员难评职称，影响他们的创业创新积极性。此外，职称评审权一般都在省一级，在国家出台鼓励科研人员创业创新的政策后，如果不修订完善现行职称评审规定，科研单位、企业往往持观望态度，无法落实科研人员创业创新中职称评定不受影响的新政。缺乏鼓励创业创新的配套措施，会让科研人员担心未来的前途，从而不敢大胆走出去创业创新，科研人员自主创业、离岗创业将裹足不前。二是科研人员创业创新面临“隐形歧视”。科研人员创业创新中遇到的困难和障碍，不仅体现在

创新过程中，还体现在创新后的新产品、新技术推广中。调查发现，科研人员创办的中小微企业，往往会在市场推广中遭遇“隐形歧视”。如政府采购项目招投标中对国产自主创新产品和中小微企业的政策有失公平，在确定投标主体“入门”资格时，主要考量投标企业的体量、案例、市场占有率等指标，一些加分项里也暗藏玄机。这样一来，初创企业或中小企业就很难进入其中了，这也阻却了一些科研人员创业创新的步伐。

（三）科研人员创业创新政策难以落实到位

普惠性金融政策难以惠及科研人员。资金短缺是科研人员在创业创新过程中普遍存在的问题，但由于科研人员创业创新中存在高风险以及技术上的不确定性，项目资金不一定能够得到有效的回报，科研人员从资本市场获取资金的门槛较高，天使投资、风险投资处于缺位状态，因此，目前出台的普惠性金融政策还不能有效解决这一问题。科研人员所在地区、单位落实相关政策力度不够。针对科研人员的调查问卷统计结果显示，受访对象所在单位允许科研人员离岗创业的比例较低，为22.22%，不允许科研人员离岗创业的则占到55.56%。另一项关于受访者所在地区（行业、部门、单位）是否制定了“科技人员以知识产权和科技成果作价入股到众创空间等创业平台创办企业，其占股比例不设上限，由各方共同商定，属职务创造发明的，相关个人可以个人名义持有一定股权”的创业创新激励制度的问题，50.00%的受访者回答正在制定，33.33%的受访者回答尚未制定，16.67%的受访者表示不知情。

二　大学生创业总体水平较低，成功率不高

大学生创业政策体系不够完整、针对性不强，政策知晓率较低、落实不够到位，特别是创业成功率较低，影响大学生的创业积极性。

（一）大学生创业政策体系尚不够健全，政策针对性不强

一方面，大学生创业政策协调机制不健全。大学生创业创新政策大都由各个政府部门自行发布和制定，各个主体之间没有理顺各自的政策权限、支持范围和实施方式，缺乏固定有效的沟通协调机制，使得政策实施主体众多，形成了政出多门、各自为政、分散实施、协调不力的局面。另一方面，

政策针对性不强。现行大学生创业创新政策中较为关键的财税金融等优惠政策多依照适用于普通社会公众的政策来制定，缺乏为大学生量身定制的内容。政策内容较为笼统，针对性和可操作性不强，使得大学生创业创新政策的实际效用弱化。如大学生的抵押贷款政策中关于抵押担保的条件和程序与其他主体一样，没有体现出对大学生的特殊政策优惠。对大学生创业群体而言，基本不具备银行等金融机构设定的抵押担保条件，因而这些优惠政策只能起到“望梅止渴”的作用。关于“所在单位是否落实了国家关于大学生创业政策”的调查问卷统计结果显示，受访者认为部分落实的占43.75%，认为未落实的占37.50%。

（二）政策知晓率较低，宣传力度有待进一步加大

调查问卷统计结果显示，大学生对国家、青海省出台的大学生自主创业优惠政策关注度较低，知晓率不高。对政策经常关注、很了解的仅占4.17%，偶尔关注、比较清楚的占37.50%，不关注但了解一点的占41.67%，没听过、一点都不知道的占16.67%。尽管各高等院校花大气力开展对政策的宣传教育，但仍有相当高比例的大学生对政策不知晓、不了解。究其原因，一是政策宣传力度不大、留有死角。调查问卷统计结果显示，在受访者接收政策信息的渠道中，学校宣传占4.17%，相关社团组织宣传和老师、同学宣传各占41.67%，亲朋好友宣传占8.33%，报纸杂志宣传占4.17%。学校宣传的覆盖面偏低。二是宣传手段落后。对现行创业创新政策宣传仍沿用自上而下的传统政策下达渠道和会议、报纸、广播、电视、网站等宣传方式，缺乏适合青年大学生的行之有效的政策宣传手段。这在一定程度上会降低政策的影响力和政策实施效果。

（三）大学生创业意愿不强，创业成功率不高

从调查的情况看，大学生自身缺乏创业的强烈意愿和责任担当，不愿创业、不敢创业。针对大学生怎样看待创业创新的调查问卷统计结果显示，受访大学生中关于大学生创业问题的积极支持者占12.50%，反对者占8.33%，认为创业不容易实现、有风险的占62.50%，认为应以学习为主、毕业后稳定就业的占16.67%。由于大学生缺乏创业经验和资金，致使创业成功率不高。绝大多数大学生经历的人生道路是从家门到校门、从校门到校

门，缺乏社会历练，尤其缺乏就业创业经历，创业之初满腔热情，一旦遇到挫折，情绪又会急转直下，往往打了退堂鼓。大学生不论在校还是刚毕业，缺乏创业资金是其面临的普遍性困难。从金融机构的角度看，大学生是金融贷款的高风险人群。如果没有相当成熟且有良好市场前景的创业项目，风险投资也不会降临到大学生创业者身上。从调查结果来看，处于初创期的大学生均面临资金短缺的困难，且得不到金融机构贷款。由于大学生既缺经验，又缺资金，创业成功率不高，也就成为情理之中的事了。

（四）大学生创业政策落实不到位，创业创新教育体系不完善

从政策体系来看，国家、青海省已经出台了涉及课程设置、学籍学分管理、教学改革等方面的一系列政策措施，各高校也据此制定完善了学校的相关制度，但在具体落实方面，还存在薄弱环节，如对弹性学制、休学创业等政策尚未全部落实到位。调查问卷统计结果显示，受访者认为所在学校落实了国家关于大学生休学创业政策的占 12.50%，认为部分落实了的占 50.00%，认为未落实的占 33.33%。学校课程设置、教育教学管理、创业创新服务与学生创业创新实践衔接不够紧密，创业创新教育体系不够完善。一是高校创业创新教育理念比较滞后，创业创新教育课程体系结构还不合理，创业创新教育与专业教育结合不够紧密。二是校企合作不够深入，教学与实践存在脱节现象，创业创新教育实践平台建设需要进一步加强。三是高校创业创新教育师资队伍力量较弱，缺乏有丰富实践经验的教师，教师创业创新教育教学能力有待尽快提高。

三　残疾人创业受限制较多，政策支撑能力不足

残疾人创业受各种主客观条件的限制较多，创业培训效果欠佳，加之政策支撑能力较弱，残疾人就业创业面临重重困难。

（一）残疾人创业就业受限制较多

一是身体条件限制。残疾人身体条件较差，有相当一部分人不能适应就业岗位的要求，即使有单位提供就业岗位，但因为达不到起码的上岗条件而无法安置，造成了残疾人就业难的局面。二是文化条件限制。受身体条件影响，残疾人大多受教育程度不高，职业技能较低，创业创新能力弱。据统

计，全省持证残疾人 155265 人，其中小学、初中文化程度 105120 人，占 67.7%，高中以上文化程度 13045 人，占 8.4%，文盲及其他 37100 人，占 23.9%。三是区域发展水平限制。全省大部分残疾人分布在农牧区，受农牧业生产周期的影响，就业时间有限，基本没有固定收入，转移就业、融入城市的比例很低。受区域经济发展水平、社会环境、语言习惯、民族宗教习惯等方面因素影响，残疾人就业创业途径少、渠道窄、受制约因素多，依靠自身力量难以实现脱贫。

（二）残疾人就业创业培训效果不佳

一方面，残疾人培训机构、师资力量缺乏。基层普遍缺乏针对残疾人的职业技能培训机构，无力配备专业教师，配套设施不完善，不能开展正常教育培训工作，一些州县无法独立完成对残疾人的培训任务。另一方面，残疾人实用技术及技能培训针对性不强，培训与就业未能很好地结合起来。据调查，全省除了一小部分残疾人在城镇福利企业、盲人按摩机构或者在一些零部件加工、食品加工、家政服务小作坊等处打工外，绝大部分的残疾人没有稳定的就业岗位，他们主要依靠家庭的力量，力所能及地参与一些家庭的农牧业生产活动。

（三）残疾人就业创业政策支撑能力弱

一是扶持残疾人就业创业的政策体系不完整。国家相关法律、法规和政策对残疾人就业做出了不少规定，但相互之间缺乏有机联系和协调配合，特别是促进大众创业万众创新的系列政策对残疾人就业创业涉及不多，残疾人创业创新政策尚处于边缘地带。二是已出台的促进残疾人创业就业政策针对性不强，难以落实。如现行就业创业贷款门槛高、担保难、期限短、手续繁杂，给残疾人创业带来不小的阻力。多年来省级有关部门没有设立针对残疾人的就业扶贫项目，扶贫部门下达的项目和资金远不能满足残疾人的实际需求。三是地方配套性政策较少，残疾人申报一些小项目时无法提供相应手续，争取国家相关优惠政策时得不到扶持，创业步履维艰。

四　基层妇女创业规模较小，层次不高

基层妇女特别是偏远农牧区妇女创业意识不强、创业技能较低、创业资

金短缺，创业规模普遍较小，层次不高。

（一）妇女创业意识不强，自信心不足

青海省农牧区妇女文化程度普遍偏低，人均受教育年限远低于全省平均水平，受传统观念、文化素质、生活习俗等因素影响，接受新鲜事物的能力不强，“等、靠、要”思想严重，创业意识不强，劳动技能单一，劳务输出难度大。部分妇女缺乏主动脱贫意识，对自主创业存在畏难情绪，思想保守，满足现状，不愿意走出去创业。农牧民妇女、下岗失业妇女等群体缺乏创业技能与经验，创业成功率较低。

（二）部分政策门槛过高，创业资金短缺

资金不足是妇女创业过程中遇到的最大障碍。调查发现，在妇女创业和发展过程中，普遍存在融资难、项目选择难、场地落实难等问题，创业者非常希望能够有相应的社会中介组织和服务机构帮助解决这些困难。目前的小额担保贷款对于绝大多数基层妇女创业者而言，存在贷款手续繁杂、担保方式单一、进入门槛过高等弊端，导致农牧区有创业意愿、创业能力的妇女因无法贷到财政贴息贷款而扼腕叹息。农牧区基层妇女大多从事种植养殖、手工编织等项目，投资规模偏小，如果没有后续资金的扶持，妇女的创业项目往往会夭折。

（三）技能培训滞后，创业就业动力不足

青海省基层大部分地区没有贫困劳动力及妇女职业技能培训基地，技能培训受场地、设备等影响，培训成本高、针对性不强、效益低，培训后的就业服务、市场对接、后期评估等工作滞后。一些妇女创办的就业实体稳定性差、没有形成规模，产业发展慢，就业人员少。

（四）维权力度较弱，协调推进妇女创业就业任重道远

受经济下行压力影响，现实中依然存在对妇女的就业歧视，一些企业会选择打“擦边球”的方式，逃避对妇女创业创新的支持，妇女就业压力更加突出。推进妇女创业创新政策空间不足，多数基层妇联组织面临经费有限、人员短缺、工作协调难度大等问题，在推进妇女创业创新的工作中面临重重困难。各级妇联组织作为妇女联合的群众组织，缺乏维权的刚性手段，工作协调难度较大，在创业创新妇女合法权益受到侵害时，所能提供的维权手段十分有限，对基层妇女创业创新的支持力量还有待进一步加强。

第九章

城乡创业改革

大众创业万众创新的基础在基层，特别是广大农村。随着经济发展进入新常态，农民工、农村青年等群体返乡创业、发展农村电子商务也逐渐成为新常态。引导、支持和鼓励返乡人员、农村青年就地就近创业，以创业带动就业，形成城乡创业就业一体化格局，是城乡创业改革的大趋势。

第一节　城乡创业改革的主要做法与成效

城乡创业改革涉及多个领域、多种层面，需要找准突破口。目前，青海农村电子商务、农民工返乡创业、城乡基层创业等方面的改革取得了较快进展。

一　农村电子商务发展形势喜人

电子商务是互联网爆炸式发展的产物。互联网的便捷性、低成本、非时空限制等特点，决定了电子商务在农村创业中具有举足轻重的地位。伴随着互联网技术的不断发展、农村信息通信基础设施的逐步完善，以及快递物流业向农村辐射覆盖，一个电子商务城乡一体化的时代正在到来。

（一）出台支持电子商务发展的政策措施

2015 年以来，青海省陆续出台了一批支持电子商务发展的政策措施。2015 年，青海省人民政府办公厅出台了《关于做好农民工等人员返乡创业工作的实施意见》，将推动农牧区电子商务发展带动返乡创业作为一项重要工作任务，做了安排部署。2016 年，青海省人民政府出台了《关于大力发展电子商务加快培育经济新动力的实施意见》、青海省人民政府办公厅出台了《青海省贯彻落实“互联网+流通”实施意见》等政策性文件，就农村电子商务、跨境电子商务发展以及推动传统企业转型升级等，提出了若干具体政策措施。2017年，青海省人民政府出台了《关于积极推进“互联网+”行动的实施意见》、青海省人民政府办公厅出台了《关于支持返乡下乡人员创业创新促进农村一二三产业融合发展的实施意见》、青海省商务厅等五部门出台了《省商务厅省民政厅省国土资源厅省住房城乡建设厅省质监局关于推进电子商务进社区促进居民便利消费的实施意见》，就加快推进青海省“互联网+”行动、促进互联网与各领域融合创新发展、推进农牧区电子商务发展促进创业创新、电子商务进社区促进居民便利消费等提出了具体实施意见。

党政机关工作人员对国家和青海省出台的促进城乡就业创业政策措施的知晓率较高，平均达到54.77%。其中，对青海省人民政府出台的《关于进一步做好新形势下就业创业工作的实施意见》最熟悉，其次是国务院出台的《关于大力推进大众创业万众创新若干政策措施的意见》（见表9-1）。

表9-1　党政机关工作人员对促进城乡就业创业政策措施的熟悉程度

单位：%

序号	答案选项	所占比例
1	国务院《关于大力推进大众创业万众创新若干政策措施的意见》	59.39
2	国务院《关于进一步做好新形势下就业创业工作的意见》	54.42
3	青海省人民政府《关于进一步做好新形势下就业创业工作的实施意见》	64.09
4	青海省人民政府办公厅《关于做好农民工等人员返乡创业工作的实施意见》	41.16
5	以上均不熟悉	13.81

注：本问题为多选题。

服务对象（含创业人员、企业职工、办事群众等）对促进城乡就业创业政策措施的了解程度也较高。大部分受访者对促进城乡就业创业的政策措施表示完全了解或部分了解，两项合计占比为82.78%（见表9-2）。

表 9-2 服务对象对促进城乡就业创业政策措施的了解程度

单位：%

序号	答案选项	占比
1	完全了解	18.54
2	部分了解	64.24
3	不了解	17.22

（二）市场化网商创业平台建设

市场化网商创业平台是基于电子商务网站搭建的创业平台。近年来，青海省推动建设电子商务网站的力度明显加大，在政策的引导鼓励下，省、市（州）、县（市、区）三级政府及企业的积极性、主动性得到了较好的调动，搭建了一批市场化网商创业平台。

在省级层面，青海省商务厅作为主管全省电子商务工作的部门，在政策落地生效上做了大量工作。一是引导全省电子商务综合服务网络建设，先后推动建成国家级电子商务示范基地 1 个，市州级电子商务服务基地 3 个，县级电子商务综合服务中心 10 个，乡镇农村电子商务综合服务站点 2126 个。二是搭建“青海省电子商务公共服务平台”，加快各类电商服务资源集聚，强化电商产业聚集效能。引导省内企业通过自建、在第三方平台搭建两种方式，先后建成“过日子网”“交电大楼网上商城”“青报商城网”“淘宝网青海正品馆”等各类电子商务交易平台数十个，引导省内特色农畜产品拓展线上销售渠道，推动传统企业运用电子商务实现创新发展。截至 2016 年底，全省有电子商务（服务）企业 310 家，同比增长 29.17%；应用电子商务市场主体达到 3 万余家，同比增长 31%，约占各类市场经营主体的 10%。2015 年全省电子商务交易额突破 300 亿元，同比增长约 30%，网络零售额突破 100 亿元，增长约 40%；2016 年全省电子商务交易额突破 450 亿元，同比增长 37.3%，网络零售额突破 150 亿元，同比增长 48.5%。三是引导企业整合社区便民服务功能，推广“网订店取”“网订店送”等新型服务，建成社区电子商务综合服务体验店 135 个，不断满足社区居民个性化、多元化的消费需求。四是引导青海朝阳国家电子商务示范基地打造创业创新孵化基地，为初创企业提供全方位创业创新公共服务。五是与阿里巴巴、京东等知名电商企业合作，推动旗下金融服务平台为省内市场主体提供全方位金融服务，2016 年，阿里巴巴旗下蚂蚁金服网商银行为全省近 7 万家“三农”用户提供信用贷款，累计投放贷款 2 亿元。六是引导省内企业借助电商平台融入各种展会活动，2016 年“清食展”期间，108 家企业参与“网上清食展”活动，实现交易额 1400 万元，同比增长 19.4%。七是联合青海广播电视大学创办“青海电子商务培训学院”，加强与省内外政府部门、高校、电商协会、培训机构的合作交流，举办各类电商培训班 100 多期，培训人员 5000 余人次，增加了电商人才的有效供给。

在市（州）、县（市、区）层面，各地出台了落实青海省促进电子商务发展，推进“互联网 + 行动”的实施意见、方案等政策措施，积极开展创建国家级、省级电子商务示范城市、示范基地、示范企业活动。截至目前，青海省已培育出国家级电子商务示范企业 1 个、省级电子商务示范企业 9 个、市州级电子商务服务基地 3 个、县级电子商务服务中心 10 个，有 11 个县被国家商务部列入全国电子商务进农村示范县。各地还通过自建或依托第三方平台，搭建了一批具有区域影响力的市场化网商创业平台，如海西州、海北州依托青海朝阳国家电子商务示范基地，分别建成了“青海柴达木电商绿洲”“海北州电子商务馆”等市州级电子商务服务平台。海北州设立了 500 万元的电商发展扶持资金，并要求所辖各县结合实际，分别设立不低于 100 万元的电子商务发展扶持资金。近期，又有“天上玉树”电商平台、格尔木青藏电商产业园等电商产业平台建成启动。

在部门层面，除商务主管部门外，发展改革、财政、经信、科技、人社、农牧等部门也在各自的职能范围内，积极促进电子商务特别是农村电子商务发展。一些群团组织如各级团组织利用自身优势，与政府相关部门协作，积极搭建电商创业平台，不断拓宽青年创业渠道。

关于受访对象所在地区有无面向基层的“集办公服务、投融资支持、创业辅导、渠道开拓于一体”的市场化网商创业平台的调查问卷统计结果显示，受访对象所在地区有市场化网商创业平台的占 36.19%，没有该平台的占 27.90%，不了解的占 35.91%。这一结果表明，目前青海市场化网商创业平台建设已取得初步成效，同时还有较大发展空间（见表 9 - 3）。

表 9－3　所在地区有无面向基层的市场化网商创业平台情况

单位：%

序号	答案选项	所占比例
1	有	36.19
2	无	27.90
3	不了解	35.91

（三）各地区电子商务发展成效

为摸清各市、州电子商务发展现状和取得的成效，课题组选取了电子商务企业数量、电子商务交易额、电子商务销售额、电子商务站点数量 4 个指标，采用统计表的形式由各市、州填写报送，现将各市、州反馈的统计结果列表于下。

西宁市。2014 年至 2016 年，西宁市电子商务企业数量、电子商务交易额、销售额逐年上升。据了解，西宁市电子商务企业数量和电子商务交易额、零售额均占全省总量的 60% 以上，照此推算，西宁市的电子商务企业数接近 200 家，下表中的企业数仅为自建平台、规模大、有代表性的电商企业数量（见表 9－4）。

表 9－4　2014～2016 年西宁市电子商务发展统计

序号	统计指标	2014 年	2015 年	2016 年
1	电子商务企业数量(户)	8	10	14
2	电子商务交易额(万元)	1872000	2246000	2810000
3	电子商务销售额(万元)	518000	700000	927300
4	电子商务站点数量(个)	—	—	310(村),85(社区)

注："—" 为数据缺失。

海东市。电子商务企业和电子商务站点建设从 2015 年起步，两年间数量增长较快；电子商务交易额和销售额总量虽较小，但增长速度仍相对较快。得益于电子商务进农村政策的实施，农村电子商务站点建设推进速度很快，据青海省商务厅提供的数据，海东市 2016 年实际建成农村电子商务站点 205 个、社区服务网点 26 个，均超额完成年度目标任务（见表 9－5）。

表 9－5　2014～2016 年海东市电子商务发展统计

序号	统计指标	2014 年	2015 年	2016 年
1	电子商务企业数量(户)	—	10	25
2	电子商务交易额(万元)	279000	330000	480000
3	电子商务销售额(万元)	71000	110000	145000
4	电子商务站点数量(个)	—	92	231(205 个站，26 个点)

注：“—”为数据缺失。

海北州。近两年来，海北州电子商务企业、电子商务交易额、销售额及电子商务站点数量四项指标增长迅猛。海北州电子商务企业数量包括自建和依托第三方平台两类，电子商务交易额为线上交易额，电子商务销售额既包括线上销售额，也包括线下销售额。另据了解，2016 年海北州实际建成农村电子商务站点 180 个，建成社区服务网点 5 个（见表 9－6）。

表 9－6　2014～2016 年海北州电子商务发展统计

序号	统计指标	2014 年	2015 年	2016 年
1	电子商务企业数量(户)	1	5	40
2	电子商务交易额(万元)	—	46	857
3	电子商务销售额(万元)	—	119	2529
4	电子商务站点数量(个)	—	3	185

注：“—”为数据缺失。

海南州。海南州电子商务自 2016 年才开始起步，但发展势头不错，特别是电子商务企业和电子商务站点数量增长迅速。电子商务企业包括自建和依托第三方平台两类，以后者居多（见表 9－7）。

表 9－7　2014～2016 年海南州电子商务发展统计

序号	统计指标	2014 年	2015 年	2016 年
1	电子商务企业数量(户)	—	—	67
2	电子商务交易额(万元)	—	—	8.06
3	电子商务销售额(万元)	—	—	—
4	电子商务站点数量(个)	—	—	180

注：“—”为数据缺失。

海西州。海西州电子商务起步较晚，但进展较快，特别是电子商务交易额增长迅速。电子商务企业包括自建平台和依托第三方平台两类，电子商务交易额、销售额为线上交易额、销售额（见表9-8）。

表9-8　2014~2016年海西州电子商务发展统计

序号	统计指标	2014年	2015年	2016年
1	电子商务企业数量(户)	—	10	60
2	电子商务交易额(万元)	—	8000	13000
3	电子商务销售额(万元)	—	8000	13000
4	电子商务站点数量(个)	—	—	50

注："—"为数据缺失。

黄南州。黄南州电子商务起步较晚，2016年同仁县被列入全国电子商务进农村示范县，相关电子商务发展数据统计不完整。据青海省商务厅提供的数据，2016年黄南州实际建成农村电子商务站点31个，为目标任务的103.3%，建成社区服务网点3个，为目标任务的300%（见表9-9）。

表9-9　2014~2016年黄南州电子商务发展统计

序号	统计指标	2014年	2015年	2016年
1	电子商务企业数量(户)	—	3	4
2	电子商务交易额(万元)	—	—	—
3	电子商务销售额(万元)	—	—	—
4	电子商务站点数量(个)	—	—	34

注："—"为数据缺失。

果洛州。果洛州电子商务起步也较晚，电子商务企业主要为依托第三方平台的服务型企业，电子商务交易额与海西州类似，为线上交易额，因玛沁县刚刚被列入全国电子商务进农村示范县，故电子商务站点数量尚未有统计。另据了解，2016年果洛州实际建成30个农村电子商务站点、1个社区服务网点（见表9-10）。

表 9－10　2014～2016 年果洛州电子商务发展统计

序号	统计指标	2014 年	2015 年	2016 年
1	电子商务企业数量(户)	—	1	5
2	电子商务交易额(万元)	—	50	82
3	电子商务销售额(万元)	—	50	82
4	电子商务站点数量(个)	—	—	31

注："—" 为数据缺失。

玉树州。据了解，2016 年玉树州实际建成农村电子商务站点 26 个，为目标任务的 86.7%，建成社区服务网点 1 个（见表 9－11）。

表 9－11　2014～2016 年玉树州电子商务发展统计

序号	统计指标	2014 年	2015 年	2016 年
1	电子商务企业数量(户)	—	—	—
2	电子商务交易额(万元)	—	—	—
3	电子商务销售额(万元)	—	—	—
4	电子商务站点数量(个)	—	—	27

注："—" 为数据缺失。

总体而言，目前青海省农村电子商务发展尚处于初级阶段或起步阶段。调查问卷统计结果显示，受访对象认为目前青海省农村电子商务发展处于初级阶段的占比最高，为 66.3%（见表 9－12）。

表 9－12　对目前青海省农村电子商务发展阶段的评价

单位：%

序号	答案选项	所占比例
1	空白阶段	9.12
2	初级阶段	66.3
3	中级阶段	10.77
4	高级阶段	2.76
5	不了解	11.05

（四）农村互联网创业

1. 积极构建农村电子商务综合服务网络体系

农村互联网创业，必须依托农村电子商务综合服务网络。近几年，青海省加大了农村电子商务综合服务网络体系建设力度，目前已有 11 个县成功申报全国电子商务进农村示范县，其中第一批 4 个示范县已进入评估验收阶段，建成乡（镇）、村（社区）电子商务综合服务站点 2126 个，初步形成了覆盖省、市（州）、县（市、区）、乡（镇）、村（社区）的五级电子商务综合服务网络。2016 年，全省新增农村电子商务服务站点 1012 个，完成目标任务的 101.2%。

衡量农村电子商务综合服务网络体系建设的成效，还要看农村互联网创业人员是否更容易创业。关于在青海农村做电商是否容易的调查问卷统计结果显示，受访对象认为在青海农村做电商很容易的占 11.92%，认为比较容易的占 30.46%，认为不太容易的占 36.42%。表明农村电商创业前景趋好，同时也存在一定困难（见表 9 - 13）。

表 9 - 13　在青海农村做电商是否容易

单位：%

序号	答案选项	所占比例
1	很容易	11.92
2	比较容易	30.46
3	不太容易	36.42
4	很不容易	10.6
5	不了解	10.6

农村电商创业成功率，也能够从一个侧面反映农村互联网创业的成效。从调查结果看，各地情况有差异，一般而言，农村电商创业人员多的地区，创业成功率也高，反之亦然。调查问卷统计结果显示，农村互联网创业既有成功也有失败。受访者选择“做的人较多，但成功的较少”“做的人较少，有成功也有失败”两种情况的相对多一些，这其实正是农村电子商务刚刚起步的真实写照（见表 9 - 14）。

表 9－14　农村互联网创业的情况

单位：%

序号	答案选项	所占比例
1	做的人较多,成功的也较多	13.25
2	做的人较多,但成功的较少	35.76
3	做的人较少,有成功也有失败	30.46
4	没人做	5.96
5	不了解	14.57

2. 探索电商精准扶贫新模式

自2016年起，青海省商务部门积极推进贫困地区农村电子商务发展，开展农村电商“1433”工程，即：建设一个县级电子商务服务中心；配套完善交易服务、支撑服务、衍生服务和职能服务四项功能；打造电子商务综合服务中心、服务站点等县、乡（镇）、村三级电子商务综合服务网络；加强物流、培训、农产品上行三项重点任务建设。按照青海省委省政府关于打赢脱贫攻坚战提前实现整体脱贫的战略部署，青海省商务厅研究制定了《青海省电子商务和市场体系建设扶贫专项方案》，在全省39个县域选择确定适合发展电子商务的贫困村，支持建成农村电子商务综合服务站点170个。引导电商企业加强同农村专业合作社、种植养殖大户、贫困户合作对接，探索出一条“农户＋合作社＋电商企业＋政府”的电商扶贫新模式，扶持培育贫困地区发展特色产业，提升流通效率，降低配送成本，发挥电子商务在脱贫攻坚中的独特作用。引导电商企业在大通、互助、门源、平安、乌兰、循化等县（区）农村开展电商扶贫试点，支持带动1250余户贫困户、近5000贫困人口从事特色种植养殖、手工编织工作等，年人均增收5000余元。

专栏 9－1　民和县大力发展农村电子商务成效初显

2015年，民和县投入专项资金100万元，筹措资金400万元，强力推进电子商务发展。成立了民和县电子商务服务中心，配备6名专业人员全职负责全县电子商务工作。电信光纤网络覆盖全县302个村，移动网络覆盖208

个村，联通网络覆盖271个村，基本满足农村电商网络需求。建成菜鸟网络仓储物流中心。2016年3月，民和县政府与阿里巴巴签约农村淘宝项目，成为全省第一个阿里巴巴农村淘宝合作县，阿里巴巴农村淘宝项目正式启动。截至目前，全县已建成69个村级电商服务站，完成“工业品下乡”订单总数13.8万单，网上交易总额3345万元；通过电商渠道线上销售马铃薯、蜂蜜、马营陈醋、苹果、藏式精品牦牛肉干等农特产品，实现销售收入约190余万元。目前，民和县“工业品下乡”“农产品进城”交易额位居全省第一，农村淘宝订单量和交易总额在全国农村淘宝县排名前列。

专栏9－2　引才引智、合作共赢——农村电子商务进入高端模式：德令哈伊明农牧有限公司生鲜电商超市“天涯牧歌”项目

该项目依托“柴达木电商绿洲”平台，引入浙江某电商企业合作伙伴，探索“农业供给侧改革”的创新试点应用，通过消费前置来拉动生产供给。项目自2016年2月开始建设，2016年9月正式开通运行。截至2016年底，共实现网上领养11086只高原草膘羊的目标，实现经济收入1000万元以上。首先，项目以“消费娱乐化和动态可视化”为突破口，通过农业物联网技术的应用，将优质农产品的生产、加工、消费场景进行重构。其次，在生产加工环节，消费者可以根据自己的个人喜好，通过移动端提交个性化的食材加工方案，生产和加工车间再通过集约化生产快速响应消费者个性化的食材加工需求。再次，在物流配送环节，采用了“生鲜快捷供应链解决方案”，将干线物流、支线转运和同城配送进行有机组合，系统根据消费者的地域分布，自动匹配最优的物流配送方式。

（五）电子商务第三方交易平台建设

如同整个电子商务的发展阶段、发展水平一样，青海省电子商务第三方交易平台建设起步较晚、规模较小。据青海省统计局2017年第一季度的统计数据，青海省内由企业自建、在省内注册的较大规模或较活跃的电子商务第三方交易平台不足20家，主要有：中国电信网上营业厅、“齐心生活”微商城、青海省康辉国旅产品网、青海交电大楼网购商城、面向兰西格区域的现代物流平台、西宁特殊钢集团公司铁料系统、青海稳当网上商城、青藏农畜林产品网、青海商务网、大美易购、地鼠淘购网、青海股权交易中心、青报商城网、祥升农业合作社、青海省公共资源交易平台、智慧百家生活平台、天域昆仑区域共享互助电商平台、柴达木电商绿洲平台等。其中，由西宁德世商贸有限公司建设的大美易购电商平台，符合完整意义上的电子商务第三方交易平台的特征，其他均为自建自营的第三方电商平台。

电子商务第三方交易平台的建设成效如何，可由城乡基层创业人员依托电子商务第三方交易平台开展创业的成效来验证。调查问卷统计结果显示，受访对象认为效果一般的占比相对较高，其次为效果较好，认为效果很好和效果较差的占比接近，认为效果很差的占比很低（见表9－15）。

表9－15　对城乡基层创业人员依托电子商务第三方交易平台开展创业的效果评价

单位：%

序号	答案选项	所占比例
1	效果很好	9.94
2	效果较好	25.97
3	效果一般	30.94
4	效果较差	9.39
5	效果很差	1.93
6	不了解	21.82

城乡基层创业人员对第三方电子商务交易平台的应用程度，能够从一个侧面反映电子商务第三方交易平台对城乡基层创业的支撑能力及覆盖范围。在电子商务第三方交易平台从事交易的人越多，其支撑能力越强，覆盖面越广。调查问卷统计结果显示，受访对象本人或者熟悉的人在电子商务第三方交易平台上做过交易的占22.52%，听说过但未做过交易的占50.53%，从未听说过、不了解的占27.15%（见表9－16）。

表 9-16　是否在电子商务第三方交易平台做过交易

单位：%

序号	答案选项	所占比例
1	做过交易	22.52
2	听说过，但未做过交易	50.33
3	从未听说过，不了解	27.15

二　返乡创业风头正劲

近年来，随着世界经济复苏乏力，我国东部沿海地区外向型经济也持续回落，大量农民工开始返回家乡，尤其是 80 后、90 后新生代农民工不再重复父辈们“候鸟”式的打工历程，而是选择返乡创业。青海省也出现了一批批返乡创业者的身影，他们的返乡创业不乏地方特色和成功经验。

（一）出台扶持返乡创业的政策措施

2015 年，国务院出台《关于进一步做好新形势下就业创业工作的意见》，对支持农民工等人群返乡创业做出了制度性安排。为落实国务院的安排部署，青海省人民政府也于当年出台《关于进一步做好新形势下就业创业工作的实施意见》，青海省人民政府办公厅随即出台了《关于做好农民工等人员返乡创业工作的实施意见》，对鼓励农民工等群体返乡创业做了专门规定，出台了一系列扶持政策和服务措施。根据形势的发展变化，2017 年，青海省人民政府办公厅又出台了《关于支持返乡下乡人员创业创新促进农村一二三产业融合发展的实施意见》，就推进农牧区电子商务发展促进创业创新、创建创业孵化基地、强化创业培训服务等方面的工作，提出了新的目标要求和任务。

调查问卷统计结果显示，受访对象对青海省落实返乡创业政策措施的力度持较积极的态度。认为力度很大和较大的分别占 10.77%、29.01%，认为力度一般的占 32.87%，认为力度较小和很小的分别占 9.94%、4.97%（见表 9-17）。

表 9-17　青海省落实返乡创业政策措施的力度

单位：%

序号	答案选项	所占比例
1	很大	10.77
2	较大	29.01
3	一般	32.87
4	较小	9.94
5	很小	4.97
6	不了解	12.43

（二）返乡创业现状与成效

青海省的返乡创业，发端于“拉面经济”中在外地创业成功的少数民族企业家，其后，在外地谋生的青海籍大学毕业生、农民工、退役士兵等群体不断加入进来，特别是近年来，在国家大众创业万众创新政策的感召和激励下，返乡创业群体不断壮大，创业成效初步显现。

2016 年底，青海省农牧厅对全省返乡农民工、大中专院校毕业生、退役士兵以及科技人员等返乡下乡人员到农村牧区创业创新的情况开展了一次摸底调查。据对西宁、海东、海北、果洛等市州上报数据的初步统计，目前青海省有 5300 多名各类返乡创业人员，大多集中于海东和西宁两市，其中海东市有 3040 人，西宁市有 1452 人，分别占全省返乡创业总人数的 57.4% 和 27.4%。返乡创业人员中农民工占 83.9%，大中专院校毕业生占 14.3%，退役士兵占 1.3%，科技人员占 0.5%。返乡下乡人员中，从事规模种植养殖业的占 37.9%，开办或加入农牧民专业合作社的占 23.7%，开办家庭农牧场的占 11.4%，从事特色农牧业的占 11.2%，开办或进入农牧业企业的占 3.2%。

1. 各级党委、政府高度重视创业创新工作，力保各项政策落地生根

为落实国家和青海省关于扶持返乡创业的政策措施，部门、州、县层面根据自身职能和本地实际，推出了一系列促进返乡创业的实施意见、办法、方案。省政府相关部门制定出台系列配套措施，在搭建创业就业服务平台、孵化基地建设、资金扶持、投资融资、创业能力提升培训、电子商务、推动

拉面经济发展等领域细化、分解工作任务，让政策落地生根、开花结果。部分试点县如大通县出台了关于做好农民工返乡创业试点工作的实施意见，政策效应初步显现。

2. 统筹城乡创业创新，打造城乡一体的返乡创业服务平台

根据相关政策规定，返乡创业人员在工商登记、减税降费、财政补贴、融资贷款、公共服务等方面，与其他创业就业人员享受同等或相近的政策优惠。各级政府、社会力量在搭建创业创新服务平台时，也一并将返乡创业群体纳入进来，各类众创空间、创业园区、创业孵化基地等平台，对包括返乡创业人员在内的城乡创业创新者一视同仁、一体对待。

调查问卷统计结果显示，目前在青海农牧区，各种农村专业合作社是最主要的返乡创业平台，其次是家庭农场，再次是农民工返乡创业园，网商平台和特色专业市场也占一定比例（见表 9 - 18）。

表 9 - 18　青海省返乡农民工创业平台人数分布情况

单位：%

序号	答案选项	所占比例
1	专业合作社	50.58
2	家庭农场	42.38
3	农民工返乡创业园(农业示范园)	31.83
4	特色专业市场	24.54
5	网商平台	20.68
6	其他	5.67
7	不了解	16.95

注：该问题为多选题。

3. 紧贴省情实际，引导鼓励返乡创业与区域经济社会融合发展

各级政府加大政策引导力度，鼓励返乡创业人员顺应家乡产业结构、消费结构升级的市场需求，深度挖掘乡村、乡土、乡韵的潜在价值，充分展示民族文化、民俗风情等厚重历史传承，重点打造特色种植养殖、家庭农牧场、休闲观光农牧业、农畜产品加工、民族手工艺、乡村旅游、民族餐饮、具有区域特点和民族特色的电子商务等返乡创业品牌，促进农村第一、第

二、第三产业融合发展。目前，以“拉面经济”“热贡艺术”为龙头，涵盖藏绣、盘绣、民族服饰、石雕陶器铜器加工制作、特色食材食品加工、土特产品销售等众多业态的创业创新品牌影响力日渐扩大。

针对农村青年创业主要途径的调查问卷统计结果显示，农村青年创业首选休闲农牧业和乡村旅游，对农畜产品加工和农村牧区服务业、也有一定青睐（见表9－19）。

表9－19　农村青年创业的主要途径

单位：%

序号	答案选项	所占比例
1	农畜产品加工	35.76
2	休闲农牧业	41.72
3	乡村旅游	41.72
4	农村牧区服务业	30.46
5	其他	0.86
6	不了解	24.50

三　基层创业支撑服务体系建设快马加鞭

城乡基层创业，需要完善的公共服务、创业培训、技术和服务网络等作为支撑和保障。2015年国务院出台的《关于大力推进大众创业万众创新若干政策措施的意见》提出，要加强城乡基层创业人员社保、住房、教育、医疗等公共服务体系建设，健全职业技能培训体系，提升基层创业人员创业能力，拓展乡村信息资源、物流仓储等技术和服务网络，为基层创业提供支撑。青海省出台的相关政策也强调，要强化公共就业创业服务，加强职业培训和创业培训，鼓励电子商务交易平台渠道下沉，加强农村创业指导服务，推动返乡人员网上创业。为支持城乡基层创业，推进基层创业支撑服务体系建设，2017年青海省又相继出台了《关于促进全省快递业发展的实施意见》《关于进一步推动青海拉面经济发展促进就业创业的实施意见》等政策措施，进一步夯实城乡基层创业的制度基础。

（一）城乡基层创业公共服务体系建设

1. 推进基层就业创业和社会保障服务平台建设

经过多年建设，青海省已经形成了一个由省、市（州）、县（市、区）三级网络平台组成的、覆盖城乡的公共就业服务体系，东部地区已将服务网络平台延伸至乡镇以至村级，其他地区正在向乡镇延伸。公共就业服务平台承担着政策和就业信息发布、失业登记、人才介绍、中介服务、招聘咨询等多重功能，在促进城乡就业创业等方面发挥着不可替代的作用。近几年，青海省依托已建成的公共就业服务平台，加快全省公共就业服务信息化建设，整合资源、提质升级，建设省级公共就业招聘网，充分利用大数据和微信、微博、客户端等新技术，推动就业创业服务更便捷、更高效。有条件的地区还设立了创业指导服务中心，为基层创业人员提供一对一服务。建立健全就业创业统计监测体系，推进就业统计调查信息化建设，依托行业组织，建立健全行业人力资源需求预测和就业状况定期发布制度。建立统一、规范、灵活的人力资源市场，加快发展人力资源服务业，规范人事代理、人才推荐、人员培训、劳务派遣等工作。在基层就业创业和社会保障服务平台的有力支撑下，全省城乡统筹就业创业格局基本形成，“十二五”期间，青海农牧区劳动力累计转移就业563万人次，年均转移就业110万人次以上，较好地实现了劳动力在城乡间的有序流动；实现各类人员创业3.5万人，带动就业10.8万人，创业带动就业成效明显。

调查问卷统计结果显示，受访对象对青海省落实农牧区劳动者就业创业政策措施的评价相对比较乐观。认为政策落实好和较好的合计占49.01%，认为政策落实一般的占24.50%，认为政策落实差和较差的合计占13.25%（见表9-20）。

表9-20　对落实农牧区劳动者就业创业政策措施的评价

单位：%

序号	答案选项	所占比例
1	好	16.56
2	较好	32.45
3	一般	24.50
4	较差	10.60
5	差	2.65
6	不了解	13.25

2. 提升城乡基层就业创业公共服务能力

随着简政放权、政府职能转变、新一轮政府机构改革的全面铺开，县以上各级地方政府普遍建设了行政（政务）服务中心，制定了权力清单、责任清单和负面清单，凡涉及行政审批、行政服务的部门单位均要进驻行政服务中心。在此背景下，各地就业创业、社会保障公共服务平台也大多进驻行政服务中心。由于对行政资源进行了有效整合，各部门工作实现了较好对接，各服务窗口在办理事项时相互衔接转换，尽可能提供“一站式”服务，服务对象不出办事大厅即可办完所办事项，办事效率大为提高，群众满意度较高。即使是单独设立的就业创业、社会保障服务窗口，软硬件条件也得到了较好的改善，服务水平有了质的提高。从实地走访考察来看，不论是从服务窗口数量、办事群众人数，还是办公条件、工作人员配备上考察，就业创业和社会保障服务窗口都是当地一流的公共服务平台。

专栏 9－3　青海省人社厅服务窗口进驻省政府行政服务和公共资源交易中心

2016 年初，青海省人社厅将除社会保险外所有行政审批事项全部进驻省政府行政服务和公共资源交易中心。进驻后，结合窗口人员岗位特点，在原有的基础上又增设一个窗口，选派责任心强、熟悉业务的工作人员充实到窗口开展工作，窗口人员一岗多能，每个人都能提供全方位的优质服务，实现了从单一式服务向全方位服务的转变。严格执行限时办结、一次性告知等效能工作制度，对办件需要提供的材料给予“一次性告知”，提供“一条龙服务”。对项目受理初审、审核签批、办文盖章、制证发证等操作环节，以及受理、不予受理、许可、不予许可等办件结果，均做到规范办理，及时告知申请人。强化日常管理、严肃工作纪律，严抓庸懒散拖等现象，实行微笑服务、站立式服务、延长服务工作时间等优质服务标准，对前来办事人员热情接待、细心听讲、详细解答、尽力帮助，切实把优质服务落到实处，使办事群众在人社服务窗口体会到了政府服务的舒心、暖心、顺心。2016 年，窗口全年办件 5276 件，按时办结率 100%；接受群众来人来电和网络咨询 700 余次；全年工作无差错、无违规、无投诉，得到了群众的好评，群众满意率为 100%。

3. 将返乡创业人员纳入当地公共服务体系

按照国家和青海省相关政策规定，要将返乡创业人员全部纳入当地社保、住房、教育、医疗等公共服务体系。青海各地区积极创造条件，在返乡创业人员办理社保关系转移接续手续，解决住房困难、子女入学及参加中高考等方面提供了尽可能多的便利条件。鉴于社保、住房、教育、医疗等问题政策性强，需要通盘考虑，地方政府往往心有余而力不足，仍有部分返乡创业人员未能全部纳入当地公共服务体系。

调查问卷统计结果显示，受访对象认为所在地区将返乡创业人员部分纳入当地社保、住房、教育、医疗等公共服务体系的比例最高，为46.41%，认为已经全部纳入的占17.13%，认为未纳入的占10.22%（见表9－21）。

表9－21　是否将返乡创业人员纳入当地社保、住房、教育、医疗等公共服务体系

单位：%

序号	答案选项	所占比例
1	全部纳入	17.13
2	部分纳入	46.41
3	未纳入	10.22
4	不了解	26.24

返乡创业人员在家乡办理社保等方面转移接续手续，有些比较方便，有些仍不够方便（见表9－22）。

表9－22　返乡创业人员在家乡办理社保等方面的转移接续手续是否方便

单位：%

序号	答案选项	所占比例
1	方便	21.19
2	有些方便，有些不方便	40.40
3	不方便	20.53
4	不了解	17.88

（二）职业技能培训体系建设

1. 开展就业培训需求摸底调研

开展就业培训需求摸底调研工作是推动实施全民技能培训振兴计划、促进就业创业的一项重要基础性工作，将有效提高城乡未就业劳动力培训的针对性，进一步提升培训效益。2016年5月，青海省人社厅安排对全省16至50周岁城镇未就业和农牧区有转移就业意愿的劳动力就业培训需求等的摸底调研工作。由县（区）有关部门协调乡镇（街道），安排基层就业服务平台、扶贫“第一书记”、驻村干部等与村委会共同进村（社）入户开展摸底调查，对符合调查范围的劳动力基本情况、参加培训情况及培训意愿需求等逐人逐户详细登记，通过对登记信息的逐级汇总分析，进一步创新就业培训思路、改进工作、完善政策，优化安排更切合实际、更有针对性、更科学合理的培训项目。

2. 组织实施农民工等人员返乡创业培训五年行动计划

2016年10月，青海省人社厅会同省农牧厅、省扶贫局、团省委、省妇联等四部门联合印发《关于实施青海省农民工等人员返乡创业培训五年行动计划的通知》，计划从2016年起到2020年，在全省进一步推进农民工、建档立卡贫困人员、大中专毕业生和退役军人等返乡人员开展创业培训工作。通知规定，要将返乡人员中有创业意愿、培训需求及处在创业初期的人员全部纳入创业培训服务范围。开展有针对性的创业培训，对有创业要求和培训愿望、具备一定创业条件的人员，开展“创办你的企业（SYB）”培训；对处于创业初期的人员，结合市场对企业发展需求，开展“改善你的企业（IYB）”培训。同时，积极创新拓展创业培训内容，推进“创业+技能”培训，紧密结合地域特点，开展“创业+拉面”“创业+农家乐”“创业+电子商务”等培训项目，切实提高创业培训质量。落实政府购买创业培训成果制度，择优确定培训机构承接创业培训项目，做好创业培训后续跟踪扶持等。

调查问卷统计结果显示，受访对象所在地区将城乡基层就业创业人员纳入当地职业技能培训体系的比例不低。其中，部分纳入的占比相对较高，为48.07%，全部纳入的占19.34%，未纳入的占11.05%（见表9-23）。

表 9-23 是否将城乡基层就业创业人员纳入当地职业技能培训体系

单位：%

序号	答案选项	所占比例
1	全部纳入	19.34
2	部分纳入	48.07
3	未纳入	11.05
4	不了解	21.55

3. 大规模培养新型职业农民

近年来，青海省在调查摸底的基础上，精准确定了年龄在16~60周岁，具有一定产业基础和文化程度的种养大户、规模养殖场经营者、家庭农场经营者、农牧民合作社骨干、农业企业负责人、农业社会化服务组织服务能手等作为新型职业农牧民培育对象，实现了培训对象由千家万户向种植养殖大户、专业合作社等新型经营主体的转变。创新培训方式，规范认定程序，强化绩效考核和监督，使培训方式从“大水漫灌”向“精准滴灌”转变，基本形成了教育培训、认定管理和政策扶持“三位一体”，生产经营型、专业技能型和专业服务型“三类协同”的培育制度体系。自2013年启动实施新型职业农牧民培育工作到现在，累计培训农牧民3.25万人，7442人被认定为新型职业农牧民。2016年，青海省又启动实施了现代青年农场主培养计划，省农牧厅制定了现代青年农场主培训方案，确定了本省现代青年农场主培育模式，即生产经营型重点培育模式，前两年进行集中培训，以观摩考察为主，理论教学为辅，第三年进行跟踪服务、技术指导。2015年遴选了125名现代青年农场主，2016年遴选了200名现代青年农场主，分四期开展种植业和养殖业两个专业的培训。

4. 加强对培训机构的质量监管

为不断提高职业培训机构的办学水平和培训质量，促进全省培训市场良性循环，青海省人社厅每年都要安排各级人社部门对本地区批准设立的民办职业培训机构的基本办学条件进行全面检查，对部分不注重提高办学能力的培训机构进行警示，督促各培训机构不断改善自身办学条件。梳理出一批办学能力缺失、长期未开展培训工作和办学条件较差的民办职业培训机构，责令其限期整改，并进行复查。对逾期仍未整改到位的，取消其招投标资格或撤销办学资格。2013 以来，已累计取消 73 家不合格培训机构的招投标资格，撤销 7 家不具备办学能力培训机构的办学资格。

专栏 9－4　化隆县实施精准扶贫拉面“带薪在岗实训＋创业”行动计划

2016 年，青海省出台《关于进一步推动青海拉面经济发展促进就业创业的实施意见》，意见规定：选取有就业意愿、有劳动能力的建档立卡贫困人员，送至拉面店开展“带薪在岗实训”，实训期间工资由拉面店支付。对实训期满 1 年且具备相应技能的人员，一次性奖励 5000 元，对拉面店（含带徒师傅）按带薪在岗实训人数每人给予 7000 元奖励；对第二年继续带薪在岗实训的人员，再给予 5000 元奖励。

化隆县及时出台了精准扶贫拉面“带薪在岗实训＋创业”行动计划，从 2016 年到 2019 年，四年共实训 5000 人。实训对象为年龄在 18 至 45 岁、有意愿从事拉面行业、当年建档立卡的贫困家庭成员，实训店为全国范围内化隆籍人员开设的拉面实体店。该行动计划以市场为导向，以提高培训实效为目的，改变以往在当地短期培训效果不佳的弊端，将培训对象送往输入地在岗实训，先带薪在拉面店做跑堂，掌握一定技术后再做拉面匠，积累一定资金后，在政府三年贴息贷款的支持下，开办拉面馆做小老板，实现脱贫致富。2016 年，已从全县筛选出 1020 名建档立卡精准扶贫对象，分别送往分布在全国 22 个大中城市的 744 家实训店进行带薪在岗实训。

（三）农村快递物流服务体系建设

国家和青海省出台的一系列扶持城乡基层创业的政策，都将支持农民网上创业，大力发展“互联网＋”和电子商务作为重要抓手和突破口，鼓励引导返乡人员利用互联网思维和技术，实施“互联网+”现代农牧业行动，创新生产和营销方式，积极发展农畜产品销售、商贸流通等城乡各类服务业，推动线上线下融合发展。鼓励返乡人员参与电子商务综合服务中心、站点建设和运营任务，构建“工业品下乡”和“农畜产品进城”双向流通渠道，解决电商“最后一公里”问题。引导和鼓励行业龙头企业、大型物流企业发挥优势，拓展乡村信息资源、物流仓储等技术和服务网络，为基层创业提供支撑。

受特殊地理气候等因素影响，青海农牧区基层创业特别是“互联网+”和电子商务创业对快递物流业的依赖更大。2016年，青海省人民政府出台了《关于促进全省快递业发展的实施意见》，提出到2020年，基本建成普惠城乡、技术先进、服务优质、安全高效、绿色节能的快递服务体系的发展目标。明确了健全农村牧区快递网络的政策措施：一是加快农村牧区快递网络布局和基础设施建设，畅通“农产品进城、工业品下乡”双向快捷通道。二是深入实施“快递下乡”工程，支持快递企业利用村邮站、基层供销社网点开办快递业务。三是电子商务进农村示范项目设立或改造电商综合服务站时，应加载快递服务，并提供相应便利条件，建立“产、供、销、配”一体的实体网购及配送平台，服务产地直销、订单生产等农业生产新模式，带动农牧区消费，增加农民收入，助力农村精准扶贫。四是鼓励“快邮”合作，引导快递企业充分利用邮政企业遍布城乡的网络优势，提升投递深度，缩短服务时限，实现互利双赢。五是大力发展生鲜农产品冷链快递，促进快递业与农产品冷链协同发展，完善野生鲜枸杞、牛羊肉等特色优质产品外运渠道。经过多方努力，青海乡村快递物流服务体系建设初见成效。截至2016年底，全省有经备案、许可的快递企业43家，设立分支机构网点433个，快递行业从业人员超过3500人。据不完全统计，2016年全省农村网络零售额超过6亿元；2017年1至2月，农村网络零售额达到0.85亿元。

从调查问卷统计结果来看，青海部分偏远农村牧区已开始受惠于现代物流业的快速发展，一些大型物流企业正在向广大农村牧区设点布网（见表9-24）。

表 9－24 偏远乡村是否有大型物流企业的服务网点

单位：%

序号	答案选项	所占比例
1	有	20.53
2	有些有，有些没有	39.07
3	无	20.53
4	不了解	19.87

第二节 城乡创业改革存在的主要问题

由省情特点特别是经济社会发展水平所决定，青海城乡创业改革还存在一些不容忽视的问题。既有政策设计、体制机制方面的问题，也有思想认识、观念理念方面的问题；既有创新不足、动力不够的问题，也有形式简单、方法不多的问题；既有资源短缺、整合不够的问题，也有资源浪费、重复建设的问题。这些问题的存在，影响着全省大众创业万众创新工作的整体推进和进一步深化。

一 各类创业创新扶持资源亟待整合

一是全省各级政府推动城乡基层创业改革尚未形成有效合力，部门间缺乏沟通合作，各类创业扶持资源未能得到有效整合。二是一些财力较弱的地方，对城乡基层创业，特别是在农村电子商务发展、搭建返乡创业平台，基层创业支撑服务体系建设等方面的支持力度较弱，投入不足，存在“小、散、乱”的问题，即对弱势群体创业的扶持帮助力度较小；财政资金和项目分散在数个部门，扶持力量不集中，政策效用被消解；部分财政资金扶持项目的认定或评定缺乏科学、民主、公平、公正程序，随意性较大，容易滋生腐败。三是品牌资源优势未能充分显现。海东“拉面经济”品牌不统一，整合难度大，“化隆拉面”商标虽已注册成功，但其地域性较强，不能覆盖全省，市场竞争力受到影响。还有一些品牌如“热贡艺术”等，虽然社会影响大、经济效益好，但未对品牌进行整合提升，难以享受专门的创业政策扶持，降低了知名品牌对城乡基层创业的拉动效应。

二　电子商务发展基础较薄弱

一是目前青海省尚未设立省级电子商务发展专项基金，行业主管部门在电子商务创新发展方面投入有限。二是全省电子商务基础支撑体系建设相对滞后，市场化网商创业平台数量少、规模小；农村互联网创业不活跃，线上线下交易额偏低；电子商务第三方交易平台特别是自建平台不多，缺乏大品牌；快递网点覆盖率低，物流配送体系不健全，对电子商务创新发展形成一定制约。三是电子商务营销策划、平台运营、物流管理等方面人才匮乏，适应电子商务发展所需的人才引进机制尚未建立，电子商务高端人才来青创业缺乏有效政策支持，一定程度上制约了电子商务创新发展步伐。四是农村电子商务还处于起步阶段，发展不平衡。一方面，农村电子商务综合服务站点建设还没有全覆盖，有些地区进展较缓慢；另一方面，已经建成的农村电子商务综合服务站点功能单一，主要为农村居民网上购物服务，与支持农村基层创业的目标定位还有较大偏差。调查问卷统计结果显示，受访对象在对青海省实施农村电子商务政策措施的成效进行评价时，认为成效一般的占33.98%，认为成效较小的占29.83%，认为没有成效的占5.25%；在对所在地区农村互联网创业状况进行评价时，认为政策刚刚落地、效果还不明显的占比最高，为43.37%。认为在青海农村做电商不太容易的占36.42%，认为很不容易的占10.60%；认为所在地区的农村进行互联网创业的人较多但成功的较少的占比较高，为35.75%；对青海省促进农村电子商务发展的政策措施不太满意和很不满意的合计占比为33.78%。

三　返乡创业羁绊较多

一是政策扶持力度还较弱。目前，全省第一、第二、第三产业融合发展在资金投入、政策引导、吸纳社会民间资本、引导返乡人员创业等方面扶持力度还不足。二是创业者整体素质不高。大多数返乡创业者文化水平偏低，缺乏系统培训，服务意识、法律意识、环境保护等意识淡薄，经营管理水平不高、驾驭市场能力不足。三是对新型农牧民培育工程认识不到位。部分地区对新型农牧民培育、认定和扶持“三位一体”的总体思路认识不到位，对新型职业农牧民培育工程重视程度不高，工作推进不均衡。四是现行土地政策趋紧，农村用地存在很多政策限制，一些好的创业项目无法落地，返乡创业空间受限。五是返乡人员创办家庭农牧场遇到政策瓶颈。按现行政策规定，取得防疫合格证是开办家庭农牧场的前置审批条件，但绝大多数返乡人员达不到取得防疫合格证的条件，因而也就办不了家庭农牧场。六是农牧民专业合作社数量增长较快，但质量参差不齐，有发展前景的不多，名存实亡的“空壳”“僵尸”合作社不少，政府监管心有余而力不足。调查问卷统计结果显示，受访对象在对青海省落实农牧区劳动者就业创业政策措施情况做出评价时，认为成效一般的占 31.49%，认为成效差和较差的合计占 8.29%；认为青海省落实返乡创业政策措施力度一般的占 32.87%，认为力度较小和很小的合计占 14.91%。受访对象在对青海省落实农牧区劳动者就业创业政策措施取得的成效进行评价时，认为成效一般的占 24.50%，认为成效差和较差的合计占 13.25%。

四　基层创业支撑服务存在“短板”

一是城乡劳动者就业创业技能培训效果不明显。培训计划自上而下层层下达，基层特别是具体负责组织实施的县一级没有多少自主权，设置的培训科目、培训方式、培训期等与市场需求脱节。二是中等职业学校特别是县级职校整体服务功能不够完善，专业结构不尽合理，产出质量效益不能满足市场需求。有些县有机构无生源，有些县则连培训机构也没有，更多的县因师资力量薄弱，无法胜任培训职责。三是政府部门在新型职业农民培训方面“捉襟见肘”。不少县的农牧部门缺乏培训机构、师资、经费等基本的软硬件条件，很难依靠自身条件完成新型职业农民培训计划。县一级人力资源和社会保障部门因为缺乏专业性服务机构和专业人员，导致基层 SYB 培训后续跟踪服务跟不上，培训的针对性、实效性大打折扣。四是城乡基层创业公共服务体系建设难题较多，返乡创业人员尚未全部被纳入当地社保体系，社保关系转移接续不够便捷，乡镇人力资源和社会保障机构工作人员流动性大，队伍不稳定，服务水平难以得到有效提升。五是乡村技术和服务网络建设滞后。快递物流企业服务网络没有实现省域全覆盖，偏远乡村还享受不到现代物流业发展带来的便利，同时影响到农村电子商务的健康发展。调查问卷统计结果显示，受访对象认为所在地区将城乡基层就业创业人员部分纳入当地职业技能培训体系的占 48.07%，认为未纳入的占 11.05%；认为所在地区的偏远乡村实现大型物流企业服务网点部分覆盖的占 41.16%，尚未覆盖的占 25.41%；认为青海省落实基层创业支撑服务政策措施效果一般的占 29.56%，认为效果较差和差的合计占 8.56%。服务对象认为所在地区将城乡基层就业创业人员部分纳入当地职业技能培训体系的占 44.37%，未纳入的占 16.56%；认为返乡创业人员在家乡办理社保等方面的转移接续手续享受部分便利的占 40.40%，认为不能享受便利的占 20.53%；认为所在地区的偏远乡村实现快递公司服务网点部分覆盖的占 39.07%，认为尚未覆盖的占 20.53%；对青海省支持基层创业的服务措施不太满意的占 23.84%，很不满意的占 5.30%。

五　干部群众对城乡创业改革政策及其成效了解有限

调查问卷统计结果显示，党政机关工作人员对所在地区有无面向基层的市场化网商创业平台不了解的占 35.91%，对所在地区是否实施了农村青年创业富民行动不了解的占 39.78%，对所在地区城乡基层创业人员依托电子商务第三方交易平台开展创业的情况不了解的占 21.82%，对所在地区是否已将返乡创业人员纳入当地社保、住房、教育、医疗等公共服务体系不了解的占 26.24%，对所在地区是否已将城乡基层就业创业人员纳入当地职业技能培训体系不了解的占 21.55%，对青海省落实基层创业支撑服务政策措施的效果如何不了解的占 17.96%。服务对象对促进城乡就业创业的政策措施不了解的占 17.22%，对所在地区有无针对农牧民的互联网创业平台不了解的占 38.41%，对电子商务第三方交易平台不了解的占 27.15%，对青海省促进农村电子商务发展的政策措施实施情况不了解的占 16.56%。对返乡创业人员在家乡办理社保等方面的转移接续手续方面是否方便不了解的占 17.88%，对所在地区是否已将城乡基层就业创业人员纳入当地职业技能培训体系不了解的占 21.85%，对青海省支持基层创业的服务措施不了解的占 18.54%。

第十章

部分省份大众创业万众创新的做法与启示

中国经济进入“新常态”，出现速度变化、结构优化、动力转化三大特点，相应地经济发展要有质量、有效益、可持续，需要创新引领发展。党的十八届五中全会明确要求，坚持创新发展，必须把创新摆在国家发展的核心位置，推进制度创新，实现生产要素优化配置。这种要求体现出大众创业万众创新已成为现阶段发展的特征。为有效推进这项工作，全国各地结合实际，有针对性地采取有关措施，产生了积极效果。课题组现选取湖北、甘肃、陕西、宁夏等部分省份的做法，以期在借鉴的基础上得到有益的启示。

第一节　部分省份的主要做法

部分省份按照国务院《关于大力推进大众创业万众创新若干政策措施的意见》要求，结合省情特点，从实际出发，系统谋划、全面部署，有计划、分阶段、按步骤地推进，使国务院各项政策得到深化、细化和具体化，主要从落实体制机制创新、财税金融政策、创业投资、创业服务、创业创新平台、各类人员创业、城乡创业和协同机制建设等各个方面采取不同的做法，实行不同的举措，产生了不同的效果，促进大众创业万众创新稳步推进，实现创业创新支撑体系完善化，各类创业主体创新活力得到迸发，创业创新社会得到快速发展，适应经济发展“新常态”的趋势。

一　湖北省

湖北省高度重视大众创业万众创新，在出台的28条新政中，有12条直接助推创业创新工作，最大限度地为创业者提供便利条件，使创业创新步入新的发展轨道。按照有关目标要求，到2020年，基本形成创业创新“要素集聚、载体多元、服务专业、活动持续、资源开放”的生态体系，显示出创业创新有设计、有部署、有落实的实际效果。

（一）创新体制机制，实现创业便利化

1. 深化商事制度改革

放宽创业企业名称登记限制，允许注册资金100万元以上的有限合伙企业和特殊普通合伙企业冠用省行政区划名。简化名称申请材料，支持网上名称登记核准，进一步放宽企业住所登记条件，简化住所登记手续，允许“一址多照”。开展电子注册、同城通办和简易注销登记试点。

2. 强化知识产权保护

强化对小微企业、科技人员知识产权的保护，健全知识产权维权援助体系，设立知识产权维权援助工作站。依法提高对知识产权侵权类案件的损害赔偿标准。

3. 重视科技创新体系建设

2017年，湖北省科技厅围绕国家创新型试点省份建设目标，把建设完善科技创新体系作为深入实施创新驱动发展战略的打基础、管长远的主要任务，以创新平台为主要载体，以科技项目为重要抓手，推进省市县三级科技部门加强上下联动和资源整合，建设完善符合湖北科技创新特点、适应湖北科技发展需求的科技政策法规体系、研发平台体系、服务平台体系、财政科技项目管理体系和科技金融服务体系，促进高新技术产业发展。

4. 鼓励各类人员创业

一是促进高校院所科技人员创业。制定出台《关于促进高校院所科技成果转化暂行办法》《推动高校院所科技人员服务企业研发活动的意见》，通过改革科技成果使用、处置、收益的处置方式和分配机制，改革横向项目经费管理方式，提高科研人员劳务收入比重等举措，推进高校、院所建立健全鼓励科技人员创业创新的工作机制和薪酬岗位管理制度，切实解除科技人员离岗、在岗创业创新顾虑，激发科技创业活力。

二是创业人员享受的优惠条件。对离岗创业的，经原单位同意并签订合同，可在5年内保留人事关系，与原单位在岗人员同等享有参加职称评聘、岗位等级晋升和社会保险等方面的权利，充分释放科技人员创业潜力。

三是大学生创业激励措施。大学生毕业3年内可以在创业地申请5000元的一次性创业补贴。毕业5年内的高校毕业生和在校大学生，在经认定的创业孵化基地创业，可享受每年最高1.8万元的场租水电费补贴。同时，省教育部门推出并实行高校弹性学制，设置创业创新学分，组织实施“大学生科技创业专项行动”，重点支持毕业5年内的大学生和研究生、在校大学生和研究生以及海外留学生创业创新。特别是港澳台籍、留学回国和外省籍大学生可同等享受湖北省大学生创业扶持政策。

（二）优化财税金融政策，强化创业创新扶持

1. 加强财政支持

构建各类新型创业创新服务平台建设，对优秀创业项目、科技创新项目给予适当补助，对各类新型创业创新服务平台为创业创新主体提供创业服务的房租、水电、宽带网络、公共软件等给予适当补贴。对创业创新企业使用省科学仪器共享平台仪器设备，以及购买专利保险、信用保险、小额贷款保证保险、首台（套）装备保险的费用给予适当补贴。采用政府购买服务的方式，支持各类平台开展项目等创业创新服务。

2. 扩大贷款范围

大力发展创业担保贷款，把贷款对象由国家规定的“五类人员”，扩大到个体工商户，自主和合伙经营及创办小微企业的各类城乡劳动者，并且贷款额度为个人最高10万元、合伙最高50万元，特别是在贷款期限内给予全额财政贴息。

3. 强化金融支撑

支持创业创新企业在“新三板”、区域性股权市场进行股权转让融资，运用中小企业集合债券、集合票据等方式进行债券融资。增强武汉股权托管交易中心的服务和融资能力，探索建立省级政府债券融资风险补偿机制。加快培育新型金融机构和融资服务机构，发展实物、股权众筹和网络借贷，有效拓宽金融体系服务创业创新的新途径。

（三）扩大创业投资，支持创业起步成长

省级创业投资引导基金、股权投资引导基金、长江经济带产业基金等支持设立天使基金、创投基金、产业基金、并购基金，鼓励社会资本参股设立各类投资基金，丰富创业投资品种，打造全链条融资体系。

（四）提升创业服务能力，建设创业创新平台

1. 新建创业服务平台由民营企业建设与运营

鼓励社会力量和民营资本建设适应大众创业创新需求和特点，低成本、便利化、全要素、开放式的新型创业服务平台。

2. 推进创业创新服务平台全链条发展

提供发展基础较好、服务功能较完善的科技企业孵化器，立足区域特色向创业孵化前端和后端扩展服务，建设“众创空间—孵化器—加速器”全链条科技创业服务体系，为不同成长阶段的企业提供差异化服务。

3. 加速发展“互联网 +”创业网络体系

促进创业与创新、创业与就业、线上与线下相结合，支持建设互联网众创空间，为互联网创业团队提供培训、技术支撑、产品评估等服务。鼓励和引导大型互联网企业和电信、广电运营商向创业者开放计算、存储和数据资源，为小微企业提供便捷、低廉、有保障的服务。

4. 建立科技企业孵化器“四个对接”，形成常态联络机制

一是对接高校院所。为全面优化整合并引导资金、项目、人才、平台等创业创新要素资源向科技创业一线聚焦，建立对接高校院所创业服务绩效考核和激励机制制度，对创业服务绩效排名靠前的高校院所，省自然科学基金每年安排 1500 万元给予重点支持；对承担省内企业研发项目的高校，按照项目实际到位资金的 5% ~10% 给予产学研合作后补助奖励，2016 年发放奖励经费 1200 余万元。

二是对接科技条件资源。按照成本补偿和非营利性的收费原则，对科技企业孵化器在孵企业使用省科学仪器共享平台仪器发生的研发检测费用，给予 30% ~50% 的检测费用补贴。帮助创业企业降低研发成本；对孵化器建设基础、公用专业技术开发平台的，给予 30% 的新购置仪器设备费用补贴。

三是对接创业投资。湖北省创业投资引导基金对社会资本和地方财政资

金联合设立天使投资基金的，给予不超过基金总额30%的配套支持；对创业投资机构投资于省级科技企业孵化器内初创企业的，根据被投资企业注册年限，给予创业投资机构投资额的100%～300%的事后注资，支持其新设创业投资基金，设立“湖北省科技天使投资基金”。

四是对接龙头企业。规定服务科技创业企业作为省级重大计划项目申报及验收考核的重要指标，通过开展“大手拉小手”对接活动，积极引导省内烽火通信、华工科技、华中数控、东风汽车等行业龙头企业与孵化器内创业企业建立业务配套、研发合作的对接联络机制。

5. 打造创业创新平台

按照确定的目标与要求，全省创业创新新型服务机构要超过3000家，孵化具有较强创新能力的科技企业30000家以上，培育造就优秀创业创新人才100万人以上。将创业创新通过“六个一”目标全面展开，体现为营造一个政策清晰、机制创新、操作可靠、法律完备、监管高效的创业创新环境；打造一批适应创业创新企业特点和需求的专业化、便利化、低成本、全要素、开放式的众创空间；凝聚一批以企业家、高端人才、科技人员、大学生、返乡农民工为主体的创业创新实践者；培育一批以新兴业态、新兴商业模式为代表的创新型企业；建成一批特色鲜明、服务集聚度高、辐射能力强、品牌效应显著的科技企业孵化器、创业园区和电子商务示范基地；发展一批专业性强、活跃度高、增值服务广泛的创业投资机构。

（五）加强创业考评引导，实现服务提档升级

1. 完善考核指标体系

建立以孵化绩效为中心，综合评价孵化条件、孵化能力的三维多元考核指标体系，突出“单位面积在孵企业数”“特色行业在孵企业比重”“在孵企业获得专利授权数”等绩效指标，强化“对接科研仪器设备情况”“引导高校院所人才数量”“引导行业龙头企业和领军企业服务企业数量”等能力指标，推进孵化器加快对接创新资源，提升孵化服务水平，增强孵化绩效。

2. 加大考核激励力度

2014年以来，湖北省科技厅每年评选10家“3A科技企业孵化器”，每

年安排2000万元专项资金用于支持3A科技企业孵化器奖励和孵化器能力建设补贴。三年来，全省共有16家孵化器被评为“3A科技企业孵化器”，3A孵化器培育的科技创业企业占全省新增科技创业企业的1/3。

（六）加强组织保障，实现创业创新有序推进

建立由省发展改革委牵头的湖北省推进创业创新工作联席会议制度，加强对全省创业创新工作的顶层设计、政策制定、统筹协调、督办评估，及时协调解决创业创新中面临的突出问题，统筹整合各部门支持政策，共同推动大众创业、万众创新发展。

二　甘肃省

甘肃省以创业带动就业、创新促进发展。宏观方面以政策协同、条块结合、上下联动、共同推进为主；微观方面以实施“陇原千亿元产业行动”计划为抓手，明确部门分工，强化责任担当，使创业创新体现于经济社会发展全过程。通过两个方面的相互结合，让创业创新成为未来发展的动力之源和富民之本。

（一）重视体制机制改革，提供创业创新生态环境

加大简政放权力度，放宽政策、放开市场、放活主体，增强创业创新制度供给，完善相关法律法规、扶持政策和激励措施，营造均等普惠的创业创新环境，形成有利于创业创新的良好氛围。

1. 营造公平竞争市场环境

一是构建新业态政策环境。探索交通、金融、医疗、教育等领域准入制度创新，依法为众包、众筹等新模式新业态发展营造政策环境。

二是实行“全省一张网”信息公示。加强市场主体监管，建设覆盖全省、互联互通、信息共享的信用信息监管网络平台，规范企业信用信息发布制度，实现市场主体信用信息公示“全省一张网”。

三是完善行政事业性收费目录管理制度。为初创企业减免行政事业性收费项目，推行“一评多用”，减少重复性收费。强化市场主体事中事后监管，公布明确取消和前置审批改后置审批项目目录。

四是推行行业监管制度。实行企业登记等相关部门与“四众”平台企

业的信息互联共享，推进公共数据资源开放，推行电子签名、电子认证，为"四众"发展提供支撑。开展新设立小微企业跟踪分析，帮扶小微企业度过初创期风险。构建协同共治消费维权新机制，营造安全放心的消费环境。

2. 建立知识产权绿色通道

加强知识产权保护，建立创业创新的专利申请绿色通道，形成全省统一和高效的知识产权公共服务平台。重视三个方面的问题，一是在重点产业园区建设一站式知识产权服务机构；二是在小微企业集聚创业基地、孵化器、产业园等逐步推行知识产权联络员制度和专家服务试点；三是加大知识产权资助力度，加强对小微企业的专利申请、商标申请、维持资助工作的扶持力度。

3. 实施"创业导师陇原行"计划

提升创业理念，拓展培养途径。把创业精神培育和创业素质教育纳入国民教育体系，在基础教育、高等教育和职业教育全面普及创业创新知识教育，建设一批省级创业创新教育示范学校。从课程设置、师资培训、创业活动等多方面彰显创业的时代性和创业的实效性。

（二）制定财税金融政策

1. 加大基金引导力度

设立战略性新兴产业引导基金、产业发展引导基金和兰白试验区技术创新驱动基金，支持各类创业创新示范基地和园区、孵化机构、众创空间的发展。

2. 补贴软硬件设施建设

鼓励各级财政对符合一定条件的众创空间等孵化机构的办公用房、用水、用能、网络等进行补贴对省内高等学校、应届毕业生、残疾毕业生、获得国家助学贷款毕业生，发放一次性求职创业补助。

3. 落实税收优惠政策

对创业投资企业实施享受70%应纳税所得额税收抵免政策和企业转增股本分期缴纳个人所得税、股权奖励分期缴纳个人所得税等试点政策。落实对包括天使投资在内的投向种子期、初创期等创新活动投资的相关税收支持政策。

4. 发挥政府采购支持作用

出台促进中小微企业发展的政府采购政策，强化政府采购计划编制和项目预留管理，各部门年度政府采购项目预算总额中面向中小企业采购不低于采购总额的30%，其中预留给小微企业的比例不低于60%。对非专门面向中小企业的采购项目，若采购小微型企业产品（服务），应给予其6%~10%的价格扣除。鼓励大中型企业与小微企业组成联合体参与政府采购投标，对小微企业占联合体股份达到30%以上的，可给予联合体2%~3%的价格扣除。

5. 拓宽投融资渠道

发挥证券、基金的融资功能，强化金融服务，更灵活更有效满足创业创新的融资需求，推动资金链引导创业创新链、创业创新链支持产业链、产业链带动就业链。

6. 建立创业投资引导机制

发挥省级战略性新兴产业创业投资引导基金、兰白科技创新改革试验区技术创新驱动基金作用，鼓励有条件的地方政府建立创业投资引导基金，引导天使投资、创业投资基金等投入创业创新领域，建立健全支持创业创新和新兴产业发展的市场化长效运行机制。探索建立创业投资与政府专项资金对接机制，利用项目对接服务，引导创业投资机构投资已获得政府专项资金支持的创业创新企业。

7. 拓展创业创新金融服务

一是推动融资担保机构和银行业金融机构开展创业担保贷款，积极发展知识产权质押融资、联保或互保贷款、供应链融资等业务。

二是加强政府引导和银担合作，综合运用资本投入、代偿补偿等方式，加大财政支持，引导和促进融资担保机构与银行业金融机构为符合条件的“四众”平台企业提供融资支持。

三是发展省内股权交易市场，加强省内产权交易市场与外省产权交易机构的战略合作，支持创业创新企业通过场外产权转让融资。

四是鼓励保险资金以债券投资、股权投资、融资租赁等方式参与创业创新。

（三）落实各类人员创业待遇

1. 落实科研人员创业待遇

实行高等学校、科研院所等事业单位科研人员离岗创业政策，省内高等学校、科研院所科技人员要求离岗创业的，经原单位同意，3 年内保留原有人事关系和基本待遇，档案、工资正常晋升，并与原单位其他在岗人员同等享有参加职称评聘、岗位等级晋升和社会保险等方面权利。提高科研人员成果转化收益比例，高等学校、科研院所科研人员、研发团队在省内实施各类科技成果转化、转让获得的收益，其所得不低于 50%。

2. 落实大学生创业待遇

实行大学生创业指导服务机构、人员、场地、经费等优惠政策。完善大学生创业辅导制度，为大学生提供包括创业方案、创业渠道在内的全方位、体系化创业辅导。出台在校大学生和毕业 5 年内的高等学校毕业生创业补贴政策，对在校大学生和毕业 5 年内的高等学校毕业生，在省内初次创办小微型科技企业的，按相关政策给予 3 年的社会保险补贴。

3. 落实省外优秀创业人才待遇

对来甘肃创办的中小微企业，直接分类纳入省级科技型中小企业扶持计划、“专精特新”或“创新型、创业型、劳动密集型”中小微企业支持计划。对创业的国内外高端人才、创新团队，纳入高层次人才引进计划，并优先推荐列入“甘肃省领军人才计划”、“甘肃省优秀专家”、省政府特殊津贴专家等。

（四）完善创业创新服务

1. 大力发展第三方专业服务

推进企业管理、财务咨询、市场营销、人力资源、法律顾问、检验检测、现代物流等市场化服务机构发展，为创业创新提供丰富的第三方专业服务。

2. 推进“互联网 +”创业创新服务

加快构建“互联网 +”创业服务网络体系，着力创建一批小微企业创业创新基地，促进创业与创新、创业与就业、线上与线下相结合，有效降低全社会创业创新门槛和成本。

3. 探索创业创新公共服务新模式

建立创业券、创新券管理制度和运行机制。利用新模式为创业者提供社会培训、知识产权、管理咨询、市场营销、法律顾问、知识产权、检验检测、软件开发、研发设计、数据分析、电子商务等服务，鼓励有条件的地区先行先试，尽快形成可复制易推广的经验。

4. 加强城乡创业支撑服务

推进城乡基层创业人员社保、住房、教育、医疗等公共服务体系建设，加快完善省内跨地区创业转移接续制度。

（五）构建创业创新“五大”平台

实施陇原创业创新千亿元产业行动计划。实施创业创新平台、创业创新示范园、大学科技创新园建设及农村创业富民和信息惠民新业态培育发展五大工程，打造线上线下相结合的大众创业、万众创新载体。

1. 建立健全开发区公共服务平台

引导各开发区加快建设涵盖投融资、产学研合作、科技成果转化、信息服务、知识产权、人才培训等功能的综合服务平台。

2. 构建创业创新孵化和众创平台

依托大中型企业和省内科研院所科技创新平台构建引领新兴产业发展的众创空间。鼓励和支持优势企业内部资源平台化，积极培育企业内部创客文化，发展壮大企业内部众创。

3. 搭建创业创新技术平台

支持高等学校、科研院所与园区企业联合组建产业技术创新联盟、协同创新研究中心等，推广三维（3D）打印、网络化制造等先进技术和产业模式。

4. 打造创业创新区域平台

建设兰白科技创新改革试验区、国家战略性新兴产业集聚发展试点城市（金昌市）、国家知识产权试点城市（酒泉市、白银市）、全国小微企业创业创新示范基地（张掖市）等，培育打造具有较强引领和示范作用的区域性创业创新中心。

5. 完善创业创新就业服务平台

在开发区内建设1个就业服务中心，配套完善公共就业信息发布和监测网络，实现与县、乡基层就业和社会保障中心的信息互联互通；依托园区就业服务中心构建就业管理服务平台、职业中介服务平台、职业技能培训平台、创业指导服务平台，推动园区创业带动就业工作。

（六）开展创业创新“四大”行动

1. 开展创业创新示范园建设提速行动

按照“抓中坚、联两端、强配套”的发展思路，依托优势行业和骨干企业，以产业上下游配套为重点，积极发展各类众创空间和众包模式，加快建设微电子、二次电池及电池材料、有色金属新材料、风电装备制造、生物医药、军工电子、水性材料、蓝宝石晶体、北斗卫星应用、绿色清真产业等20个省级创业创新示范园，推进示范园完善功能、提质增效，引领全省创业创新不断实现新突破。

2. 实施大学科技创新园提质扩容行动

重点支持兰州大学、兰州交通大学、兰州理工大学3个大学科技园提质扩容；支持西北师范大学、兰州财经大学、甘肃农业大学、兰州城市学院、兰州文理学院、天水师范学院等高校的大学科技园建设；鼓励其他高校和高职院校结合地域特色和专业优势积极筹建大学科技园。面向各高校特色优势学科和科技创新资源，建设一批科技企业孵化器和创业咖啡、创新工场等众创空间，发展若干以大学生创业创新俱乐部、大学生创业场、创业沙龙为代表的创业苗圃，加快形成“创业苗圃+孵化器+加速器+科技园”阶梯形孵化体系，激活高校创业创新资源，促进高校科技成果转化。

3. 实施农村创业富民行动

鼓励和支持返乡人员、农村青年、乡土能人等围绕农村电子商务、休闲农业、农产品深加工、民俗工艺制品、乡村旅游、农村服务业实行因地制宜开展创业，打造具有地域特色的创业集群和优势产业集群。

4. 实施信息惠民新业态培育行动

推行大数据、云计算、物联网、移动互联网等新一代信息技术在社会民生领域和生产性服务领域的推广与应用，大力发展基于互联网的文化、教育、医疗、健康、养老、旅游、生态环保、社会保障等新兴服务业，促进信息互通共享，提高资源利用效率，降低服务消费成本。

（七）加强协同推进机制建设

1. 加强组织领导

要求各地各部门要高度重视推进大众创业万众创新工作，进一步细化明确工作任务和职责分工，坚持需求导向，结合实际深化改革创新，从根本上解决创业创新面临的各种体制机制问题，重大事项要求及时报省政府。

2. 加强协调联动

要求各地各部门要全面梳理国家和地方有关支持创业创新发展的各项政策措施，及时调整和废除制约创业创新发展的政策，将对创业创新活动的扶持方式从选拔式、分配式转变为普惠式、引导式。建立健全创业创新政策协调审查制度，增强政策的普惠性、连贯性和协同性。

3. 加强政策落实督促检查

建立推进大众创业、万众创新有关普惠性政策措施落实情况督查督导机制，建立完善政策评估体系和通报制度，省直有关部门要定期汇总分析创业创新工作进展情况，对政策实施效果进行评价评估，适时调整并跟进出台新的政策措施，确保各项政策措施落地生根。

三　陕西省

陕西省按照国务院要求与部署，立足本省实际，突出创新型省份建设，全面推进大众创业万众创新，着力实现“众创、众包、众扶、众筹”等新模式、新业态发展，实现发展新引擎，增强发展新动力。发挥创业投资机构作用，培育全省新兴产业、实现扩大就业，提高居民收入水平，通过一系列载体，形成“陕众筹”“礼泉农村电子商务”等地方特色品牌，实现创新驱动发展的目标。

（一）深化体制机制改革，体现商事制度成效

1. 实行减免规费要求

对初创企业免收登记类、证照类、管理类行政事业性收费。事业单位开展各类行政审批前置性、强制性评估、检测、论证等服务并收费的，对初创

企业按不高于政府价格主管部门核定标准的50%收取。

2. 完善市场准入制度

积极探索交通出行、无车承运物流、快递、金融、医疗、教育等领域的准入制度创新，通过分类管理、试点示范等方式，为众包、众筹等新模式新业态的发展营造良好环境。

（二）加快构建众创空间

1. 推广新型孵化模式

充分发挥陕西创业创新联盟作用，依托省科技资源统筹中心建设“创业创新工场”“众创空间”“新创天地”搭建企业快速成长服务平台；到2017年底建成300家创业创新孵化平台。

2. 培育一批创业示范园区

在大众创业万众创新活动中，要求每个市（区）至少建立1家以上科技企业孵化器（包括孵化大楼、孵化工场、孵化园区等），在全省加速形成“创业苗圃+孵化器+加速器+产业园”阶梯形孵化体系。

3. 社会资本投资建设“众创空间”孵化基地

对社会资本投资建设的相关硬件建设给予不超过30万元的补贴，并根据运行情况、新入驻企业的数量、获得种子基金或者天使基金投资等择优给予不超过20万元的奖励。对于基地内孵化项目形成的专利，给予代办费70%的补助。

（三）充分激发人才活力

1. 建立科技人员双向流动机制

积极落实国有企事业单位科技人员离岗创业政策，对在陕转化科技成果或创办科技型中小企业、经同意离岗的可在3年内保留人事关系，并与原单位其他在岗人员同等享有参加职称评定、社会保险等方面的待遇；3年内要求返回原单位的，按原职级待遇安排工作。

2. 实行大学生创业担保贷款

大学生自主创业可申请最高10万元创业担保贷款，合伙创业可申请最高50万元创业担保贷款。大学生回原籍创业，可获不高于2万元的一次性创业补贴。

3. 促进人才良性互动

成立“陕西创业学院”，聘任高校教师、金融机构专家、天使投资人、企业家、律师等组建创业创新认证导师团队，为“众创空间”孵化基地等提供项目咨询、诊断、评价以及法律咨询等服务。对于符合条件的科技创业导师授予陕西“众创空间”创业导师证书；每年评选全省优秀创业导师10名，分别给予1万元奖励，对特别优秀的导师可给予重奖。

促进在线创意、研发成果及时申请知识产权保护，运用技术手段加强知识产权执法，切实维护创业创新者权益。

（四）专门机构专门负责

建立由省发展改革委牵头，省科技厅、省人力资源和社会保障厅、省教育厅、省财政厅、省工业和信息化厅、省国土资源厅、省住房城乡建设厅、省农业厅、省商务厅、省工商局、省地税局、省知识产权局、省国税局、省金融办、西安市等参加的大众创业、万众创新协调推进机制，及时研究解决有关重大事项，开展创业创新政策的调查与评估，加强统筹协调，建立相关督查机制。

四　宁夏回族自治区

大众创业万众创新为宁夏经济发展注入活力，增添动力，形成新的格局。重点突出以政府职能转变为前提、以服务业为先导、以保护知识产权为手段，创业创新工作同步推进。政府职能实现了由行政审批向公共服务转变，为创业者提供便利条件，出现了数量众多的企业家、个体工商户、农民专业合作社和创业大学生。以服务业为先导，适应市场经济发展的需求，突出个性化和差异化，取得显著成效。以保护知识产权为手段，引导企业加强知识产权管理，重视知识产权保护，为创业创新提供有力保障。这些有力举措，使创业创新工作成为创富宁夏主要路径。

（一）营造良好发展环境

1. 提高行政效能

加强和改进事中事后监管，全面运行宁夏投资项目在线审批监管服务平台，提高审批效率，提升监管水平。拓展“政务云”覆盖范围和应用深度，实现行政审批服务事项网上办理，全程监控服务动态，为创业创新主体提供更加高效优质的服务。

2. 加强知识产权保护

鼓励市场主体创造和运用知识产权，建立面向创业创新的知识产权服务绿色通道，促进创新成果知识产权化。利用好中阿博览会平台，建设中阿专利数据中心，推动创业创新知识产权流转和运用。加强文化创意等新形态创新成果的知识产权保护，充分调动权利人维权意识，加大对恶意侵权等行为的处罚力度。

3. 培养新型产业人才

构建政府引导服务、市场有效配置、单位自主用人、人才自主择业有机统一的人才管理服务机制，建立健全人才培养、人才评价、人才引进、人才流动和激励保障机制，完善人才服务保障体系，在各级政务服务中心设立"一站式"人才服务窗口，为人才提供便捷高效服务。实施"塞上骄子回乡行"计划，支持宁夏籍人才返乡创业创新。

（二）实行税费支持政策

1. 抵扣应纳税所得额

对符合条件的采取股权投资方式投资于未上市中小高新技术企业 2 年以上的创业投资企业，落实按其对中小高新技术企业投资额的 70% 抵扣该创业投资企业的应纳税所得额的政策。

2. 拓宽投融资渠道

充分发挥宁夏股权托管交易中心作用，为创业创新企业提供股权融资、债权融资等综合服务。扩大小微企业"助保贷"、科技型小微企业风险补偿贷款规模，开展小微企业贷款保证保险试点，优化小微企业金融服务。

3. 创新金融支持方式

鼓励商业银行为企业创新活动提供股权和债权相结合的融资服务，扩大知识产权、股权、仓单、订单、应收账款和票据等质押贷款规模。

（三）加强创业创新服务

1. 优化创业创新孵化服务

支持宁夏大学等区内外高校和科研院所发挥人才和技术优势，为创业者提供技术支撑服务，促进创业孵化与技术成果转移相融合。

2. 发展“互联网+”创业服务

完善全区统一的电子政务外网和电子政务公共云平台，建设政务大数据服务平台，拓展政务、社保、扶贫等“8+N”朵云应用，为创业者提供跨部门、一站式的便捷信息服务。

（四）打造创业创新平台

建设银川区域性创业创新城市，加快推进石嘴山小微企业创业基地城市建设。建设集科技交流、技术转移转化服务等功能为一体的中阿技术转移中心，打造中阿科技合作与技术转移承载平台。进一步提升银川 IBI 育成中心、银川科技园创业创新孵化能力，将其建成西部重要的创业创新平台。

（五）支持各类人员创业

1. 推进农村科技特派员创业创新

对农村科技特派员落实创业的各项优惠政策。完善创新型中小企业上市股权激励和员工持股计划制度规则，鼓励符合条件的企业按照有关规定，通过股权、期权、分红等激励方式，调动科研人员创业积极性。

2. 支持农村劳动力创业

支持平罗县、同心县作为国家第一批农民工返乡创业试点县，依托现有开发区，整合发展返乡创业园区，开展电子商务进农村示范，组建融资、融智、融商一体化创业服务中心，建立返乡人员创业联盟等协作创业模式，为构建多层次、多样化的农民工返乡创业就业格局，全面提升返乡创业参与率、成功率，探索可复制、可推广的经验。

3. 支持化解过剩产能企业职工创业

将有创业意愿的化解过剩产能企业需安置的员工，全部纳入年度城乡劳动力职业技能培训计划，为其提供创业指导、项目咨询和创业跟踪服务。从事个体经营或创办企业的，按照自治区有关规定，给予税费减免、创业担保贷款、创业补贴等支持。支持企业利用“互联网+”、开展产能合作等方式，培育适合行业特点的创业创新载体，开发新产品、新业态。

（六）加强统筹协调工作

要求各地、各有关部门系统梳理已发布的支持创业创新发展的政策措施，抓紧推进“立、改、废”工作，实现政策协调联动；加强组织领导，制定工作方案，明确任务分工，抓好相关政策的落实。

第二节　部分省份的有益启示

大众创业万众创新是一项社会系统工程，涉及方方面面的事项，要实现创新型社会的目标，需要经过顶层设计、政策支撑、文件规定、职责分工、部门配合、相互贯通等诸多环节，只有不同方面的不同要求，才能形成社会合力。促进青海大众创业万众创新的活动，需要从部分省份的有益做法中得到启示，在政策支撑、商事改革、知识产权、人才培养、财政金融、创业服务、创业平台、协同机制建设上着力，实行统筹兼顾与重点突破，进一步加快和推进全省创业创新工作，在新的起点上取得更大的成就。

一　政策支撑是关键

政策是国家政权机关政党组织为了实现一定利益，在特定的时期，以特定内容、特定的方式规定要实现的目标，需要采取的措施和规定相应的行为方式。在大众创业万众创新中，政策支撑是关键问题，能够起到规划、设计和引领作用，产生预期的社会效果。如湖北省出台的 28 条新政中，就有 12 条关于大众创业万众创新的规定，从数量和分量看，直接推动创业创新活动，使该项活动呈现为新趋势。2015 年 11 月 17 日，湖北省政府发布《关于推动高校院所科技人员服务企业研发活动的意见》，出台九条激励措施，极大地调动了高校院所科技人员的积极性，实现了科技优势转化为经济优势。这种做法，启示青海创业创新工作应当注重政策的有效设计，突出重点问题、补齐短板制约，在政策的覆盖性、重点性、突破性上深化改革，形成政策的梯度结构，防止顾此失彼、各自为政，为形成系统性和衔接性，应当循序渐进、有的放矢地对其进行不断推进和落实。

二　商事改革是基础

商事改革为创业主体营造了快速有效的便捷通道。从材料审查、环节要求、时间规定等方面都进行大幅度的改进，能明显地提高效率。如湖北推进电子化进程，实现网上申请、网上受理、网上审核、网上公示和网上年审等全程电子化管理服务，对企业实行放宽企业名称登记限制。甘肃实行“全省一张网”信息公示。相应地，青海得到的启示应当是全方位、全过程、全覆盖地体现商事改革的效果，在硬件和软件的建设上，需要加大投资，加强建设；在人员的培训上，重视理念的树立和业务的熟练，形成相对稳定的队伍，按照市场的各个环节要求真正为创业主体保驾护航。

三　知识产权是动力

知识产权具有不可估量的社会价值。湖北对小微企业和科技人员的知识产权实行维权与保护，提高损害赔偿标准，反映出知识产权的生产力作用。甘肃建立创业创新专利申请绿色通道，形成全省统一和高效的知识产权公共服务平台，说明对知识产权的保护已形成网络化，有利于对科技成果进行动态管理，也有利于智力成果的有效利用。这种做法从创造、运用、保护等方面形成了以点带面的效果，采取的有效保护措施，提高了创新人员的积极性，也巩固了企业的创新成果，形成了良性发展。以此作为对照，青海在知识产权保护方面需要加大力度，特别是要制定配套政策，出台管理办法、细化具体规定，明确高校、科研院所、企业研发人员在自主创新中的收益分配，最大限度地体现知识产权的内驱力作用。

四　人才培养是核心

人才是创业创新的核心要素。从湖北、甘肃、陕西、宁夏的做法中反映出人才的培养是基础性工作，无论是在政策的制定上，还是在优惠条件的享受上，都凸显了人才的核心竞争力作用。如陕西成立“陕西创业学院”，聘任高校教师、金融机构专家、天使投资人、企业家、律师等组建创业创新认证导师团队，说明人才的培养是一项长期的任务，需要在更高层次、更大范围、更宽视域上强化人才培养的重要性。青海在人才工作方面应当形成创业导师队伍，组建由创业成功的企业家、创业投资人、有关专家学者等组成的导师团队，建立导师库，对创业人员进行有针对性的培训。对条件成熟的，还可以打破人才自由流动的制度障碍，制定完善党政机关、企事业单位、社会各方面人才流动的政策，实现人才的自主权、决策权、创新领军人才的支配权，让人才的培养为创业创新奠定坚实的基础。

五　财税金融是支撑

财税金融能够有效地发挥财政资金和财税政策的引导、杠杆作用，撬动更多社会资金投入创业创新。这种重要的支撑作用能够为创业创新者提供融资渠道，缓解中小企业融资难的问题。如甘肃设立创业基金，扶持创业创新发展，实行专项资金支持。特别是鼓励各级财政对符合一定条件的众创空间等孵化机构的办公用房、用水、用能、网络等软硬件设施给予适当补贴。这种做法对青海的启示应当是鼓励地方政府通过购买服务、无偿资助、业务奖励等方式，采取多种途径，提供公共服务，避免小微企业在成长期因资金链断裂而受阻，帮助解决存在的实际问题，以促进小微企业发展。

六　创业服务是保障

创业服务具有引导、辅助和多样化的作用，能够保障创业创新的有序推进。宁夏实行在区内外高校和科研院所为创业者提供技术支撑服务，建立全区统一的电子政务外网，形成电子政务公共云平台，为创业者提供便捷的信息服务。这种有效的服务方式，对青海的创业服务有一定的启发性，全省在创业服务上还不能做到整齐划一，有的经济条件较好的地方，能够提供便利的服务，而经济条件比较差的地方，创业服务只是停留在有关文件的规定上，充分反映出省政府要根据各地实际，有倾斜性地给予资助，帮助解决存在的实际困难，使创业服务得到有效发展，为创业创新提供有力保障。

七　创业平台是载体

创业平台是重要的载体，能够体现全方位的创业创新要求。甘肃面向主导产业方向、专业技术领域和特定创业群体，搭建了公共服务、孵化服务、技术创新、区域创新、就业服务五大创业创新平台。这种做法对青海而言，开拓了发展的空间，结合各地州的区域特点、经济发展水平，在资金、资源、人才有限的条件下，可以探索发展“互联网＋”新模式、新业态。比如，网络创业是具有生机与活力的新型创业形式，从事创业的人员主要是IT行业的青年人。经济欠发达地区，要改变这种状况，可以发展网络创业，为实现有效发展，可以借鉴湖北做法，将网络商户定位为灵活就业人员，对他们进行政策上的鼓励、支持和引导，让他们参加社会保险，享受灵活就业人员扶持政策等。同时，对实行网络平台实名注册，有稳定经营途径、信誉良好的网络商户创业者，还应当享受创业担保贷款及贴息政策。

八　协同机制是抓手

协同机制是检验创业创新工作是否得到落实的重要体现，对制度的架构和措施的落实，具有统筹协调的作用。宁夏要求各地、各有关部门梳理创业创新政策措施，同时，实行“立、改、废”工作，实现政策有效衔接、相互配合、协调联动的作用。这种做法，对青海创业创新工作的启发应当是进一步加强组织领导，明确主管部门，制定工作方案，明确任务分工，实现通力合作。应当指定由发展改革委牵头，相关部门配合，各负其责，使创业创新工作产生有章可循、有规可依、有责可为的整体效应，使协同机制落到实处并产生实际效果。

第十一章

进一步推动大众创业万众创新改革的对策建议

问题是时代发展的先声，解决问题是社会进步的重要推动力。对全省大众创业万众创新改革工作中存在的主要问题，应当从深化体制机制改革、加强财税金融政策支持、完善创业服务改革、加快创业创新平台建设、完善各类人员创业政策、加大城乡创业改革力度、促进协同协作机制建设等方面入手，坚持问题导向，精准发力，推动全省大众创业万众创新工作迈上新台阶。

第一节　促进协同体制机制建设

协同体制机制是推进大众创业万众创新的重要平台，也是规范相关行为的有效载体，能够对政策的贯彻落实起到重要的引领和保障作用，使政策发挥整体合力，产生积极效果。在今后的工作中，需要进一步加强组织领导、整合各项政策措施、建立政策协调机制、实现政策精准支持、实行督查制度、形成创业工作责任机制，通过协同体制机制的建设，发挥全方位、动态化和有序性作用。

一　加强组织领导

大众创业万众创新是改善民生的重要体现。各地区、各部门和各单位要高度重视大众创业万众创新工作，成立“双创”工作领导小组，突出问题导向，制定和出台工作方案，明确职责、细化内容，切实解决制约“双创”工作的体制机制障碍，协同推进大众创业万众创新。要建立由发展和改革委员会牵头的推进大众创业万众创新联席会议制度，加强顶层设计和统筹协调。各部门应当立足改革创新的实际需要，坚持需求导向，从根本上解决创业创新中面临的各种体制机制问题，共同推进大众创业万众创新顺利发展。为进一步加强对不同内容、不同要求、不同对象的组织领导，在这个方面可以借鉴甘肃省的做法，细化工作任务，明确职责分工，始终坚持需求导向为引领，切实对创业创新的各种体制机制问题从根本上加以解决，对重大事项及时报省政府，使组织领导体现在各个环节中，以此推进该项工作。此外，还可以借鉴宁夏回族自治区做法，加强统筹协调问题，建立由自治区发展和改革委牵头的推进大众创业万众创新部门联席会议制度，对全区创业创新工作进行统筹协调，及时研究解决工作推进中的问题，遇到重大事项及时向自治区人民政府报告。相比较而言，青海省统筹协调部门需要明确化，才能使创业创新工作得到有效推进。应当进一步明确“双创”工作牵头单位，发挥牵头抓总的重要作用，同时，按照各部门职责分工要求，全面落实各项具体任务。建立协同推进大众创业万众创新的部门联席会议制度，对创业创新工作进行统筹协调，及时研究解决工作中的问题，解决制约创业创新的体制机制问题。

二　整合各项政策措施

习近平总书记在2014年中央经济工作会议上指出：“市场要活、创新要实、政策要宽，营造有利于大众创业、市场主体创新的政策制度环境。”需要进一步整合政策措施，统筹城乡发展和不同群体创业需求，加强部门之间的沟通与协调，使之形成步调一致和合力共进的发展态势，真正发挥相关政策的最大效益化。重点应当围绕政策的功效、运用和落实进行检验，特别是将普惠性税收政策，政府对初创企业的扶持方式，财政资金撬动社会资本的杠杆作用整合成为各项政策的核心，通过政策的强有力支撑营造有序的大众创业万众创新环境。

三　形成政策协调机制

政策协调是相互配合和相互促进的问题，有效的协调机制保证各项创业扶持政策得到长期执行。建议政府建立一个高层次的协调机构，与有关部门、群众组织、中介机构等形成有力、长效的政策协调机制，使创业扶持政策的制定、执行、反馈、修正等各个环节规范化，切实体现政策对创业的助推力。要建立部门之间、部门与地方之间政策协调联动机制，形成强大合力。各地区、各部门要系统梳理已发布的有关支持创业创新发展的各项政策措施，抓紧推进“立、改、废”工作，将对初创企业的扶持方式从选拔式、分配式向普惠式、引领式转变。建立健全创业创新政策协调审查制度，增强政策普惠性、连贯性和协同性。应当成立由省、市主要领导任组长，分管领导任副组长，相关部门和地区为成员的建设领导小组，加强对政策的研究和审议，加强统筹协调力度，形成联动的实施方案。同时，大力宣传创业政策，特别对小额贷款规定要讲解透彻，解读清楚，对贷款申请、发放、担保、抵押、利率等流程及相关规定要做到人人皆知，更好地为创业者提供全面的金融服务，使政策协调机制发挥实际作用。

四　加大政策精准支持力度

落实好促进创业创新发展的各项优惠政策，真正减轻企业税费负担，有针对性地提出新措施、新办法、新规定，使政策细化并落地。突出政策的针对性和有效性，通过与人社、科技、农牧等部门沟通衔接，让凡入驻创业园的创业主体可申请有关部门的贷款资金支持。对青年创业者实行担保、财政全额贴息，对成功的给予数量不等的一次性奖励和社保补贴等，以形成政策的合力。加强政策协调机制建设，推动实现不同政府部门有效实现政策集成和有效整合、建立政策平台资源充分共享，形成支撑创业创新的政策合力。建议可以组建一批服务大企业创业创新的政策平台，形成沟通交流机制，成立集技术、管理、模式等各类创新政策为一体的综合服务机构，为创业创新转型提供公益性服务，使政策既突出重点，又具有可操作性。

五　实行政策落实情况督查制度

加快建立推进大众创业万众创新有关普惠性政策措施落实情况督查督导机制，建立和完善政策执行评估体系和通报制度，全力打通决策部署的

“最后一公里”，确保各项政策措施落地。监察、审计、督查等部门要建立常态化督办检查制度，对群众反映问题多的部门、单位开展针对性的督促检查，对督查发现的问题要列出清单，明确时限、落实责任、逐项整改。对不作为、设置障碍的应当依法依规追究责任。应当每半年将有关落实进展情况进行汇总上报，全方位地建立政策落实动态分布制度，及时向全社会公示。建立开展推进大众创业万众创新政策措施落实情况监督与检查机制，形成常态化，需要制定具体的方案与措施，建立健全政策执行评估体系，实行政策落实通报制度，确保国家政策、省级规定和有关部门文件能够产生积极效果，使各项政策与措施落地。

六　建立创业工作责任机制

在大众创业万众创新上，责任承担和考核是多方面的，应当把这项工作纳入各单位及部门目标管理范畴，建立奖惩制度，落实政府抓创业创新是第一责任的理念，把这项工作作为重点进行考察。强化各部门的责任，避免因部门各自为政出现单打一现象，努力形成上下沟通、左右联动的长效工作责任机制。需要完善考核评价，不同地区的考核要根据实际情况，会同科技、发改、经信、财政、统计、监察等部门建立考核评价体系，加强对大众创业万众创新的政策、目标、任务落实、资金投入、科技鼓励、取得成效的监督考核，将考核情况作为领导班子、领导干部年度考核的重要内容。企业有权向监察机关投诉或举报，对没有执行力、设置各种限制条件，导致政策规定措施无法兑现的，应当严肃追究责任人和相关单位主要负责人的行政责任。

第二节　深化体制机制改革

体制机制改革是大众创业万众创新的内在需要，也是大众创业万众创新的前提条件，要以更强的力度、更宽的视域、更高的水准，全力推进改革进程，形成良好的发展态势。在今后的工作中，需要营造公平竞争的市场环境、推进商事制度改革、加强知识产权保护、建立人才培养与流动机制，充分发挥体制机制的社会效能。

一　营造公平竞争市场环境

（一）制定符合各地实际需要的创业就业扶持政策

根据青海各地发展的不平衡、差距性较大的实际状况，应当结合农村、牧区、城镇的实际需求和具体情况，通过创业带动就业，研究制定差别化的就业创业扶持政策，应当注重依托企业、依托农牧业合作社、依托家庭优势，开展各具特色的就业帮扶政策，重视政策的含金量，让创业者享受政策的优惠条件，实现创业创新效益。

（二）注重政策广度深度和覆盖面

鼓励和引导更多社会力量助推大众创业万众创新，加大创业帮扶力度，通过建立创业专项资金、项目库等方式，重点解决创业者面临的缺场所、缺技术、缺资金、缺信息等问题，真正让创业者在就业创业过程中体会更多成就感，让创业企业、农牧业合作社、家庭成员等得到更多的实惠。

（三）深化政策落实措施

加大对国家和省委、省政府支持大众创业万众创新政策措施的宣传落实力度，营造良好的舆论宣传氛围，帮助创业创新群体及企业用足、用好、用活政策，使政策得到全方位贯彻落实，鼓励企业切实增强抓机遇、谋发展的意识。同时，加大创业、创新支持力度，以创业创新带动就业，催生经济社会发展新动力，为促进民生改善、经济结构调整和社会和谐稳定提供动力。

（四）提高行政工作效能

坚持把深化政府行政审批制度改革作为推进创业创新重要工作内容，进一步全面推行项目“责任清单”，实行管理“一站式”办事服务功能，为创业创新提供良好的创业环境。为使创业环境有效形成，需要借鉴甘肃省的做法，完善“三张清单一张网”，提高行政效能和服务水平。对市场准入制度，建立公开透明、公正统一的市场规则，逐步清理并废除妨碍创业创新发展的制度和规定，以打破地方保护主义，更好地支持创业创新。要贯彻落实好各项扶持政策措施，指导落实好各地区免费创业培训、创业担保贷款、创业创新补贴、奖励等扶持政策具体要求，最大限度地享受自主创业的有关奖励政策，为创业创新提供平台，加大扶持力度，体现行政工作效能的最优化。

（五）转变政府创新管理职能

强化政府服务，合理定位政府和市场功能，优化政府服务和市场监管机制，加强政府战略规划、政策制定、环境营造、公共服务、监督评估和重大任务实施等职能，政府管理职能从研发管理向创新服务转变。可以借鉴宁夏回族自治区的做法，不断拓展"政务云"覆盖范围和应用深度，实现行政审批服务事项网上办理，全程监控服务动态，为创业创新主体提供更加高效优质的服务。全省应当加快管理部门改革与发展问题，从传统的管项目、管经费、管审批转向定规划、出政策、把方向、搞协调上来。完善创业创新统计指标体系，进一步完善统计调查制度，真实反映创新活动对经济社会发展的贡献。要充分发挥各类行业协会、科技社团等的积极作用，支持企业自主决定技术、产业和业态创新，形成企业为主体、全社会参与创新发展的新机制。

（六）充分发挥公共服务平台作用

通过建立各种信息和资讯，要广泛地了解创业创新者面临的困难，及时反馈有关部门，积极协同解决，起到服务的功能与效果。要以灵活多样的方式向创业者解读中央、省地市出台的各种产业政策、优惠条件、帮扶对象，提高创业者对创业政策的知晓率，在第一时间让创业者从官方渠道全面了解政策、规划、管理和办法，明确今后创业创新的发展方向、目标要求，加强创业创新网站建设，重视信息交流，实现资源共享。为此，需要借鉴甘肃省的做法，实现市场主体信用信息公示"全省一张网"，探索推广基于大数据、云计算、物联网等信息化手段的"互联网＋"监管新模式。

二　深化商事制度改革

（一）实行事中事后监管新模式

按照"谁审批、谁监管，谁主管、谁监管"的原则，真正使事中事后监管责任得到落实。要深入贯彻实施《企业信息公示暂行条例》，重视企业年报公示，及时发布信息公示，落实企业信息公示，对严重违法的企业名单要实行曝光和惩戒制度。同时，应当建立"信息公示、信息共享、信息约束，完善信用"约束机制，逐步形成"让守信者得到保障、让失信者受到惩罚"的严管目的。可以借鉴宁夏回族自治区的做法，建立定期分行业公布失信企业黑名单制度，把创业主体信用与市场准入、享受优惠政策挂钩，加大失信惩戒力度。

（二）完善登记与监管衔接的工作机制

工作机制能够起到固定化和衔接化的作用，以实现有效的对接。应当逐步改善市场巡查为随机抽查为主，不断完善以随机抽查为重点的日常监督检查制度，切实推动"宽进"与"严管"紧密对接。要充分发挥第三方作用，形成市场主体、行业协会和社会公众的不同作用，着力构建"企业自治、行业自律、社会监督、政府监管"的协同机制。要提高市场监管信息化水平，充分运用大数据等现代信息技术，切实增强市场监管效能。要更加重视竞争政策，注重产业政策与竞争政策的协同，充分发挥政策在市场经济发展中的促进与保障作用。

（三）加大对小微企业扶持发展的力度

小微企业是扩大就业的重要渠道，为适应小微企业技术创新与技术推广与运用，符合经济社会结构转型升级要求，满足市场主体多样化需求。要提供适合小微企业发展的支持做法，以帮助其在市场竞争中充分发挥活力。要落实好扶持小微企业发展的政策措施，围绕贯彻落实《国务院关于扶持小型微型企业健康发展的意见》以及一系列优惠政策，加大政策宣传力度，抓紧制定配套措施，确保小微企业能便利地享受到各项政策。结合小微企业的自身特点，要积极配合有关部门，针对新设立小微企业面临的突出风险和薄弱环节，加大扶持力度，有针对性地解决经营中的困难和问题，帮扶小微企业度过初创期风险，延长企业的生命周期。要加强扶持小微企业的制度建设，加快推进小微企业名录建设工作，开展新设立小微企业跟踪调查，确保政策得到体现。要深入调研了解小微企业在准入、经营、审批、税收、融资等方面存在的实际困难和问题，及时出台有关规定，细化具体措施，适应市场经济发展需要。

三　加强知识产权保护

（一）完善知识产权制度与措施

知识产权体现出生产、技术和产品的核心竞争力。通过科技含量提升产品品质，实现高精端的转型，要求必须保护好知识产权，制定相关的制度、措施、办法。在条件成熟的情况下，应当制定地方性法规，实现法治途径的有效保护。在遵循国家总体要求下，结合州情、县情，有针对性地制定制度和措施，真正使知识产权的保护看得见、摸得着，做到既有积极性的提高，又有专款资金鼓励企业等社会主体的研发能力，针对不同的层次、水平、程度采取不同的倾斜规定，使制度措施形成梯度状态，实现全覆盖的效果，注重知识产权的研发和运用。

（二）建立健全知识产权管理体系

应当设立知识产权保护专项资金，建立知识产权管理制度，制定管理细则，明确管理人员，始终做到从设想、创新、成果、申请权利、保护的各个环节服务中，形成完整和严格的管理标准，完善的操作流程，实现既定目标。企业应当与科研人员签订商业秘密保密合同，通过合同有效地保护其商业秘密，使知识产权做到从源头到末端的每一个步骤都有相应的措施进行规定，以最大限度地保护创造成果。

（三）发挥专利的价值与作用

对暂无专利申请的高新技术企业、科技型企业，开展专利申请“清零”行动，要鼓励企业积极申请专利，加强对企业核心技术的专利保护；要推动企业与专利服务机构对接，为企业提供专业指导。要体现专利的价值与作用，应当借鉴宁夏回族自治区的做法，鼓励市场主体创造和运用知识产权，建立面向创业创新的知识产权服务绿色通道，促进创新成果知识产权化。根据青海省情，应当按照西宁市、海东市、海西州、海南州四个区域的不同特点，加强调查研究，深入重点园区和企业开展知识产权的宣传、培训、策划、服务等工作，优化资源，形成绿色通道，让知识产权的科技含量充分得到彰显，发挥知识产权的作用。

（四）成立知识产权工作站

应当积极协调省市知识产权部门，在各地成立知识产权工作站，为企业提供知识产权相关服务，帮助企业挖掘创新潜力，实现创业创新主体专利“提质增量”。特别是对于小微企业可以借鉴甘肃省的做法，实行加大知识产权的资助力度，从多方面给予资助，在专利申请和商标申请上进行倾斜，力争使知识产权得到实现。

四　建立创业人才培养与流动机制

（一）加强人才政策有效集成

认真贯彻落实《青海省“高端创新人才千人计划”实施方案》，集聚高层次创业创新人才。确保政策落实到位。注重团体式、项目化引进，开展创业创新团队、领军人物、人才工作先进集体创建活动，到2020年引进和培养省级“千人计划”杰出人才3名、领军人才30名、拔尖人才100名。落实创业创新领军人物和优秀创新团队评选奖励政策，开展表彰奖励活动。加快建设教授、博士工作站，大力开发建设市级人才小高地。建立以企事业单位为主体的人才引进和培养机制，注重产业链、管理链、服务链和生活链的对接，健全完善引进人才住房补贴、配偶安置、子女入学等政策措施。健全科技人才信息库，发展人才中介机构力量，促进科技人才供需有效对接、合理流动。积极引导优秀企业经营管理人才到高等院校深造，对专业技术人才进行知识结构和业务技能补充、更新、拓展和提高，积极为高层次创业创新人才营造良好的创业氛围。

（二）完善创业创新人才引进机制

围绕重点产业需求制定人才计划及配套政策，着力培养、引进一批创业创新人才、技能人才，各地根据自身实际情况，每年年度预算中按上一年财政收入总额的1%～1.5%的比例设立“高层次人才专项基金”，用于引进研发和创业型人才，打造青海创业创新人才高地。改革人才管理体制，改革科研人员薪酬和岗位管理制度，破除人才流动体制机制障碍，促进科技人员合理流动。完善高职院校、科研院所和机关事业单位科技人员离岗创业政策，允许和鼓励其保留基本待遇到省内企业开展创新工作或离岗在省内创办企业，3年内返回原单位的保留人事关系，工龄连续计算，并与在岗人员同等享有职称评聘、岗位晋升、社会保险等待遇，创业所得归个人所有。建立政府对人才开发优先投入机制，健全政府、社会、用人单位多元化投入机制和市、县区、园区多级投入体制。设立人才开发基金，更好地发挥财政资金的杠杆作用，使政策落到实处，充分调动科研人员的积极性与创造性。

（三）改革人才管理体制

建立政府对人才开发优先投入机制，健全政府、社会、用人单位多元化投入机制和市、县区、园区多级投入体制。设立人才开发基金，更好地发挥财政资金的杠杆作用。改革人才培养、引进、使用机制，完善创新人才培养模式，加快培育善于凝聚力量、统筹协调的科技领军人才和勇于创新、善于创新的企业家队伍。加快人才评价制度改革。突破科技人才职称限定。改革完善职称评审制度，扩大用人单位自主权。坚持应用技术研究重在市场认可的导向，改变科技人才评价过于单一和偏于理论研究的倾向，淡化应用型人才论文要求。改革人才管理体制，破除人才流动体制机制障碍，促进科研人员在企事业单位间合理流动。科研院所符合条件的人员经所在单位批准，带科研项目和成果，到企业开展创新工作或离岗创办企业，享受有关优惠政策。为进一步加强人才工作，应当借鉴宁夏回族自治区做法，构建政府引导服务、市场有效配置、单位自主用人、人才自主择业有机统一的人才管理服务机制，建立健全人才培养、人才评价、人才引进、人才流动和激励保障机制，完善人才服务保障体系，在各级政务服务中心设立“一站式”人才服务窗口，为人才提供便捷高效服务。

第三节　加强政策财税金融支持

加强和完善财税金融支持，要坚持以问题为导向，补齐政策制定与落地的“短板”，在加大财税金融政策支持力度的基础上，不断提升政策质量和效益，发挥财税金融支持大众创业万众创新的独特作用与功能。

一　加大财税金融政策支持力度

（一）加大财政支持力度

深入贯彻落实国家、青海省有关文件精神，进一步加大财政投入力度，到2020年科技研发费支出达到规定要求。加强创业创新财政优惠政策宣传解读。通过建立公众微信、网站，及时转发、解读国家省市优惠政策，积极协助创业创新企业申报优惠支持政策和项目。立足青海省地方特色优势产业，依托各类产业园区，建立健全科技企业孵化器奖惩机制，依据孵化培育企业数量和成功率给予财政资金支持。加大各级财政对农业科技的投入力度，确保农业科技投入增长速度高于财政经常性支出的增长速度。鼓励社会力量投入农业科技，引导农业龙头企业加大技术研发投入强度。加快推进政府购买服务工作。在抓好政府购买养老服务等试点工作的同时，总结经验，完善相关政策措施，加快制定分行业、分部门的政府购买服务指导性目录，加大财政购买公共服务力度，充分激发市场活力，调动社会力量积极承接城乡公共服务，在努力培育市场主体的同时，促进经济社会发展。将创业创新财政投入纳入预算保障体系，建立健全创业创新财政资金稳步增长机制，逐年加大对科技创新的支持力度，厚植创业创新的财力基础。

（二）进一步减轻创业创新企业税收负担

加大减税降费力度，进一步加强对创业创新企业的税费减免和税收优惠，探索实行企业所得税抵扣社会保险费政策，为创业创新企业发展减轻负担，助力初创企业度过危险期。加快完善研发费用加计扣除、固定资产加速折旧、高新技术企业税收优惠政策，推广转增股本分期缴纳个人所得税试点政策、股权奖励分期缴纳个人所得税试点政策。简化小微企业享受税收优惠政策的手续，从事先审批到事后备案，进一步减轻小微企业办税负担。借鉴国家级科技企业孵化器的相关经验做法，通过完善税收政策，进一步降低小微企业整体税收负担，鼓励创业创新。进一步加大高校毕业生、残疾人、退役军人、登记失业人员创业就业税收优惠力度，扶持重点社会群体创业就业。

二　提高财税金融政策支持创业创新工作的效益

（一）提高财政资金使用效益

根据青海所处发展阶段特征和财政特点，坚持定向调控、精准发力原则，抓住重点领域和关键环节，在财政资金投入上实现由“漫灌”向“滴灌”转变，更多运用市场和改革的力量，发挥财政资金的最大经济和社会效益。探索设立统一的创业创新发展专项资金，在确保资金安全的前提下，全方位、多角度、多维度地带动社会资本支持各类群体创业创新，构建多元化融资渠道，促进企业融资难、融资贵问题有效解决。建立和完善创业投资引导基金，不断扩大社会资本参与新型产业创投计划参股基金规模，做大做强直接融资平台，引导创业投资更多向创业企业起步成长的前段延伸。完善中小型科技企业科技成果转化资助政策，合理配置研究与开发的资金投入比例，加大对中小型科技企业科技成果转化的扶持力度。大力实施创新驱动发展战略，突出企业科技创新主体地位，针对不同类型企业科技创新实施针对性的财政资金补助方式，积极引导创新要素向企业集聚，推动企业真正成为科技投入和科技创新的主体。

（二）优化资金投入，创新支持方式

创新财政金融支持创业创新方式，实现从单纯对某些企业单位或项目的支持到更加注重对创新平台、创新体系、创新网络以及营造环境等方面支持的转变，重点支持公共科技创新活动，把有限的资金花在建机制、增效益上。继续扩大青海省科技型中小企业创业投资引导基金规模，进一步发挥好青海省科技成果转化基金、青海省大学生创业创新投资引导专项资金作用。在用好用足信贷风险补偿专项资金的基础上，探索设立科技金融风险补偿基金。采取天使投资、股权投资、购买服务等灵活多样的支持方式，加强直接投入与税收、金融等政策的衔接配合，促进技术供给与带动市场需求相结合。

三　增强财税金融支持创业创新工作的系统性

（一）强化部门联动，形成政策合力

加强财政与工商、税收、金融等部门之间的联动，加强政策出台之前各部门、单位之间的沟通协调，突出创业创新，进一步整合涉及大众创业万众创新各项财政政策措施，切实解决政策落实的“最后一公里”问题，充分发挥促进创业创新的政策合力。统筹城乡发展和大学生、返乡农民工、科研人员等各类群体创业创新需求，着力解决制度碎片化、政策系统性缺乏等问题，促进各项政策之间的连贯性和统一性，实现财政及相关扶持政策的最大效应。

（二）进一步推动税收优惠政策落地生效

高度重视创业创新企业税收优惠政策落实工作，把落实小微企业税收优惠政策作为一项长期的政治任务，进行不折不扣的贯彻落实。成立相应的工作领导小组，加强部门协作，制定责任清单，建立“一把手”负总责，分管领导具体抓，税政管理部门统筹协调，其他部门各负其责的工作机制。及时会同有关部门定期组织召开专题会议，进一步了解纳税人的所需所求，研究部署小微企业税收政策贯彻落实情况，更全面、细致地为大众创业万众创新的推进提供税收工作保障。

（三）完善科技金融服务体系

制定完善鼓励科技投入的优惠政策，探索以政府引导和市场化运作相结合方式，积极引导金融资源向科技领域配置，促进科技和金融有机结合，加快建立覆盖全省的科技金融服务体系。发挥财政资金的放大作用，鼓励和引导社会资本联合设立多种形式的天使投资基金、创业投资基金、风险投资基金、产业投资基金，大力支持互联网金融发展。加大科技型、创新型企业的培育力度，积极支持其在境内外资本市场上市挂牌融资。依托柴达木循环经济试验区、西宁经济技术开发区，构建“两个金融创新服务区”，推动西宁经济技术开发区打造科技金融示范区。切实发挥科技保险的保障作用，发展创业创新小额信贷保证保险、推进首台（套）重大技术装备保险，推动专利保险试点。推动科技小额贷款、担保贷款发展。

四　加大财税金融优惠政策宣传力度

（一）加大财税优惠政策宣传解读力度

借助门户网站、12366 热线、税企 QQ 群、微信交流群、微博平台、纳税人学堂等途径和载体，广泛宣传解读最新税收优惠动态，积极协助创业创新企业申报优惠支持政策和项目，积极受理和解答纳税人提出的政策困惑和疑问，做好创业创新企业税收优惠政策服务工作。将小微企业认定条件、适用范围、办理见面流程等内容编印成《青海省小微企业税收优惠政策汇编》，发放到纳税人手中，引导小微企业用足用好税收优惠政策。通过“一对一”解答、“点对点”辅导，实现税收优惠政策宣传无死角、全覆盖，让每一户小微企业充分享受国家释放的政策红利。结合“便民办税春风行”行动，充分发挥税收宣传月的品牌效应。积极开展小微企业优惠政策进校园、进企业、进社区、进机关、进乡村、进寺院、进军营等活动，进一步扩展税收优惠政策的宣传面及知晓率。对于因各种原因未能及时享受、未享受或少享受优惠政策的企业，通过电话提醒方式、上门服务等方式，告知纳税人及时办理相关业务。

（二）加大金融优惠政策宣传力度

通过建立公众微信、官方网站，及时转发、解读国家和青海省支持创业创新的金融优惠政策，积极协助创业创新企业申报政策优惠支持项目。创业创新的金融意识、金融思维和金融观念的形成不可能一蹴而就，而是一个长期浸入式的过程。围绕创业创新主题，深入开展金融知识宣传教育与普及活动，扎实开展金融知识和金融政策进学校、进企业、进机关、进乡村、进社区、进寺院等活动。大张旗鼓地宣传创业创新先进典型，推广创业创新先进经验，特别是要宣传和推广金融在支持创业创新中的重要作用与典型经验，推动有创业创新意愿的各类群体更多地使用金融工具、运用金融知识实现创业创新梦想。

五　切实解决融资难问题

（一）拓宽融资渠道，打造多元化融资服务平台

发挥小额贷款公司、担保公司、融资租赁对创业创新企业在资金融通上的作用，探索股权出资、股权质押、知识产权质押、动产不动产抵押等融资方式，鼓励和支持民间资本促进创业创新发展的作用。加强政府、银行、企业、担保公司等主体交流合作，建立健全各类主体对接服务平台，使各类主体积极参与创业创新融资服务体系建设，促进融资服务平台健康可持续发展。推进金融供给侧结构性改革，鼓励民间资本创办中小金融机构，探索面向创业创新的政策性金融机构。在完善现有银行业体系金融服务功能的基础上，下放中小型银行审批权，进一步放宽民间资本兴办中小银行的市场准入条件，逐步降低银行业准入门槛。推进多层次资本市场建设。支持创业创新企业场外资本市场交易，拓展直接融资渠道，提高直接融资比重，对运用股

权交易融资、股权质押贷款、中小企业私募债券等方式成功融资的创业创新企业给予一定的资金奖励或补贴，从而让资本市场更多惠及创业创新企业。地方政府应抓住三板扩容机遇，出台相应的资助政策，支持具备上市条件的潜在企业，对成功上市的创业创新企业进行资金奖励。

（二）降低担保贷款条件，扩大金融支持范围

鼓励和引导金融机构对创业创新企业加大信贷投放力度，简化贷款审批流程，提高贷款审批效率。取消对申请创业大学生和青年贷款扶持在户籍、学历等方面的条件限制，重点考虑创业大学生及青年创业项目能否促进经济发展、扩大就业需求、辐射带动贫困户增收。对贷款对象统一确定为符合条件且注册并连续经营3个月以上的公司、合作社、个体工商户等经营实体，以项目经营实体所在地放贷为主，不限制经营实体的注册地。降低担保门槛，采取农户联保、创业人员之间联保和干部职工“一对一”帮扶担保等，积极探索担保借贷新模式。对参加创业培训、完成创业计划书并通过专家论证，经信用社区、信用乡镇推荐的创业项目，取消担保的条件。第三方反担保的对象，可由机关事业单位在职工作人员扩大到经济效益好的国有企业中层以上管理人员，对没有反担保人或抵押制品的，可代之以产权、股权、应收账款、商标、专利等动产和无形资产，制定完善担保或反担保措施。

（三）创新金融产品和服务，提升金融服务水平

畅通“政银企”沟通渠道，进一步加强政府、金融机构和科技型、创新型企业的沟通协调，最大限度地满足企业项目融资需求。引导金融机构加快发展支持大众创业万众创新的金融产品，提供精准、专业、高效的金融服务。开发“科技贷”“信用贷”“联保贷”“助保贷”“善融贷”等便捷化、系统化的金融产品。探索发行创业创新专项金融债。以众创空间为基地，建立“大学生信用”融资模式典型示范区、展示区。支持银行业金融机构设立科技支行或科技信贷中心、科技企业事业部等专营机构。

六　大力发展创业投资

深度融入国家大众创业万众创新发展战略，结合青海经济发展实际，多措并举、重点发力，释放社会投资潜力，推动全省创业投资跨越式发展。一

是优化创业投资环境。按照发展落后但改革不能落后的精神和要求，强化顶层设计，结合全省不同地区特殊情况和产业发展需求，出台推动创投企业准入和发展的优惠政策，依法保护创业投资者合法权益，打击非法集资行为，有效防范系统性区域性金融风险。二是丰富创业投资企业主体和运作模式。优先支持驻青企业、省属国有大中型企业等参与创业投资，大力培育个人投资者，壮大面向种子期、初创期的科技型中小企业提供资金支持的天使投资和奉献投资。加大金融招商引资力度，进一步放宽外商投资准入条件，支持省外、国外资本扩大创业投资规模。三是进一步发挥青海省股权交易中心的作用与功能。进一步发挥青海省股权交易中心挂牌交易、金融服务、市场主体培育等功能，健全中小企业股份转让系统交易机制，规范发展专业化并购基金，支持证券公司柜台市场等开展直接融资业务，畅通创投上市、股权转让、并购重组等退出渠道。

七　进一步深化财税金融体制机制改革

（一）深化“营改增”税费改革，优化税制结构

以创业创新项目和行为为税收优惠对象，提高创业创新税收优惠政策的针对性、稳定性和持续性。继续推进税务行政审批制度改革，进一步减少涉税行政审批项目，取消非行政许可审批类别。规范审批行为，坚决防止和纠正“上取消下不取消”以及“明取消暗不取消”的做法。增加所得税等直接税比重，提高税收优惠幅度，扩大减免所得税和营业税覆盖面，在采用直接税收优惠政策的基础上，重点采用间接的税基式的优惠政策，以投资抵免、加速折旧税费抵免、延期纳税、特定准备金等多种方式，弥补中小微企业特别是科技型企业资金消耗，为创业创新企业减负。

（二）进一步优化税收政策环境

深入分析电子商务、“互联网＋”等新兴业态、新型商业模式的特点，积极探索支持其发展的税收优惠政策措施，特别是对于处于起步阶段、规模不大但发展前途广阔且有利于大众创业万众创新的新经济形态，严格落实好减半征收企业所得税、暂免征收增值税等扶持政策，坚决杜绝违规收税现象。围绕简政放权、服务发展、提质增效，继续深入开展“便民办税春风

行动”，不断改进纳税服务工作，维护纳税人的合法权益。税务部门要增强全员科学服务、依法服务意识，全面落实税收优惠政策，自觉将纳税服务融入税收工作的各个领域、各个环节和全过程，准确把握纳税服务发展趋势，深入探索纳税服务工作规律，有效提高纳税人的遵从度和满意度。大力推行网上审批，提高审批效率，认真实施纳税服务和税收征管规范，狠抓纳税服务规范的落实，扎实做好税收征管规范的实施工作，并做到与台前纳税服务规范有机衔接、互相促进，通过最大限度规范纳税人达到最大限度便利纳税人的目标。

（三）进一步推动税收政策供给侧结构性改革

国家应对西部地区鼓励类产业和高新技术企业实行差异化所得税率政策，给予高新技术企业更为优惠的企业所得税政策。财税部门应进一步简化固定资产加速折旧申报表，优化申报流程，方便纳税人充分享受税收优惠政策。完善增值税税收优惠方式，将现行技术转让、技术开发和与之相关的技术咨询、技术服务增值税优惠方式由免征改为即征即退或先征后返，进一步打通增值税抵扣链条。

八　夯实财税金融支持创业创新的基础工作

（一）整合培训资源，提高培训质量

针对青海省就业用工和需求的不同特点，统一归口管理部门，在培训投入主体和培训项目管理主体不变的前提下，对培训项目、培训资金、培训师资、培训计划、实训基地进行整合，统一培训政策、统一补贴标准，实行资源共享、信息互通和培训结果互认。将各类符合条件有就业创业意愿的劳动者全部纳入城乡劳动力技能培训范围，增强培训的针对性和实效性。将职业培训补贴政策的重点放到扶持就业创业上，加大对企业招用各类未就业人员的支持力度，鼓励企业实行上岗、转岗和技能提升培训，减轻企业用人成本，增强职工就业能力，调动企业加强技能培训的积极性。

（二）夯实税收管理基础工作

建立台账监控机制。设立减免税登记台账，对小微企业涉及减免税额、政策依据等情况进行分户详细登记，客观准确地反映小微企业税收优惠政策实施效果，反映国家税收优惠政策对经济的促进效应。提供个性化服务。在办税服务厅设立“小微企业税收优惠政策落实咨询服务岗”，受理纳税人政策咨询，解决纳税人在税收优惠办理过程中的疑惑。实施精细化管理。加强对企业财务报表、企业所得税申报表以及其他征管材料的核实，审核分析涉税信息，准确掌握企业的真实经营情况。结合税源分税管理和专业化管理的监控内容，分解细化不同规模、不同行业小型微利企业纳税人的管理需求，深入了解企业经营特点，加大对涉税信息的掌控，全面掌握纳税人履行纳税义务的情况，达到强化税源管理、提高征管质量、优化纳税服务、推行依法治税的目的。引导企业加大科技投入，成立研发中心，建立健全创新体系。

（三）完善工作机制，为创业创新提供坚强保障

加大金融部门与其他相关单位之间的沟通协作力度，健全和完善联席会议制度，定期召开联席会议，分析研究工作进展和存在的问题。明确各单位职责，并就各自职责将青春创业贷款等优惠政策落到实处。各方要认真学习相关文件，在项目审核过程中不得以任何名义私自提高贷款门槛。团委、就业等牵头部门在项目推荐过程中要严格按照省三方联席会议中规定的抵押方式对贷款申请人做好前期培训和筛选。进一步提高工作效率，缩短项目贷款申请审核时间，对符合条件的对象，切实做到“推荐一个、审核一个、发放一个”。银行业金融机构在项目审核过程中要灵活变通，对贷款抵押方面存在困难的创业青年给予相应的指导。

第四节　深化创业服务改革

青海进一步深化创业服务改革，要以问题为导向，在统筹协调、政策整合、创新服务、资源共享、政策宣传、舆论引导等方面继续发力。

一　强化统筹协调，形成政策合力

改革调整现行省级层面推进大众创业万众创新工作领导体制，整合各类与推进创业创新相关的组织协调机构，由政府综合性部门作为牵头单位，统抓、统管、总协调，建立起强有力的创业创新工作组织协调和联动机制。做

好顶层设计，研究编制全省推进大众创业万众创新专项规划，统一政策步调，在科学评估、认真总结的基础上，对那些不接地气、脱离省情实际的做法适时加以调整，研究出台一批针对性强、实效性好、短平快相结合的新政策。加强政策集成，打破条块分割，整合支持创业创新的各类资源，对现有各类众创平台按照功能重新定位、匹配、融合，实现同一区域内创业平台服务资源开放共享，注重发挥好扶贫资金、对口援青资金在创业服务中的作用，形成推进创业创新的政策合力。出台相关政策措施，允许地方先行先试，确定重点地区、领域、行业、人群，集中力量打造具有青海特点、区域特色的创业创新模式，鼓励西宁市等创新资源相对富集的地区在整合资源、形成合力改革中走在全省前列。

二　提升孵化能力，创新服务模式

加快创业创新平台建设步伐，继续做大做强众创空间，实现州府县城和重点职校全覆盖。充分挖掘存量资源，发挥高新区、农业科技园、大学科技园、技术创新联盟等载体的创新资源优势，培育和发展龙头骨干企业、高校和科研院所协同发展的众创空间。优化众创空间区域布局，鼓励支持企业、高校、科研院所打造专业化众创空间，引导众创空间与区域特色产业相衔接、相融合。有效整合社会服务资源，采取多部门合作的形式，捆绑使用各类资金，集中打造众创空间。将第三方专业化服务纳入政府采购服务体系，以政府购买社会服务的方式，将各类专业化服务机构引入众创空间。不具备引入条件的地方，可以采取与专业服务机构签约的方式，定期或不定期获取服务。众创平台管理运营重心应由管理为主转向服务为主，管理运营模式应由政府部门管理为主转向公司化运作为主，建立健全众创平台目标责任考核和激励约束机制，将众创平台工作人员纳入创业创新培训范围，促进众创空间创业创新服务不断提质增效。积极探索创业券、创新券等创业创新服务新模式。

三　提高科技含量，促进资源共享

推动以“互联网＋”为代表的新技术、新手段在创业服务领域的广泛运用，加快健全覆盖城乡、普惠可及的创业创新公共服务网络。促进社会公共资源开放共享，利用互联网、云计算等信息化手段，构建开放的创业创新服务平台，推动政府部门数据资源率先向社会开放共享，推进互联网和基础电信服务商依法向社会开放计算、存储和数据资源，综合运用市场化、专业化、资本化的运行手段，提供全链条增值服务。促进高校、科研院所、重点实验室、工程技术（研究）中心等机构开放共享科研仪器设备、技术咨询、检验检测等服务平台，培育和规范技术交易市场发展，建设完善网上技术交易平台。强化“创新引领创业”的理念，出台鼓励科技型、高新技术企业上市、上台阶政策，引导企业、创业者在研发核心技术、知识产权保护、打造知名品牌上做文章，众创平台要在咨询服务、项目申报、商标注册、专利申请、检验检测、市场推广等方面提供全方位、一条龙服务。充分用好对口援青智力资源，出台适合民族地区的引才引智政策，建立完善基层科技项目从申报、立项、实施到结项、成果转化一体化传帮带支持机制，帮助搭建适合当地发展实际、有特色的科技孵化服务平台。高校、科研院所要加大针对基层的技术研发力度，将技术成果应用链条延伸到最基层。加强州、县两级科技队伍建设，主动适应大众创业万众创新背景下科技部门职能转换的新形势，将人、财、物等资源适当向基层倾斜。

四　推广先进经验，加大帮扶力度

鼓励各地区结合本地实际，充分利用创业创新优势资源，搭建点、线、面相结合的多元化创业平台。建设众创空间要避免贪多求大，力戒好高骛远，不求“顶天立地”，但求“铺天盖地”。推广西宁市城西区“区+街道+社区+区域”立体式创业创新模式，合理布局不同功能的众创平台，街道社区侧重“筛苗”“选苗”，县市区侧重“育苗”“移苗”，省州市侧重“加速”“出壳”，加快形成“筛苗+育苗+移苗+加速”的梯级创业孵化生态链。借鉴西宁市城西区与城东区联合举办“创业不孤单我们在一起”的活动经验，倡导同城区县、街道（乡镇）之间通过企业与企业、创客与创客的“联姻”，促使多方深度交流，打开合作渠道、实现优势互补，共创发展之路。加大科技、信息、培训等方面的帮扶力度，在省级层面建立统一的创业信息公共服务平台，各级政府行政服务中心亦应搭建此类平台。各部门要通力合作，梳理涉及部门的扶持创业创新的政策，整合内容，编制成册，实现政策“一单到手”。组建专业化创业指导服务团队，开展创业指导服务活动。既要邀请国内知名创业讲师为创客传经送宝，以激发创业者的创业激情与活力，又要注重将本地企业家、社会专业人士等人才吸纳充实到服务团队中来，使创业指导服务和创业培训接地气、显实效。积极探索创业服务与社会帮扶、党工团建、志愿服务相结合的新模式。

五　创新政策宣传，加强舆论引导

全社会要进一步聚焦创业创新，强化政策宣传引导，营造良好舆论氛围。宣传舆论引导要注重差异性，强调针对性，突出实效性，对不同创业群体，采取不同政策宣传措施。突出创业典型引领示范作用，建立创业示范点（示范园区、街道、社区等），选树创业先锋等先进典型，组织开展参观考察、巡回演讲等活动，激发城乡居民的创业激情，营造全民创业的社会氛围。瞄准基层，开展有奖问答创业政策宣传、打造创业文化走廊、举办创业微论坛和“创业讲堂”等形式多样的政策宣传活动，广泛宣传首次创业补贴、一次性创业奖励、企业一次性岗位开发奖励、创业担保贷款等涉及面广、普惠性强的创业扶持政策。既要充分利用电视、广播、报刊等传统媒体资源开展政策宣传，又要注重采用微博、微信公众平台等新媒体、新技术、新手段发布创业扶持政策、宣传创业创新先进典型、弘扬创业文化和创业精神，营造“想创业、敢创业、会创业”的浓厚氛围，有效增强全社会对创业创新的认知度和认可度。

第五节　加快创业创新平台建设

加快创业创新平台建设，青海要重视补齐存在的“短板”，把加大政策支持力度、搭建各类支持创业创新的公共服务平台和技术平台、加快创业创新区域平台建设、促进社会公共资源开放共享作为今后工作的着力点。

一　加大对民族地区创业创新工作的支持力度

出台适合少数民族地区（藏族聚居区）的政策措施，建立专门的财政资金扶持板块，对涉及创业创新的项目、资金、技术、人才等要素资源特别是科技资源，要进一步向民族地区倾斜。将民族地区创业创新平台建设列入政府购买社会服务范围，采用超常手段，助推民族地区创业创新平台建设实现跨越发展。民族地区要主动融入国家战略，高度重视创业创新推进工作，积极作为、及时跟进，加大引智引才力度，结合当地实际，做好创业创新平台建设工作，为大众创业万众创新搭建好各类支撑平台。

二　健全完善创业创新公共服务平台

整合部门资源，在现有各类创业创新平台的基础上，搭建省级层面的创业创新政策集中发布平台及创业信息公共服务平台。加快构建中小微企业公共服务体系，大力推进中小微企业省级创业创新示范基地建设，积极推荐省内符合条件的创业创新基地申报国家级创业创新示范基地，优化小型微型企业创业创新环境，打造更多、更好的众创空间。依托省级中小企业公共服务平台，有效整合社会服务资源，推动省、市、州及各专业化服务窗口平台的互联互通和资源共享，搭建政府主导、企业主办、社会参与、开放共享的公益性综合服务平台，为中小微企业提供一站式、全方位优质服务，使之成为各类众创空间推进创业创新的“航母”平台。

三　促进各类社会公共资源开放共享

建立健全覆盖城乡、普惠可及的就业创业公共服务网络，创新服务方式，推动公共信息资源开放共享，提升创业创新信息化建设和应用水平。利用互联网、云计算等信息化手段，构建开放的创业创新网络服务平台。重视创业创新统计指标体系建设，在就业统计、科技统计、企业统计、商务统计等部门统计的基础上，由人社、科技、统计等部门沟通协调，区分创业、创新两个类型，探索建立具有青海特色、地方特点的省级创业创新统计指标体系。支持引导各类创业创新基地、园区集聚发展，共享服务资源。鼓励支持中小企业集中区（创业园）基础设施建设，提高规划水平，提升产业承载能力，引导产业向园区转移，促进产业集聚发展，做大做强综合实力。政府相关部门要积极沟通协调，从土地指标落实、专项资金安排等方面支持和帮助集中区（创业园）建设有序推进，通过批量建设标准化厂房，集中建设配套服务设施，搭建统一高效的服务平台等措施，构建一批低成本、便利化、全要素、开放式的众创空间。

四　构建体系完整、运转高效的创业创新技术平台

注重政策扶持，着力保障成果转化。加大政策扶持力度，夯实成果转化基础，拓宽横向协作渠道，补齐平台建设短板，多措并举促进全省科技成果转移转化。下大力气培育一支既熟悉市场又具备科研素养的专业化成果转化服务队伍，提高科技成果转化机构服务水平。大力扶持、引进专业的知识产权服务机构，鼓励发展科技战略研究、科技评估、科技招投标、管理咨询等科技咨询服务业，积极培育管理服务外包、项目管理外包等新业态。依托科技型龙头骨干企业，着力培育一批能够为创业创新提供全方位、全要素、开放式、社会化科技服务的技术平台，形成较完整的创业创新科技支撑服务链条。树立精品意识，注重提升科技成果转化平台的品牌影响力，对精品品牌给予大力扶持，形成打造品牌的联动产业链。

五　加快创业创新区域平台建设步伐

继续做好小微企业创业创新基地城市示范创建工作，以西宁、海东两市为重点，积极申报小微企业创业创新基地城市示范，加大与相关部委的衔接力度，确保早日申报成功，为全省大众创业万众创新起到示范引领作用。注重梯度衔接，做好格尔木等城市创建国家级小微企业创业创新基地城市示范的准备工作，使此项工作成为提升城市小微企业创业创新能力的好抓手。适当放宽创业基地房租补贴认定标准，增加供给总量，扩大享受范围。有条件的创业创新平台，除为创业者提供低成本办公场所和居住条件外，还可在交通、教育、医疗、餐饮、购物、娱乐等方面积极探索，为创业者提供良好的工作、学习和生活环境。

第六节　完善各类人员创业政策

科研人员、大学生是未来创业创新的生力军，残疾人、妇女是特殊社会群体，帮助其创业就业彰显着社会公平正义。完善各类人员创业政策，鼓励各类人员创业创新，是青海未来一段时期深化创业改革的重要任务。

一　落实科研人员创业政策，鼓励科研人员创业创新

（一）深化体制机制改革，解除科研人员创业后顾之忧

不断优化创业创新政策供给，改善科研人员创业创新环境。改革组织人事相关管理制度，将高校、科研院所、国有企事业单位的科研人员特别是担任领导职务的科研人员与党政领导干部区别开来，实行特殊管理办法，允许部分科研干部在严格遵纪守法、廉洁自律的前提下参与企业管理、技术研发、创业创新，并获得合理报酬。改革现行职称评审制度，建立多元化人才评价体系，不以论文论英雄，要将科研人员从事创业创新活动的业绩，如科技成果转化率、投入产出效率等作为职称评定、岗位聘用、绩效考核的重要依据。改革横向项目经费管理方式，进一步提高科研人员劳务收入比重，推进高校、科研院所建立健全鼓励科技人员创业创新的工作机制和薪酬岗位管理制度。完善科研人员在机关事业单位与企业之间流动时社保关系转移接续政策，切实解除科技人员离岗、在岗创业创新顾虑。

（二）完善相关配套措施，鼓励科研人员创业创新

建立更为灵活的人才管理机制，打通人才流动、使用、发挥作用中的体制障碍，最大限度地支持和帮助科研人员创业创新。积极落实高校、科研院所、国有企事业单位的科研人员离岗创业政策，科研人员在离岗创业期间，与原单位其他在岗人员同等享有参加职称评定、岗位等级晋升、社会保险等方面的待遇，离岗创业期满要求返回原单位的，按原职级待遇安排工作。进一步提高科研人员成果转移转化收益分享比例。借鉴陕西等省份做法，将高校、科研院所职务科技成果转移转化收益分享比例由目前的不低于70%，提高到不低于80%。建立健全科技人员双向流动机制，鼓励在职科技人员

在完成本职工作的基础上，采取兼职兼薪方式创业或服务企业创新，支持高校、科研院所高级科研人员带领团队参与企业协同创新，并给予生活津贴补助。鼓励有创新实践经验的企业家和企业技术人员到高校和科研机构兼职。推进农村科技特派员创业创新，落实科技特派员创业的各项优惠政策。完善科技投融资体系，创新投融资工具，解决科研人员创业创新的资金难题。借鉴安徽、江苏等省的经验，探索实施科技创新券制度，为科研人员创业创新活动提供后补式资金扶持。

（三）加大政策支持力度，营造公平创业创新环境

更好地发挥政府采购支持作用，将政府采购与支持创业创新紧密结合起来，加大对创新产品、技术和服务的采购力度。进一步完善促进中小微企业发展的政府采购政策，强化政府采购计划编制和项目预留管理，政府年度采购项目预算总额中应当明确规定面向中小企业的采购比例，以及预留给小微企业的采购比例，各部门不得低于该比例下限执行。对非专门面向中小企业的采购项目，若采购小微型企业产品（服务），应给予其一定比例的价格扣除优惠。鼓励大中型企业与小微企业组成联合体参与政府采购投标，对小微企业占联合体股份达到一定比例的，可给予联合体适当的价格扣除优惠。探索建立使用新产品、新技术和新服务的行政免责机制，鼓励全省各级公共部门和国有企事业单位推广应用省内创业创新企业提供的新产品、新技术和新服务。消除政府采购、公共资源交易招投标中对国产自主创新产品和中小型微企业的“隐性歧视”，不得将注册资本金、资产总额、营业收入、从业人员数量、利润、纳税额等设置为政府采购准入条件。

二 完善大学生创业政策，提升大学生创业能力

（一）整合各类社会资源，推进高校创业创新支撑能力建设

深入推进大学生创业引领计划，整合促进普通高校毕业生就业创业的各类资源，形成社会合力，建立健全有利于激发创业创新活力的制度，进一步优化政策环境和体制机制。实施大学创业园（科技园）提质扩容行动，支持省内3所普通高等学校大学创业园（科技园）提质扩容，鼓励高职院校结合地域特色和专业优势积极筹建大学创业园。依托各高校特色优势学科和

科技创新资源，建设一批科技企业孵化器和创业咖啡、创新工场等众创空间，发展若干个以大学生创业创新俱乐部、创业沙龙等为代表的创业苗圃，加快形成“创业苗圃＋孵化器＋加速器＋创业园（科技园）”的阶梯形孵化体系，激活高校创业创新资源，促进高校科技成果转化。鼓励高校依托人才、项目和资金等优势资源，以服务师生创业创新为目的，以促进校内科技成果转化为目标，建设科技创业服务中心等新型科技创业服务载体。建立高校大学生创业创新绩效考核和激励机制，对大学生创业创新绩效排名靠前的高校，从大学生创业引导专项资金中拨款给予重点支持。高校应将创业创新教育经费列入教育教学改革专项资金，不断加大对创业创新教育和实践的资金投入。

（二）完善相关配套政策，持续深化高校创业创新教育改革

遵循专业教育、实践训练、人文教育和创造力培育有机统一的教育理念，进一步促进专业教育和创业创新教育有机融合，将大学生创新精神培育和创业能力提升融入大学人才培养的全过程。加强以创新为核心的创业教育，进一步明确创新人才培养目标，完善人才培养方案，把创新精神培育和创业素质教育纳入教学计划，完善创业创新类课程设置，加强创业实训体系建设，建立健全学生职业规划和就业创业指导服务体系。完善大学生创业辅导制度，为大学生提供包括创业方案、创业渠道在内的全方位、体系化创业辅导。建立健全弹性学制管理办法，进一步加大弹性学制实施力度，放宽学业年限，鼓励学生保留学籍休学创业，休学时间可视为其参加实践教育时间。建立完善创业创新学分积累与转换制度，支持参与创业创新的学生转入相关专业学习，允许学生用“创业业绩”代替专业课成绩。借鉴北京、天津等地做法，为创业的在校大学生办理就业创业证，持证学生可按规定申请享受税收优惠政策；外地高校毕业生在青海创业的，准予落户，并给予相应政策扶持。组织实施“大学生科技创业专项行动”，重点支持毕业 7 年内的大学生和研究生、在校大学生和研究生以及海外留学生在青创业创新。

（三）加大政策宣传力度，不断完善大学生创业服务体系

加强各类媒体对大学生创业创新的新闻宣传和舆论引导，针对当代大学生受众的个性特点，注重运用网络、微博、微信、QQ 等新媒体开展宣传，

提高大学生群体对国家和青海省鼓励大学生创业创新政策的知晓度。鼓励支持高校各类社团举办以创业创新为主题的讲座、研讨、沙龙等活动，邀请创业成功的校友回学校做报告，分享创业经验，总结提炼报道一批大学生创业创新先进事迹，树立一批典型人物，让大众创业万众创新在校园内蔚然成风。积极倡导敢为人先、宽容失败的创新文化，树立崇尚创新、创业致富的价值导向，大力培育创业精神和创客文化。鼓励高校积极举办旨在宣传推介创业创新项目的路演、对接、培训、大赛等活动，树立一批大学生创业创新大赛品牌。不断完善大学生创业创新服务体系，加强大学生创业创新培训，广泛开展创业大讲堂、创业沙龙、创业训练营等培训活动。强化创业创新教育专兼职教师队伍建设，建立创业创新师资库和创业创新双导师制，组建一批由创业成功人士、企业家、天使投资人、校内外专家学者等组成的创业导师志愿团队，为创业团队提供智力、技术等保障。鼓励教师带领或辅导学生创业，在职称评定、绩效考核上给予一定倾斜，对做出突出贡献的创业创新教师给予重奖。高校科技创新资源及实验室平台要实现对大学生全方位开放，并配备有相应能力的实验员免费指导学生开展创业创新类实验。加快推进大学生创业孵化基地市场化运作进程，引进优秀创业孵化服务企业管理运营大学生创业孵化基地，通过政策扶持、市场化运作，不断优化孵化基地的运行机制，为入孵大学生提供更加专业、优质的创业创新服务。

三　完善残疾人创业政策，扶持残疾人就业创业

（一）建立完善促进残疾人就业创业的工作机制

建立经济社会发展和扩大残疾人就业创业联动机制，健全政府促进残疾人就业的责任制度，把解决好残疾人就业创业问题作为经济社会发展的重要目标，纳入就业优先战略，实施更加积极的就业创业政策。综合运用财政、税收、金融、产业等各项经济调节政策促进残疾人就业创业，通过创业补贴、创业奖励、税收优惠、社保补贴、小额担保贷款等扶持性政策，鼓励企业吸纳更多的残疾人就业，鼓励残疾人多渠道、多形式就业创业。建立健全扶持残疾人就业创业工作协调、责任履行、监督检查等机制，推动残疾人就业创业扶持工作制度化、规范化，切实维护弱势群体合法权利。督促用人单

位依法落实按比例安排残疾人就业政策，建立健全用人单位按比例安排残疾人就业公示制度。消除对残疾人大学生的就业歧视，党政机关、事业单位在新招录工作人员时，应按不低于5%的比例针对残疾人进行专项考录。进一步明确各级政府特别是残工委成员单位的工作职责、目标、任务，建立健全监督考评、定期通报、述职述评等具体制度，强化各项政策措施的执行力，确保将残疾人就业创业各项工作任务分解到各部门、各单位，抓好落实、抓出成效。

（二）进一步完善残疾人就业创业扶持政策

加大金融扶贫力度，在省级层面出台扶持残疾人就业创业的政策措施，为残疾人康复扶贫贷款提供便利，降低贷款门槛，简化贷款手续，扶持贫困残疾人从事种植养殖业、加工业和其他适合残疾人的就业创业项目。设立针对残疾人的创业贷款担保专项资金，支持残疾人自主创业，采取政府财政贴息、小额贷款担保等措施进行专项扶持，促进有劳动能力和创业愿望的残疾人实现就业创业。对残疾人辅助性就业机构就业和初次创业的残疾人，给予税费减免和社保补贴优惠政策。设立针对农牧区残疾人的就业扶贫项目进行专项扶持，对初次创业的残疾人，由省、州、县三级残联共同出资，每个州（市）每年扶持3～5个残疾人就业创业示范点，逐步发展壮大，带动更多残疾人实现脱贫。针对农村、牧区、城镇残疾人家庭的具体情况和实际需求，研究制定差别化的就业创业扶持政策，注重依托企业、农牧业合作社、家庭农牧场等平台资源，开展具有本地特色的就业帮扶活动，实现残疾人稳定就业。

（三）重视和加强残疾人就业创业服务工作

加快全省残疾人就业服务机构规范化和残疾人就业服务信息网络建设，根据残疾人就业创业形势发展变化和服务工作的实际需要，相关部门应尽快协调解决州、县两级残疾人就业服务机构设置和人员编制等老大难问题，确保残疾人就业创业指导、服务、培训等各项业务工作的正常开展，进一步提升为残疾人提供就业创业服务的能力。大力开发适合残疾人就业的公益性岗位，建立适合残疾人就业的公益性岗位目录，制定公益性岗位安置残疾人就业计划，扩大残疾人就业范围，优先为残疾人提供就业岗位。适合残疾人就业的岗位应按不低于 30% 的比例安排残疾人就业。将残疾人职业技能培训纳入各级政府就业培训规划，进一步增强培训的针对性和实效性。加大农村残疾人扶贫对象家庭职业技能和实用技术培训，促进农村有劳动能力的贫困残疾人到“十三五”末普遍掌握 1 ~ 2 项实用技术。

四　完善妇女创业政策，提升妇女就业创业能力

（一）支持妇女创业，优化妇女就业创业政策环境

坚持把发展经济与扩大就业相结合，不断拓宽妇女就业渠道，增加妇女就业岗位，优化妇女就业创业政策环境。制定和完善符合实际、操作性强、能切实推动女性就业创业的优惠政策措施，加大对农村妇女创业小额贷款的扶持力度，支持妇女就业创业。强化顶层设计，创新金融服务，加强对妇女就业创业的金融支持，引导创业担保贷款、金融扶贫贷款等普惠性金融资源向创业女性、贫困女性倾斜，重点投向种植养殖、手工编织、家政服务、农家旅游、民族服装加工“互联网 + 农牧产品”电子商务等适合妇女就业创业的项目。通过“女能人 + 公司 + 贫困妇女”“带资 + 就业 + 分红”等模式，帮助贫困妇女参与到扶贫工程项目中去，提高政策性贷款的针对性和实效性，实现“就业创业一人，脱贫一户”的目标。加大对巾帼家庭企业、专业合作社、电商平台、小微企业的扶持力度，进一步完善家政服务标准和规范，提升巾帼家政服务水平，促进家政服务业健康发展。

（二）搭建服务平台，拓宽妇女就业创业渠道

充分发挥各级妇联组织的独特作用，抢抓机遇、主动作为，以提升妇女创业能力为基础，以转变妇女创业就业观念为先导，以引导城乡妇女创新发展模式和发展新业态为重点，以整合社会资源、搭建创业服务平台为支撑，最大限度地调动妇女创业激情，使妇女创业创新由“小众”走向“大众”。整合部门资源，助力各级妇联组织搭建妇女创业基地，建立妇女创业项目库，争取更多项目支持。强化创业创新服务，扶持各地积极打造一批巾帼现代农牧业科技示范基地、巾帼专业合作社、巾帼家政服务示范基地、妇女手工制品示范基地、女大学生就业创业实践基地等省、市（州）级巾帼脱贫示范基地。充分利用广播、电视、报纸、网络等媒体和“妇女大讲堂”、

"妇女之家"等宣传阵地，以农牧区广大妇女为重点对象，广泛宣传国家和青海省支持大众创业万众创新的政策规定。选树女性创业创新先进典型，宣传妇女自强不息先进事迹，鼓励农牧区妇女转变观念，走出家门、走向市场。举办女性专场劳务洽谈会、招聘会等活动，为妇女就业创业提供政策指导和信息咨询。

（三）加大技能培训，提升妇女就业创业能力

加强对城乡妇女的职业技能与实用技术培训，逐步提高妇女在各项普惠性职业培训中的参与比例。各地区要因地制宜，结合本地实际与未来发展、妇女需求与意愿确定培训计划，收集和筛选一批适合妇女就业创业的培训项目，加大城乡妇女科技技能、职业技能、实用技能培训力度，帮助广大妇女尽快掌握一技之长。依托青海省各级妇女干部学校和女性大讲堂等平台，积极引导广大妇女参加种植养殖、手工制品、家政服务、电子商务、烹饪、服装加工、生态保护、妇幼保健知识和家庭理财等方面的就业培训，利用冬闲时间，采取"请进来，送出去"、自主培训、边培训边实践等方式，加大对不同层次女性的培训教育力度，增强妇女的就业能力。注重女性创业能力提升培训，选拔推荐农牧区女性创业者参加各类众创空间举办的创业创新培训，逐步提高培训层次，形成"以培训促进创业、以创业带动就业"的良性循环模式。

第七节　加大城乡创业改革力度

未来一段时期，农村电子商务、返乡创业、青年创业、城乡劳动力流动就业创业将是助推青海实现稳定就业创业、城乡一体化、乡村振兴目标的重要途径，为此，需要进一步加大城乡创业改革力度，补齐城乡基层创业支撑"短板"，实施精准就业创业培训，完善城乡基层就业创业公共服务体系，打造城乡基层就业创业新品牌。

一　整合资源，补齐城乡基层创业支撑"短板"

设立省级电子商务创新发展专项基金，通过资金奖补、PPP 模式等手段

鼓励引导社会资本参与公共基础设施建设。立足区域实际和特色产业，积极推进“电商换市”战略，加快构建市（州）、县（区）、乡（镇）、村（社区）四级电商服务体系，探索具有区域特点、民族特色的“互联网+”电商就业创业新模式。加大对农村电商创业的资金扶持力度，落实专项补贴，扩大农村电子商务试点覆盖面。加强省级相关政府部门间的沟通合作，整合通信网络、交通运输、物流配送等基础设施建设资源，加大投入、统筹推进、重点突破，尽快补齐农村牧区就业创业服务支撑体系建设的“短板”。注重发挥地方和基层的主动性、积极性、创造性，加强对城乡基层创业创新项目的挖掘、储备和宣传力度，调动各方力量参与项目库建设，营造科技创新良好发展环境，为区域经济社会协调发展提供有力支撑。进一步整合科技、农牧、教育、供销、扶贫、交通、通信等部门的资源，发挥农业科技园、示范园人才、技术等资源优势，搭建乡村创业创新平台，培育“互联网+农牧创客”。探索新形势下农牧区创业孵化器新平台的搭建模式，重点培育一批农业合作社孵化器。

二　因地制宜，实施精准就业创业培训

统一就业创业归口管理部门，在培训投入主体和培训项目管理主体不变的前提下，对现有的培训项目、培训资金、培训师资、培训计划、实训基地进行整合，统一培训政策、统一补贴标准，实行资源共享、信息互通、培训结果互认，将各类符合条件有培训意愿的劳动力全部纳入城乡劳动力技能培训范围。按照培训对象实际需求，开展精准就业创业培训，为培训对象提供一对一、一站式、一条龙服务，增强培训的针对性和实效性。根据省情特点，因地制宜制定培训计划，特别要考虑青壮年农牧民“候鸟”式外出务工的特点，做好培训期的衔接工作，注重解决好培训招投标、实施、考核验收与培训时间的“错位”问题。借鉴海西州团组织运用对口援青培训资源开展青年创业培训的经验，由团组织或其他相关部门牵头，从青年创业园、创业街及所辖各县市评选认定农牧区青年创业致富“领头雁”、乡村好青年、大学生村官、青年农牧区信用示范户等创业青年，送往对口援青省市，组织开展青年创业精英培

训。在新型职业农民创业培训方面，需要出台更为灵活的政策，允许到省外发达地区去培训，逐步加大“送出去”的力度。针对近年来社会对家政服务需求旺盛、优质家政资源供不应求的实际状况，加大家政服务培训力度。同时，要根据家政服务、刺绣等行业的工作特点，降低培训准入门槛，适当放宽对培训对象年龄、颁证等方面的限制。大力发展民族地区职业教育。专业设置要与当地特色产业发展相融合，如藏族聚居区职校应当设置唐卡等民族民间传统手工艺、藏医药与护理、文化旅游等有发展潜力的专业。整合县级职校资源，职业教育主要由州市来办，逐步提升办学层次，力争藏族聚居区每个州都有一所高等职业学校。打通中职与高职、普通高校之间的转换通道，给学生更多的选择空间。改革职业教育体制，提高入门门槛，逐步压缩中职教育，鼓励学生高中毕业后再接受高等职业教育。适当提高职校培训补贴标准。

三　创新机制，完善城乡基层就业创业公共服务体系

推进农村普惠金融发展，加强对纳入信用评价体系返乡创业人员的金融服务，积极为创业群体提供政策咨询、项目开发、风险评估、财务辅导、融资理财等综合性服务，提高创业成功率。完善就业创业公共服务平台服务模式，摸清基层就业创业底数，了解不同群体就业创业的诉求和特点，创新服务方式，加强创业指导，建立跟踪回访制度，“扶上马，送一程”，为就业创业人员提供更加方便快捷的服务。推动以“互联网+”为代表的新技术、新手段在就业创业服务领域的广泛应用，加快构建覆盖城乡、普惠可及的就业创业公共服务网络，推动公共信息资源开放共享，提升就业创业信息化建设和应用水平。在符合土地总体利用规划的前提下，通过调整存量土地资源，缓解返乡人员创业用地困难。鼓励返乡人员以入股、合作、租赁等形式使用农牧区集体土地开展创业创新。进一步加大城乡基层创业政策宣传力度，积极探索适合农牧区、农牧民的政策宣传手段，在做好集中宣传、专项宣传活动的同时，更加注重日常的宣传普及工作，注重对政策解读的通俗性、民族性、系统性，避免群众对政策理解“碎片化”“盲目化”“理想化”。

四　提高站位，打造城乡基层就业创业新品牌

巩固壮大青海“就业援助月”“海东拉面经济”“海西枸杞采摘”等已有就业服务活动和劳务品牌，推进创业品牌发展。推行“创业培训 + 创业实训 + 创业贷款 + 跟踪服务”四位一体的服务模式，规范提升创业培训服务品牌，探索开展星级创业创新实训服务基地创建活动。将打造农村电商创业品牌纳入全省品牌培育工作计划，制定专项工作方案，通过政策引导，将资金、技术、人才等要素汇聚到基层农牧区电商平台，与区域特色优质资源相结合，打造一批具有鲜明地域特色、浓厚民族风情、用户口碑佳、市场潜力大的农村电商精品名品，提升区域经济影响力。农牧、商务等相关部门要注重筛选推荐城乡基层优秀创业项目（企业、团队）参加各类创业创新大赛，适时举办农牧业专项创业创新大赛，通过大赛选树一批城乡基层创业创新典范，推出一批农牧业创业创新品牌。借鉴青海举全省之力打造海东“拉面经济”品牌的成功经验，出台推动青海民族民间手工艺产业发展促进就业创业的实施意见，在绘画（唐卡、壁画）、堆绣、雕塑（木雕、泥雕、石雕）、建筑、刺绣、编织、彩绘图案等民族民间手工艺行业复制推广扶持“拉面经济”发展的优惠政策措施，打造民族地区农牧民创业新品牌。黄南州“热贡艺术”声名远播，具有艺术门类多、从业人员多、市场潜力大等特点，手艺传承采取以师带徒、一师多徒的传统方式，非常适合“带薪在岗实训 + 创业”的扶持模式，因此建议在黄南州率先开展推动“热贡艺术”产业发展促进就业创业试点工作，取得经验后，向其他地区推广。

参考文献

1. 国务院办公厅政府信息与政务公开办公室编《国务院大众创业万众创新政策选编》，人民出版社，2015。
2. 朱俊峰、窦菲菲、王健：《中国地方政府绩效评估研究——基于广义模糊综合评价模型的分析》，复旦大学出版社，2012。
3. 张玉利主编《创业研究经典文献述评》，南开大学出版社，2010。
4. 杜跃平、王林雪、段利民：《科技创业创新政策环境研究》，企业管理出版社，2016。
5. 国家发展和改革委员会编《2015 年中国大众创业万众创新发展报告》，人民出版社，2016。
6. 四川省创业创新政策措施落实情况第三方评估工作小组、四川省科学技术协会编《四川省“大众创业万众创新”蓝皮书　2015 版》，西南交通大学出版社，2016。
7. 谭梅：《电子商务：造血式扶贫广开新路》，《青海日报》2017 年 2 月 22 日。
8. 彭娜：《“青年之声”打开线上线下融合青年工作新格局》，《西海都市报》2017 年 5 月 9 日。
9. 青海省商务厅：《海北州电子商务专项调研报告》，青海省商务厅电商处供稿，2016 年 6 月 8 日。
10. 宋翠茹：《助推创新发展的“金钥匙”》，《青海日报》2017 年 4 月 12 日。
11. 宋翠茹：《青海：促进成果转化，为企业创新加力》，《青海日报》2017 年 2 月 15 日。
12. 花木嵯：《青海大数据公司和中国移动公司签署战略合作协议》，《青海日报》2017 年 5 月 11 日。

13. 芈峤:《青海国家级电商基地,发展正当时》,《青海日报》2017 年 2 月 8 日。

14. 宋翠茹:《青海科易网“贴身服务”创新创业者》,《青海日报》2017 年 4 月 12 日。

15.《青海省联手九次方大数据融合应用激活政府数据资源价值》,凤凰网,http://news.ifeng.com/a/20170315/。

16. 花木嵯:《我省运用大数据开展城乡房屋状况调查评估》,《青海日报》2017 年 4 月 25 日。

17. 董洁:《青海省政务云平台正式上线运行》,《青海日报》2017 年 3 月 2 日。

18. 师成森、杨静:《青海移动青海大数据公司共推大数据共享打造大数据产业基地》,青海新闻网,http://www.qhnews.com/newscenter/system/2017/05/16/012311975.shtml。

19. 李永兰:《青海再为拉面经济出台利好政策》,《海东时报》2017 年 3 月 27 日。

20.《全面实施创新驱动发展战略充分发挥科技创新核心力量引领推进青海绿色可持续发展》,《青海日报》2017 年 2 月 27 日。

21. 花木嵯:《让无边草原“拥抱”互联网》,《青海日报》2017 年 3 月 24 日。

22. 李欣:《让热贡艺术更加蔚为大观》,《青海日报》2017 年 6 月 6 日。

23. 马延芳:《青海大数据平台让精准扶贫既精又准》,《青海日报》2016 年 10 月 18 日。

24.《沈艳:大数据该如何助力实体经济转型?》,新华网·思客,http://sike.news.cn/statics/sike/posts/2017/03/219515292.html。

25. 张海虎:《省政府与浪潮集团签署战略合作协议》,《青海日报》2017 年 1 月 13 日。

26. 芈峤:《“探班”青海中小企业公共服务平台》,《青海日报》2017 年 3 月 8 日。

27. 李永兰:《15 家培训机构被取消招投标资格》,《海东时报》2017 年 3 月 7 日。

28. 罗连军：《我省 7442 人被认定为新型职业农牧民》，《青海日报》2017 年 4 月 11 日。

29. 赵静：《我省大规模培养现代青年农场主——一批新型职业农民走进课堂接受培训》，《青海日报》2016 年 11 月 30 日。

30. 青海省人力资源和社会保障厅：《我省组织实施农民工等四类返乡人员创业培训五年行动计划》，青海省人力资源和社会保障厅网站，http：//www. qhhrss. gov. cn/qhrstweb/article/articleinfo. action？rid = 64348。

31. 芈峤：《西宁生物园区高新技术企业培育实现新突破》，《青海日报》2017 年 2 月 15 日。

32. 师天浩：《新风口？农村电商还得过“三观”》，新华网 · 思客，2017 年 3 月 6 日。

33. 王颖：《用互联网思维“玩转”拉面经济》，《青海日报》2017 年 3 月 1 日。

34. 青海省科技厅：《以创新驱动绿色发展》，《经济日报》2015 年 2 月 27 日。

35. 《授权发布：中共中央关于制定国民经济和社会发展第十三个五年规划的建议》，新华社，http：//www. xinhuanet. com//fortune/2015 - 11/03/c_1117027676. htm。

36. 王晓明：《知识创新对中国经济增长的作用研究》，硕士学位论文，曲阜师范大学，2014。

附件1

青海省大众创业万众创新改革政策性文件目录（2014～2016年）

序号	文件名称	文号	印发时间	发文机关
1	《青海省关于完善省级财政科研项目资金管理政策的实施意见》	青办发〔2016〕47号	2016年11月	中共青海省委办公厅
2	《关于改革工商登记制度促进全省市场主体发展的意见》	青政〔2014〕25号	2014年4月	青海省人民政府
3	《关于印发青海省深入推动金融改革发展若干政策措施的通知》	青政〔2014〕30号	2014年4月	青海省人民政府
4	《关于印发〈青海省加快电子商务发展政策措施〉的通知》	青政〔2014〕71号	2014年12月	青海省人民政府
5	《关于进一步做好新形势下就业创业工作的实施意见》	青政〔2015〕63号	2015年7月	青海省人民政府
6	《关于改革省级财政科技计划和资金管理的实施意见》	青政〔2015〕80号	2015年9月	青海省人民政府
7	《关于"先照后证"改革后加强事中事后监管的实施意见》	青政〔2016〕18号	2016年2月	青海省人民政府
8	《关于大力发展电子商务加快培育经济新动力的实施意见》	青政〔2016〕34号	2016年4月	青海省人民政府
9	《转发省工商局关于青海省市场主体（经营场所）登记管理办法的通知》	青政办〔2014〕79号	2014年5月	青海省人民政府办公厅
10	《关于进一步做好2014年全省高校毕业生就业创业工作的通知》	青政办〔2014〕112号	2014年6月	青海省人民政府办公厅
11	《关于加强新形势下农民工工作的意见》	青政办〔2014〕113号	2014年6月	青海省人民政府办公厅

续表

序号	文件名称	文号	印发时间	发文机关
12	《青海省人民政府办公厅关于着力缓解企业融资难融资贵问题的实施意见》	青政办〔2015〕45号	2015年2月	青海省人民政府办公厅
13	《青海省人民政府办公厅转发金融办青海保监局关于青海省创业创新小额贷款保证保险实施方案的通知》	青政办〔2015〕122号	2015年6月	青海省人民政府办公厅
14	《关于发展众创空间推进大众创新创业的实施意见》	青政办〔2015〕144号	2015年8月	青海省人民政府办公厅
15	《关于印发推进"三证合一"登记制度改革实施方案的通知》	青政办〔2015〕166号	2015年8月	青海省人民政府办公厅
16	《关于印发〈青海省深化高等学校创业创新教育改革实施方案〉的通知》	青政办〔2015〕194号	2015年10月	青海省人民政府办公厅
17	《关于做好农民工等人员返乡创业工作的实施意见》	青政办〔2015〕241号	2016年1月	青海省人民政府办公厅
18	《青海省人民政府办公厅关于印发青海省推进"五证合一、一照一码"登记制度改革实施方案的通知》	青政办〔2016〕157号	2016年8月	青海省人民政府办公厅
19	《关于贯彻落实"互联网+流通"行动计划的实施意见》	青政办〔2016〕198号	2016年11月	青海省人民政府办公厅
20	《关于加快大众创业万众创新支撑平台建设服务实体经济转型升级的实施意见》	青政办〔2017〕2号	2017年1月	青海省人民政府办公厅
21	《关于做好企业名称网上远程核准有关工作的通知》	青工商企〔2014〕112号	2014年6月	青海省工商行政管理局
22	《青海省工商行政管理局关于印发〈青海省企业年度报告公示暂行办法〉的通知》	青工商企监〔2014〕172号	2014年9月	青海省工商行政管理局
23	《关于做好取消和调整工商登记前置审批事项有关工作的通知》	青工商企〔2014〕177号	2014年9月	青海省工商行政管理局
24	《关于贯彻执行国务院取消和调整工商登记前置审批事项的通知》	青工商企〔2014〕196号	2014年11月	青海省工商行政管理局
25	转发《青海省人民政府决定取消和调整的行政审批等事项目录》的通知	青工商企〔2014〕208号	2014年12月	青海省工商行政管理局
26	《关于严格落实工商登记前置审批事项目录的通知》	青工商企〔2015〕60号	2015年5月	青海省工商行政管理局
27	《关于严格落实"先照后证"改革有关工作的通知》	青工商企〔2015〕70号	2015年6月	青海省工商行政管理局

续表

序号	文件名称	文号	印发时间	发文机关
28	《青海省工商（市场监管）部门促进个体工商户发展实施意见》	青工商个〔2015〕120 号	2015 年 11 月	青海省工商行政管理局
29	《青海省工商系统企业登记“一审一核”办法》	青工商企〔2015〕137 号	2015 年 12 月	青海省工商行政管理局
30	《关于认真落实工商登记前置和后置审批事项的通知》	青工商企〔2016〕69 号	2016 年 5 月	青海省工商行政管理局
31	《关于转发工商总局调整工商登记前置审批事项目录的通知》	青工商企〔2016〕96 号	2016 年 7 月	青海省工商行政管理局
32	《关于转发工商总局第三次调整后的工商登记前置审批事项目录的通知》	青工商企〔2016〕138 号	2016 年 10 月	青海省工商行政管理局
33	《青海省工商行政管理局等五部门关于实施个体工商户营业执照和税务登记证“两证整合”有关工作的通知》	青工商个〔2016〕142 号	2016 年 11 月	青海省工商行政管理局
34	《关于深入推进青春创业扶贫行动的实施意见》	青团联发〔2015〕35 号	2015 年 5 月	共青团青海委、青海省扶贫局、青海省邮储银行
35	《关于开展贫困村致富带头人创业培训工作的实施意见》	青团联发〔2015〕39 号	2015 年 7 月	共青团青海委、青海省扶贫局
36	《关于开展寻找青海高原青年创客行动的通知》	青团联发〔2016〕15 号	2016 年 6 月	共青团青海委、中国银行青海省分行
37	《关于印发〈青海省小型微型企业创业示范基地管理暂行办法〉的通知》	青经信办〔2015〕199 号	2015 年 7 月	青海省经济和信息化委员会
38	《关于印发〈青海省众创空间认定管理办法（试行）〉的通知》	青科发高新〔2017〕44 号	2017 年 4 月	青海省科技厅
39	《关于印发〈青海省大学生创业创新投资引导资金管理暂行办法〉的通知》	青财教〔2015〕1156 号	2015 年 7 月	青海省财政厅、青海省科技厅
40	《关于印发〈推进新型职业农牧民培育工作指导意见〉的通知》	青农科〔2016〕106 号	2016 年 4 月	青海省农牧厅、青海省人社厅、青海省财政厅
41	《关于调整提高我省享受城乡低保家庭和残疾应届高校毕业生一次性求职补贴及高校毕业生一次性创业奖励标准的通知》	青人社厅发〔2015〕54 号	2015 年 4 月	青海省人力资源和社会保障厅

续表

序号	文件名称	文号	印发时间	发文机关
42	《关于青海省就业创业资金使用管理及有关问题的通知》	青人社厅发〔2015〕129号	2015年11月	青海省人力资源和社会保障厅、青海省财政厅
43	《关于印发〈2016年青海省转移就业脱贫行动方案〉的通知》	青人社厅发〔2016〕53号	2016年4月	青海省人力资源和社会保障厅
44	《关于印发〈青海省创业孵化基地认定和管理暂行办法(试行)〉的通知》	青人社厅发〔2016〕79号	2016年6月	青海省人力资源和社会保障厅、青海省财政厅
45	《关于印发〈青海省省级创业促进就业扶持资金管理办法〉的通知》	青财社字〔2015〕1621号	2015年9月	省财政厅、省人社厅、人民银行西宁中心支行
46	《关于印发〈关于青海省省级创业促进就业扶持资金管理办法〉的通知》	青财社〔2015〕1622号	2015年9月	青海省财政厅、青海省人社厅
47	《关于印发〈支持小微企业创业创新发展的实施意见〉的通知》	青财企〔2015〕1824号	2015年9月	青海省财政厅、青海省经信委
48	《青海省大学生创业创新投资引导资金管理暂行办法》	青财教〔2015〕1156号	2015年7月	青海省财政厅、青海省科技厅
49	《青海省省级财政科技专项资金管理办法》	青财教〔2016〕2307号	2016年12月	青海省财政厅青海省科技厅
50	《青海省创业贷款担保基金管理办法》	青财社〔2015〕1621号	2015年8月	省财政厅、省人社厅、人民银行西宁中心支行
51	《青海省省级创业促进就业扶持资金管理办法》	青财社〔2015〕1622号	2015年8月	青海省财政厅、青海省人社厅

附件2

青海省大众创业万众创新调查问卷（1-A）

尊敬的先生/女士：

您好！本次调查是为了更好地了解国家和我省推进大众创业万众创新相关政策措施的贯彻落实情况，听取广大干部群众在创业创新方面的意见和建议而依法开展的一项调查评估活动。本问卷采取匿名方式，您所填写的内容仅供分析研究之用，请放心填写。非常感谢您的配合与帮助！

青海省社会科学院创业创新评估课题组

一　基本信息

1. 您所在的地区是？请写明：______州（市）______县（区）
2. 您的职业身份是？（　）

　A. 公务员　B. 事业单位人员　C. 大学生　D. 企业员工

　E. 农牧民　F. 创业人员　G. 其他

3. 您的学历是？（　）

　A. 初中　B. 高中　C. 大学　D. 研究生

4. 您的民族是？请写明______

二　主要内容

5. 您是否了解国务院《关于大力推进大众创业万众创新若干政策措施的意见》和青海省《关于发展众创空间推进大众创新创业的实施意见》？（　）

　A. 完全了解　B. 部分了解　C. 不了解

6. 您是否了解关于大众创业万众创新的政策措施?

A. 完全了解　　B. 部分了解　　C. 不了解

7. 您认为青海省制定的《关于进一步做好新形势下就业创业工作的实施意见》效果如何?(　)

A. 非常好　　B. 比较好　　C. 一般

D. 较差　　E. 不了解

8. 您认为政府出台的清理妨碍创业发展的有关制度规定是否到位?(　)

A. 完全到位　　B. 部分到位　　C. 不到位　　D. 不了解

9. 您认为政府出台的有利于公平竞争的审查制度是否完善?(　)

A. 完善　　B. 比较完善　　C. 不完善　　D. 不了解

10. 您认为政府在企业信用信息发布制度方面做的是否到位?(　)

A. 非常到位　　B. 比较到位　　C. 不到位　　D. 不了解

11. 请您评价行政审批制度改革是否到位?

A. 到位　　B. 比较到位　　C. 不够到位　　D. 不了解

12. 您认为现在对新注册企业登记条件是否宽松?(　)

A. 非常宽松　　B. 比较宽松　　C. 不够宽松　　D. 不了解

13. 您所在地区（行业、部门）是否已经建立了市场准入负面清单?(　)

A. 建立了　　B. 部分建立了　　C. 未建立　　D. 不了解

14. 您认为我省有关知识产权维权保护规定是否到位?(　)

A. 完全到位　　B. 部分到位　　C. 不到位　　D. 不了解

15. 您认为现行的国民教育体系在创业教育和培训制度上是否健全?(　)

A. 非常健全　　B. 比较健全　　C. 不健全　　D. 不了解

16. 您认为现在人才自由流动的途径是否畅通?(　)

A. 非常畅通　　B. 比较畅通　　C. 不够畅通　　D. 不了解

17. 您认为我省应如何培育更加公平的市场竞争环境？有何意见建议？

青海省大众创业万众创新调查问卷（1－B）

一　基本信息

1. 您所在的地区是？请写明：______州（市）______县（区）

2. 您的职业身份是？（　）

   A. 公务员　B. 事业单位人员　C. 学生　D. 企业员工
   E. 农牧民　F. 创业人员　G. 其他

3. 您的学历是？（　）

   A. 初中　B. 高中　C. 大学　D. 研究生

4. 您的民族是？请写明______

二　主要内容

5. 您认为国务院《关于大力推进大众创业万众创新若干政策措施的意见》和青海省《关于发展众创空间推进大众创新创业的实施意见》落实情况如何？（　）

   A. 非常好　B. 比较好　C. 一般
   D. 较差　E. 不了解

6. 您是否了解国家和我省出台的大众创业万众创新的一系列政策措施？（　）

   A. 完全了解　B. 部分了解　C. 不了解

7. 您是否了解青海省人民政府《关于进一步做好新形势下就业创业工作的实施意见》？（　）

   A. 完全了解　B. 部分了解　C. 不了解

8. 您是否了解政府出台的清理妨碍创业发展的有关制度规定？（　）

A. 完全了解　B. 部分了解　C. 不了解

9. 您是否了解政府出台的有利于公平竞争的审查制度？（　）

A. 完全了解　B. 部分了解　C. 不了解

10. 您是否了解企业信用信息发布制度的有关规定？（　）

A. 完全了解　B. 部分了解　C. 不了解

11. 您认为现行的政府行政审批制度是否更有利于创业创新？（　）

A. 是　B. 否　C. 不了解

12. 您是否了解对新注册企业场所登记条件的放宽规定？（　）

A. 完全了解　B. 部分了解　C. 不了解

13. 您所在地区创业创新时的市场准入门槛是否降低了？（　）

A. 降低了　B. 有所降低　C. 没有降低　D. 不了解

14. 您是否了解我省保护知识产权的有关规定？（　）

A. 完全了解　B. 部分了解　C. 不了解

15. 您是否了解现行的国民教育体系在创业教育和培训制度上的有关规定？（　）

A. 完全了解　B. 部分了解　C. 不了解

16. 您是否了解人才自由流动的有关途径？（　）

A. 完全了解　B. 部分了解　C. 不了解

17. 您创业创新时当地政府在组织和领导方面是否重视？（　）

A. 非常重视　B. 比较重视　C. 不够重视

D. 不重视　E. 不了解

18. 您希望在体制机制上如何营造大众创业万众创新的市场环境？有何意见建议？

青海省大众创业万众创新调查问卷（2-A-1）

一　基本信息

1. 您所在的地区是？请写明：______州（市）______县（区）
2. 您的职业身份是？（　）

   A. 公务员　B. 事业单位人员　C. 大学生　D. 企业员工

   E. 农牧民　F. 创业人员　G. 其他
3. 您的学历是？（　）

   A. 初中　B. 高中　C. 大学

   D. 研究生　E. 其他
4. 您的民族是？请写明______

二　主要内容

5. 你所在的地区（部门、行业）是否设立了地方政府创业基金？（　）

   A. 设立了　B. 没有设立　C. 不了解
6. 您是否了解促进创业创新的财政优惠政策？（　）

   A. 完全了解　B. 部分了解　C. 不了解
7. 你所在的地区（部门、行业）是否出台了促进中小企业发展的政府采购政策？（　）

   A. 出台了　B. 没有出台　C. 不了解
8. 您是否了解促进中小企业发展的政府采购政策？（　）

   A. 完全了解　B. 部分了解　C. 不了解
9. 您认为地方政府对创新产品和服务的采购力度如何？（　）

A. 力度很大　B. 力度较大　C. 力度一般
D. 力度较小　E. 没有力度　F. 不了解

10. 您认为政府采购政策对促进中小企业发展的效果如何？（　）
A. 很好　B. 较好　C. 一般
D. 较差　E. 很差　F. 不了解

11. 您所在的地区（部门、行业）是否开展了创业创新财政资金使用绩效评价工作？（　）
A. 开展了　B. 没有开展　C. 不了解

12. 您所在的地区（部门、行业）是否通过对众创空间等孵化机构的办公用房、用水、用能、网络等软硬件设施给予适当优惠，以减轻创业者负担？（　）
A. 减轻了　B. 没有减轻　C. 不了解

13. 您认为地方财政部门支持创业创新的力度如何？（　）
A. 力度很大　B. 力度较大　C. 力度一般
D. 力度较小　E. 没有力度　F. 不了解

14. 您认为创业创新财政政策落实效果如何？（　）
A. 效果很好　B. 效果较好　C. 效果一般
D. 效果较差　E. 效果很差　F. 不了解

15. 您对改进创业创新财政优惠政策什么意见和建议？

青海省大众创业万众创新调查问卷（2-A-2）

一　基本信息

1. 您所在的地区是？请写明：______州（市）______县（区）
2. 您的职业身份是？（　）

   A. 公务员　B. 事业单位人员　C. 大学生　D. 企业员工

   E. 农牧民　F. 创业人员　G. 其他
3. 您的学历是？（　）

   A. 初中　B. 高中　C. 大学

   D. 研究生　E. 其他
4. 您的民族是？请写明______

二　主要内容

5. 您是否了解促进创业创新的税收优惠政策？（　）

   A. 完全了解　B. 部分了解　C. 不了解
6. 您所在地区（行业、部门）是否出台了扶持小微企业发展的税收优惠政策？（　）

   A. 出台了　B. 没有出台　C. 不了解
7. 您所在地区（行业、部门）是否出台了促进高校毕业生、残疾人、退役军人、登记失业人员等创业就业税收优惠政策？（　）

   A. 出台了　B. 没有出台　C. 不了解
8. 你所在的地区（行业、部门）是否出台了对符合条件的众创空间等新型孵化机构使用科技企业孵化器税收优惠政策？（　）

   A. 出台了　B. 没有出台　C. 不了解

9. 你所在的地区（行业、部门）是否出台对包括天使投资在内投向种子期、初创期等创业创新活动的投资享受税收优惠政策？（　）

A. 出台了　B. 没有出台　C. 不了解

10. 您所在地区（行业、部门）是否修订完善高新技术企业认定办法，完善创业投资企业享受70%应纳税所得额税收抵免政策？（　）

A. 修订完善了　B. 没有修订完善　C. 不了解

11. 您所在的地区（行业、部门）是否推广了中关村国家自主创新示范区税收试点政策？（　）

A. 推广了　B. 没有推广　C. 不了解

12. 您所在地区（部门、行业）是否落实了科技企业孵化器、大学科技园、研发费用加计扣除、固定资产加速折旧等税收优惠政策？（　）

A. 落实了　B. 没有落实　C. 不了解

13. 您认为税务部门对创业创新的支持力度如何？（　）

A. 力度很大　B. 力度较大　C. 力度一般

D. 力度较小　E. 没有力度　F. 不了解

14. 您认为促进创业创新的税收优惠政策落实效果如何？（　）

A. 效果很好　B. 效果较好　C. 效果一般

D. 效果较差　E. 效果很差　F. 不了解

15. 您所在地区（单位、部门、行业）是否建立了促进创业创新的目标责任考核机制？（　）

A. 建立了　B. 没有建立　C. 不了

16. 您对改进创业创新税收优惠政策什么意见和建议？

青海省大众创业万众创新调查问卷（2－A－3）

一　基本信息

1. 您所在的地区是？请写明：______州（市）______县（区）

2. 您的职业身份是？（　）

A. 公务员　B. 事业单位人员　C. 大学生　D. 企业员工

E. 农牧民　F. 创业人员　G. 其他

3. 您的学历是？（　）

A. 初中　B. 高中　C. 大学

D. 研究生　E. 其他

4. 您的民族是？请写明______

二　主要内容

5. 您所在地区（部门、行业）是否出台了促进创业创新的金融优惠政策？（　）

A. 出台了　B. 没有出台　C. 不了解

6. 您是否了解促进创业创新的金融优惠政策？（　）

A. 完全了解　B. 部分了解　C. 不了解

7. 您所在地区（部门、行业）是否出台了创业担保贷款优惠政策？（　）

A. 出台了　B. 没有出台　C. 不了解

8. 您认为创业担保贷款优惠政策落实效果如何？（　）

A. 很好　B. 较好　C. 一般

D. 较差　E. 很差　F. 不了解

9. 您所在地区（部门、行业）是否建立了知识产权融资体系？（ ）

A. 建立了 B. 没有建立 C. 不了解

10. 您所在地区（部门、行业）是否建立了促进创业创新的目标责任考核机制？（ ）

A. 建立了 B. 没有建立 C. 不了解

11. 您所在地区（部门、行业）是否对创业创新活动给予针对性的股权和债权融资支持？（ ）

A. 支持了 B. 没有支持 C. 不了解

12. 您所在地区（部门、行业）的银行业金融机构是否向创业企业提供结算、融资、理财、咨询等一站式系统化的金融服务？（ ）

A. 提供了 B. 没有提供 C. 不了解

13. 你所在的地区（行业、部门）是否开展了小额股权众筹融资试点？（ ）

A. 开展了 B. 没有开展 C. 不了解

14. 你所在的地区（行业、部门）保险资金是否参与了创业创新？（ ）

A. 参与了 B. 没有参与 C. 不了解

15. 你所在的地区（行业、部门）是否出台了支持知识产权金融发展的政策法规？（ ）

A. 出台了 B. 没有出台 C. 不了解

16. 你所在的地区（行业、部门）是否出台支持和鼓励创业企业通过债券市场筹集资金的政策法规？（ ）

A. 出台了 B. 没有出台 C. 不了解

17. 你所在的地区（行业、部门）是否出台了支持、鼓励互联网和高新技术企业到创业板发行上市的政策法规？（ ）

A. 出台了 B. 没有出台 C. 不了解

18. 你所在的地区（行业、部门）是否出台支持和鼓励股权质押融资的政策法规？（ ）

A. 出台了 B. 没有出台 C. 不了解

19. 你所在的地区（行业、部门）是否出台支持和鼓励符合条件的发行主体

发行小微企业增信集合债等企业债券创新品种的政策法规？（　）

A. 出台了　B. 没有出台　C. 不了解

20. 您认为金融部门支持创业创新的力度如何？（　）

A. 力度很大　B. 力度较大　C. 力度一般

D. 力度较小　E. 没有力度　F. 不了解

21. 您认为促进创业创新的金融优惠政策落实效果如何？（　）

A. 效果很好　B. 效果较好　C. 效果一般

D. 效果较差　E. 效果很差　F. 不了解

22. 您对改进创业创新金融优惠政策什么意见和建议？

青海省大众创业万众创新调查问卷（2－B）

一　基本信息

1. 您所在的地区是？请写明：______州（市）______县（区）

2. 您的职业身份是？（　）

A. 公务员　B. 事业单位人员　C. 大学生　D. 企业员工

E. 农牧民　F. 创业人员　G. 其他

3. 您的学历是？（　）

A. 初中　B. 高中　C. 大学

D. 研究生　E. 其它

4. 您的民族是？请写明______

二　主要内容

5. 你所在的地区（部门、行业）是否设立了地方政府创业基金？（　）

A. 设立了　B. 没有设立　C. 不了解

6. 您是否了解促进创业创新的财政政策？（　）

A. 完全了解　B. 部分了解　C. 不了解

7. 您认为创业创新财政政策落实效果如何？（　）

A. 效果很好　B. 效果较好　C. 效果一般

D. 效果较差　E. 效果很差　F. 不了解

8. 您认为地方财政部门支持创业创新的力度如何？（　）

A. 力度很大　B. 力度较大　C. 力度一般

D. 力度较小　E. 没有力度　F. 不了解

9. 您是否从创业创新财政政策中受益？（　）

A. 受益很大　B. 受益较大　C. 受益较小

D. 没有受益　E. 不了解

10. 你所在的地区（部门、行业）是否出台了促进中小企业发展的政府采购政策？（　）

A. 出台了　B. 没有出台　C. 不了解

11. 您是否了解促进中小企业发展的政府采购政策？（　）

A. 完全了解　B. 部分了解　C. 不了解

12. 您认为地方政府对创新产品和服务的采购力度如何？（　）

A. 力度很大　B. 力度较大　C. 力度一般

D. 力度较小　E. 没有力度　F. 不了解

13. 您认为政府采购政策对促进中小企业发展的效果如何？（　）

A. 很好　B. 较好　C. 一般

D. 较差　E. 很差　F. 不了解

14. 您是否从促进创业创新的政府采购政策中受益？（　）

A. 受益很大　B. 受益较大　C. 受益较小　D. 没有受益

15. 您所在地区（部门、行业）是否出台了扶持小微企业发展的税收优惠政策？（　）

A. 出台了　B. 没有出台　C. 不了解

16. 您所在地区（部门、行业）是否出台了促进高校毕业生等创业就业税收优惠政策？（　）

A. 出台了　B. 没有出台　C. 不了解

17. 您所在地区（部门、行业）是否落实了科技企业孵化器等税收优惠政策？（　）

A. 落实了　B. 没有落实　C. 不了解

18. 您是否了解促进创业创新的税收政策？（　）

A. 完全了解　B. 部分了解　C. 不了解

19. 您认为税务部门对创业创新的支持力度如何？（　）

A. 力度很大　B. 力度较大　C. 力度一般

D. 力度较小　E. 没有力度　F. 不了解

20. 您认为促进创业创新的税收政策落实效果如何？（　）

A. 效果很好　B. 效果较好　C. 效果一般

D. 效果较差　E. 效果很差　F. 不了解

21. 您是否从促进创业创新的税收政策中受益？（　）

A. 受益很大　B. 受益较大　C. 受益较小　D. 没有受益

22. 您认为所在地区（部门、行业）高新技术企业认定办法是否完善？（　）

A. 完善　B. 比较完善　C. 不完善　D. 不了解

23. 您所在地区（部门、行业）是否出台了促进创业创新的金融优惠政策？（　）

A. 出台了　B. 没有出台　C. 不了解

24. 您认为金融部门支持创业创新的力度如何？（　）

A. 力度很大　B. 力度较大　C. 力度一般

D. 力度较小　E. 没有力度　F. 不了解

25. 您是否了解促进创业创新的金融政策？（　）

A. 完全了解　B. 部分了解　C. 不了解

26. 您认为促进创业创新的金融政策落实效果如何？（　）

A. 效果很好　B. 效果较好　C. 效果一般

D. 效果较差　E. 效果很差　F. 不了解

27. 您是否从促进创业创新的金融政策中受益？（　）

A. 受益很大　B. 受益较大　C. 受益较小　D. 没有受益

28. 您对银行等金融机构促进创业创新的金融服务是否满意？（　）

A. 满意　B. 比较满意　C. 不满意　D. 不了解

29. 您所在地区（部门、行业）是否出台了创业担保贷款政策？（　）

A. 出台了　B. 没有出台　C. 不了解

30. 您认为创业担保贷款优惠政策落实效果如何？（　）

A. 效果很好　B. 效果较好　C. 效果一般

D. 效果较差　E. 效果很差　F. 不了解

31. 您是否从创业担保贷款优惠政策中受益？(　)

A. 受益很大　B. 受益较大　C. 受益较小　D. 没有受益

32. 您所在地区（部门、行业）是否建立了知识产权融资体系？(　)

A. 建立了　B. 没有建立　C. 不了解

33. 您的融资渠道主要是：(可多选)(　)

A. 银行贷款　B. 债权融资　C. 股权融资　D. 风险投资

E. 自筹资金　F. 民间借贷　G. 其他

34. 您贷款难的主要原因是：(可多选)(　)

A. 银行对企业财务状况或经营状况要求过于苛刻

B. 担保条件过于苛刻

C. 对企业信用等级要求太高

D. 银行缺乏针对中小企业特点的信贷产品

E. 银行贷款业务流程设置不合理

F. 本企业管理上存在的一些问题

G. 其他原因

35. 您对改进创业创新财税金融政策什么意见和建议？

青海省大众创业万众创新调查问卷（3-A）

一　基本信息

1. 您所在的地区是？请写明：______州（市）______县（区）

2. 您的职业身份是？（　）

A. 公务员　B. 事业单位人员　C. 大学生　D. 企业员工

E. 农牧民　F. 创业人员　G. 其他

3. 您的学历是？（　）

A. 初中　B. 高中　C. 大学

D. 研究生　E. 其它

4. 您的民族是？请写明______

二　主要内容

5. 您所在地区（部门、行业）是否建立了直接融资平台？（　）

A. 建立了　B. 没有建立　C. 不了解

6. 您是否了解我省新兴产业创业投资相关政策法规？（　）

A. 完全了解　B. 部分了解　C. 不了解

7. 您认为我省新兴产业创业投资体系是否健全？（　）

A. 健全　B. 不健全　C. 不了解

8. 您认为地方政府支持新兴产业创业投资的力度如何？（　）

A. 力度很大　B. 力度较大　C. 力度一般

D. 力度较小　E. 没有力度　F. 不了解

9. 您认为我省支持和促进新兴产业创业投资的政策法规落实效果如何？（　）

A. 效果很好　B. 效果较好　C. 效果一般
D. 效果较差　E. 效果很差　F. 不了解

10. 您所在地区（部门、行业）是否设立了创业投资引导基金？（　）
A. 设立了　B. 没有设立　C. 不了解

11. 您认为我省创业投资引导基金作用如何？（　）
A. 作用很大　B. 作用较大　C. 作用一般
D. 作用较小　E. 没有作用　F. 不了解

12. 您是否了解青海省创业投资政策法规？（　）
A. 完全了解　B. 部分了解　C. 不了解

13. 您所在地区（单位、部门、行业）是否实施了创业创新三年行动计划？（　）
A. 实施了　B. 没有实施　C. 不了解

14. 您所在地区（单位、部门、行业）是否开展了商业银行与创业投资机构市场化合作？（　）
A. 开展了　B. 没有开展　C. 不了解

15. 您认为所在地区（单位、行业、部门）是否落实了国家促进创业投资"引进来"与"走出去"相关政策法规？（　）
A. 完全落实　B. 部分落实　C. 未落实　E. 不了解

16. 您是否了解我省出台的促进创业投资"引进来"与"走出去"的相关政策法规？（　）
A. 完全了解　B. 部分了解　C. 不了解

17. 您认为青海省出台的促进创业投资"引进来"政策法规实施效果如何？（　）
A. 效果很好　B. 效果较好　C. 效果一般
D. 效果较差　E. 效果很差　F. 不了解

18. 您认为青海省出台的促进创业投资"走出去"政策法规实施效果如何？（　）
A. 效果很好　B. 效果较好　C. 效果一般
D. 效果较差　E. 效果很差　F. 不了解

19. 您所在地区（单位、部门、行业）是否放宽了外商投资准入条件？（　）

A. 放宽了　　B. 没有放宽　　C. 不了解

20. 您所在地区（单位、部门、行业）是否放宽了对外资创业投资基金投资限制？（　）

A. 放宽了　　B. 没有放宽　　C. 不了解

21. 您认为我省对创业投资境外投资管理政策法规是否完善？（　）

A. 完善　　B. 比较完善　　C. 不完善　　D. 不了解

22. 您认为我省创业投资基金供给渠道是否畅通？（　）

A. 畅通　　B. 比较畅通　　C. 不畅通　　D. 不了解

23. 您所在地区（单位、部门、行业）是否建立了促进创业创新的目标责任考核机制？（　）

A. 建立了　　B. 没有建立　　C. 不了解

24. 您对推进我省创业投资改革什么意见和建议？

青海省大众创业万众创新调查问卷（3－B）

一　基本信息

1. 您所在的地区是？请写明：______州（市）______县（区）

2. 您的职业身份是？（　）

   A. 公务员　B. 事业单位人员　C. 大学生　D. 企业员工

   E. 农牧民　F. 创业人员　G. 其他

3. 您的学历是？（　）

   A. 初中　B. 高中　C. 大学

   D. 研究生　E. 其它

4. 您的民族是？请写明______

二　主要内容

5. 您所在地区（部门、行业）是否建立了直接融资平台？（　）

   A. 建立了　B. 没有建立　C. 不了解

6. 您是否从当地建立的直接融资平台中受益？（　）

   A. 受益很大　B. 受益较大　C. 受益较小　D. 没有受益

7. 您是否了解我省新兴产业创业投资相关政策法规？（　）

   A. 完全了解　B. 部分了解　C. 不了解

8. 您认为我省新兴产业创业投资体系是否健全？（　）

   A. 健全　B. 不健全　C. 不了解

9. 您认为地方政府支持新兴产业创业投资的力度如何？（　）

   A. 力度很大　B. 力度较大　C. 力度一般

D. 力度较小　E. 没有力度　F. 不了解

10. 您认为我省支持和促进新兴产业创业投资的政策法规落实效果如何？（　）

A. 效果很好　B. 效果较好　C. 效果一般

D. 效果较差　E. 效果很差　F. 不了解

11. 您所在地区（部门、行业）是否设立了创业投资引导基金？（　）

A. 设立了　B. 没有设立　C. 不了解

12. 您是否从我省设立的创业投资引导基金中受益？（　）

A. 受益很大　B. 受益较大　C. 受益较小　D. 没有受益

13. 您是否了解青海省创业投资政策法规？（　）

A. 完全了解　B. 部分了解　C. 不了解

14. 您是否从青海省创业投资政策法规中受益？（　）

A. 受益很大　B. 受益较大　C. 受益较小　D. 没有受益

15. 您所在地区（单位、部门、行业）是否实施了创业创新三年行动计划？（　）

A. 实施了　B. 没有实施　C. 不了解

16. 您是否从商业银行与创业投资机构市场化合作中受益？（　）

A. 受益很大　B. 受益较大　C. 受益较小　D. 没有受益

17. 您是否了解我省出台的促进创业投资“引进来”与“走出去”的相关政策法规？（　）

A. 完全了解　B. 部分了解　C. 不了解

18. 您认为青海省出台的促进创业投资“引进来”政策法规实施效果如何？（　）

A. 效果很好　B. 效果较好　C. 效果一般

D. 效果较差　E. 效果很差　F. 不了解

19. 您认为青海省出台的促进创业投资“走出去”政策法规实施效果如何？（　）

A. 效果很好　B. 效果较好　C. 效果一般

D. 效果较差　E. 效果很差　F. 不了解

20. 您的企业是否从青海省出台的促进创业投资“引进来”与“走出去”政策法规中受益？（　）

A. 受益很大　B. 受益较大　C. 受益较小　D. 没有受益

21. 您所在地区（部门、行业）是否放宽了外商投资准入条件？（　）

A. 放宽了　B. 没有放宽　C. 不了解

22. 您所在地区（部门、行业）是否放宽了对外资创业投资基金投资限制？（　）

A. 放宽了　B. 没有放宽　C. 不了解

23. 您认为我省对创业投资境外投资管理政策法规是否完善？（　）

A. 完善　B. 比较完善　C. 不完善　D. 不了解

24. 您认为我省创业投资基金供给渠道是否畅通？（　）

A. 畅通　B. 比较畅通　C. 不畅通　D. 不了解

25. 您对推进我省创业投资改革有什么意见和建议？

青海省大众创业万众创新调查问卷（4 - A）

一　基本信息

1. 您所在地区是：________州（市）________县（区）

2. 您的职业身份是：（　）

A. 公务员　B. 事业单位职员　C. 企业职工　D. 学生

E. 创业人员　F. 农（牧）民　H. 其他

3. 您的文化程度是：（　）

A. 初中级以下　B. 高中　C. 大学

D. 研究生　E. 其他

4. 您的民族是：________族

二　主要内容

5. 您对创业孵化服务的政策措施是否了解？（　）

A. 完全了解　B. 部分了解　C. 不了解

6. 您的工作业务与创业孵化服务的关联度：（　）

A. 很高　B. 较高　C. 一般

D. 较低　E. 没有关联度

7. 您所在地区（行业、部门、单位）有哪些类型的众创空间（可多选）：（　）

A. 创客空间　B. 创业咖啡（车库咖啡）

C. 创新工场　D. 创业园区（创业基地）

E. 其他（请注明）__________　F. 以上均无

8. 您认为青海省落实创业孵化服务政策措施的实际效果：（　）

A. 很好　　B. 较好　　C. 一般

D. 差　　E. 很差　　F. 不了解

9. 您认为青海省针对创业创新的第三方专业化服务水平：（　）

A. 很高　　B. 较高　　C. 一般

D. 较低　　E. 很低　　F. 不了解

10. 您在工作中接触过下列哪些针对创业创新的第三方专业化服务（可多选）：（　）

A. 企业管理　　B. 财务咨询　　C. 市场营销　　D. 人力资源

E. 法律顾问　　F. 知识产权　　G. 检验检测　　H. 现代物流

I. 其他（请注明）__________　　J. 以上均未接触过

11. 您认为青海省落实"互联网+"创业服务政策措施的实际效果：（　）

A. 很好　　B. 较好　　C. 一般

D. 较差　　E. 很差　　F. 不了解

12. 您所在地区（行业、部门、单位）是否建立了"互联网+"创业网络体系？（　）

A. 已经建立　　B. 部分建立　　C. 尚未建立　　C. 不了解

13. 您所在地区（政府、大型互联网企业、基础电信企业）是否实现了互联网数据开放共享？（　）

A. 已经实现　　B. 部分实现　　C. 尚未实现　　D. 不了解

14. 您所在地区（行业、部门、单位）采用过创业券、创新券等公共服务新模式吗？（　）

A. 采用过以上两种　　B. 采用过其中一种

C. 均未采用过　　D. 不了解

15. 您所在单位（行业、部门）是否将众创空间建设与发展情况纳入目标责任考核评价范围？（　）

A. 已全部纳入　　B. 只考核不评估

C. 只评估不考核　　D. 均未纳入

E. 不了解

青海省大众创业万众创新调查问卷（4-B）

一　基本信息

1. 您所在地区是：________州（市）________县（区）

2. 您的职业身份是：（　）

A. 公务员　B. 事业单位职员　C. 企业职工　D. 学生

E. 创业人员　F. 农（牧）民　H. 其他

3. 您的文化程度是：（　）

A. 初中级以下　B. 高中　C. 大学

D. 研究生　E. 其他

4. 您的民族是：________族

二　主要内容

5. 您对创业孵化服务的政策措施是否了解？（　）

A. 完全了解　B. 部分了解　C. 不了解

6. 您接受过创业孵化服务吗？（　）

A. 接受过　B. 部分接受过　C. 没有接受过　D. 不了解

7. 您是在下列哪种类型的众创空间中创业的（可多选）：（　）

A. 创客空间　B. 创业咖啡（车库咖啡）

C. 创新工场　D. 创业园区（创业基地）

E. 其他（请注明）________　F. 以上均无

8. 您运用过创业孵化器与天使投资、创业投资相结合的投融资模式吗？（　）

A. 全部运用过　　B. 运用过其中一部分

C. 均未运用过　　D. 不了解

9. 您对创业孵化与高校、科研院所技术成果转移相结合的情况：(　)

A. 亲身经历过　B. 曾经接触过　C. 听说过　D. 不了解

10. 您对本地区落实创业孵化服务政策措施的情况满意吗？(　)

A. 满意　B. 基本满意　C. 不满意　D. 不了解

11. 您接受过下列哪些针对创业创新的第三方专业化服务：(　)

A. 企业管理　B. 财务咨询　C. 市场营销　D. 人力资源

E. 法律顾问　F. 知识产权　G. 检验检测　H. 现代物流

I. 其他（请注明）__________　J. 以上均未接受过

12. 您对青海省第三方专业化服务水平的评价是：(　)

A. 水平很高　B. 水平较高　C. 水平一般

D. 水平较低　E. 水平很低　F. 不了解

13. 您是“互联网+”创业网络体系的受益者吗？(　)

A. 是　B. 部分是　C. 不是　D. 不清楚

14. 您认为从政府、大型互联网企业、基础电信企业获取创业所需的互联网数据资源：(　)

A. 很容易　B. 比较容易　C. 比较困难

D. 很困难　E. 不了解

15. 您对青海省落实“互联网+”创业服务政策措施的情况满意吗？(　)

A. 满意　B. 基本满意　C. 不满意　D. 不了解

16. 您接受过创业券、创新券等公共服务新模式吗？(　)

A. 接受过以上两种　B. 接受过其中一种

C. 均未接受过　D. 不了解

17. 您对创业孵化服务的最大期待是（请直接填写）：______

青海省大众创业万众创新调查问卷（5－A）

一　基本信息

1. 您所在地区是：________州（市）________县（区）

2. 您的职业身份是：（　）

A. 公务员　B. 事业单位职员　C. 企业职工　D. 学生

E. 创业人员　F. 农（牧）民　H. 其他

3. 您的文化程度是：（　）

A. 初中级以下　B. 高中　C. 大学

D. 研究生　E. 其他

4. 您的民族是：________族

二　主要内容

5. 您对创业创新平台建设的政策措施是否了解？（　）

A. 完全了解　B. 部分了解　C. 不了解

6. 您所在地区（行业、部门、单位）是否建立了创业政策集中发布平台？（　）

A. 已经建立　B. 尚未建立　C. 不了解

7. 您所在地区（行业、部门、单位）的创业平台开展过下列哪些活动（可多选）？（　）

A. 公益讲坛　B. 创业论坛　C. 创业培训

D. 创业创新大赛　E. 其他（请注明）______

F. 以上均无　G. 不了解

8. 您所在地区（行业、部门、单位）是否建立了中小企业公共服务平台？（ ）

A. 已经建立　B. 尚未建立　C. 不了解

9. 您认为本地区企业员工内部创业：（ ）

A. 成效明显　B. 成效一般　C. 成效较小

D. 没有成效　E. 不了解

10. 您所在地区（行业、部门、单位）是否建立了创业失败者再创业的指导和援助机制？（ ）

A. 已经建立　B. 尚未建立　C. 不了解

11. 您所在地区（行业、部门、单位）是否建立了就业创业统计指标体系和信息发布制度？（ ）

A. 已经建立　B. 尚未建立　C. 不了解

12. 您所在地区（行业、部门、单位）举办过创业创新活动周吗？（ ）

A. 举办过　B. 未举办过　C. 不了解

13. 您对青海省落实创业创新公共平台建设政策措施情况的评价是：（ ）

A. 成效明显　B. 成效一般　C. 成效较小

D. 没有成效　E. 不了解

14. 您所在地区（行业、部门、单位）的科研基础设施、大型科研仪器和专利资源信息向全社会开放吗？（ ）

A. 全部开放　B. 部分开放　C. 不开放　D. 不了解

15. 请评价您所在地区的企业开展面向创业者的社会化服务（如3D打印、网络制造等）状况：（ ）

A. 做得很好　B. 做得较好　C. 做得一般

D. 做得较差　E. 做得很差　F. 不了解

16. 请评价您所在地区的企业建立专业化、市场化技术转移平台的状况：（ ）

A. 数量．质量俱佳　B. 有一定数量，但质量较差

C. 既无数量，也无质量　D. 不了解

17. 您认为青海省落实创业创新技术平台建设政策措施的成效：（ ）

A. 很好　　B. 较好　　C. 一般

D. 较差　　E. 很差　　F. 不了解

18. 您所在地区开展过小微企业创业创新基地城市示范工作吗？（　）

A. 开展过　　B. 未开展过　　C. 不了解

19. 您所在地区（行业、部门、单位）是否为创业者提供低成本办公场所和居住条件？（　）

A. 全部提供　　B. 只提供其中之一　C. 均不提供　D. 不了解

20. 您认为青海省实施创业创新区域平台建设的力度：（　）

A. 很大　　B. 较大　　C. 一般

D. 较小　　E. 很小　　F. 不了解

21. 您所在单位开展过有关创业创新的宣传教育活动吗？（　）

A. 开展过多次　　B. 开展过，但次数不多

C. 从未开展过　　D. 不了解

青海省大众创业万众创新调查问卷（5－B）

一　基本信息

1. 您所在地区是：________州（市）________县（区）

2. 您的职业身份是：（　）

A. 公务员　　B. 事业单位职员　　C. 企业职工　　D. 学生

E. 创业人员　　F. 农（牧）民　　H. 其他

3. 您的文化程度是：（　）

A. 初中级以下　　B. 高中　　C. 大学

D. 研究生　　E. 其他

4. 您的民族是：________族

二　主要内容

5. 您对创业创新平台建设的政策措施是否了解？（　）

A. 完全了解　　B. 部分了解　　C. 不了解

6. 您所在地区（行业、部门、单位）是否建立了创业政策集中发布平台？（　）

A. 已经建立　　B. 尚未建立　　C. 不了解

7. 您参加过下列哪些创业平台主办的活动（可多选）？（　）

A. 公益讲坛　　B. 创业论坛　　C. 创业培训

D. 创业大赛　　E. 创业创新大赛　　F. 创业项目展示推介

G. 其他（请注明）__________　　H. 以上均无

8. 您所在地区（行业、部门、单位）是否建立了中小企业公共服务平台？（　）

A. 已经建立　　B. 尚未建立　　C. 不了解

9. 您认为本地区企业员工内部创业的效果：（　）

A. 成效明显　B. 成效一般　C. 成效较小

D. 没有成效　E. 不了解

10. 您所在地区（行业、部门、单位）是否建立了创业失败者再创业的指导和援助机制？（　）

A. 已经建立　B. 尚未建立　C. 不了解

11. 您是从何种渠道了解就业创业统计数据和信息的（可多选）？（　）

A. 政府网站　B. 人力资源市场　C. 报纸杂志　D. 广播电视

E. 中小企业公共服务平台　F. 其他（请注明）______

12. 您参加过创业创新活动周吗？（　）

A. 参加过多次　B. 参加过，但次数不多

C. 从未参加过　D. 不清楚

13. 您对青海省落实创业创新公共平台建设政策措施的情况满意吗？（　）

A. 很满意　B. 满意　C. 比较满意

D. 不太满意　E. 很不满意　F. 不了解

14. 您所在地区（行业、部门、单位）的科研基础设施、大型科研仪器和专利资源信息向全社会开放吗？（　）

A. 全部开放　B. 部分开放　C. 不开放　D. 不了解

15. 请评价您所在地区的企业开展面向创业者的社会化服务（如 3D 打印、网络制造等）状况：（　）

A. 做得很好　B. 做得较好　C. 做得一般

D. 做得较差　E. 做得很差　F. 不了解

16. 请评价您所在地区的企业建立专业化、市场化技术转移平台的状况：（　）

A. 数量、质量俱佳　B. 有一定数量，但质量较差

C. 既无数量，也无质量　D. 不了解

17. 您对青海省落实创业创新技术平台建设政策措施的情况如何评价？（　）

A. 好　B. 较好　C. 一般

D. 较差　E. 差　F. 不了解

18. 您对小微企业创业创新基地城市示范工作了解吗？（　）

A. 非常了解　B. 比较了解　C. 了解不多　D. 不了解

19. 您是否享受过为创业者提供的低成本办公场所和居住条件？（　）

A. 全部享受过　B. 只享受过其中之一

C. 均未享受　D. 不了解

20. 您对青海省落实创业创新区域平台建设政策措施的效果：（　）

A. 很满意　B. 满意　C. 比较满意

D. 不太满意　E. 很不满意　F. 不了解

21. 您认为创业创新平台建设还有哪些需要改进的地方？

青海省大众创业万众创新调查问卷（6-A-1）

一　基本信息

1. 您所在的地区是？请写明：______州（市）______县（区）

2. 您的职业身份是？（　）

A. 公务员　B. 事业单位人员　C. 大学生　D. 企业员工

E. 农牧民　F. 创业人员　G. 其他

3. 您的学历是？（　）

A. 初中　B. 高中　C. 大学　D. 研究生

4. 您的民族是？请写明______

二　主要内容

5. 您认为青海省是否落实了国家鼓励各类人员创业政策？（　）

A. 落实了　B. 部分落实了　C. 未落实　D. 不了解

6. 您对国家鼓励各类人员创业的政策措施是否了解？（　）

A. 完全了解　B. 部分了解　C. 不了解

7. 您认为青海省落实国家鼓励各类人员创业政策的效果如何？（　）

A. 很好　B. 较好　C. 一般

D. 较差　E. 不了解

8. 您对国家允许和鼓励高校、科研院所、技术推广单位和国有企业等企事业单位科技人员经批准后到众创空间离岗或兼职创业的政策是否了解？（　）

A. 完全了解　B. 部分了解　C. 不了解

9. 您认为青海省是否落实了国家允许和鼓励高校、科研院所、技术推广单位和国有企业等企事业单位科技人员经批准后到众创空间离岗创业或兼职创业的政策？(　)

A. 落实了　　B. 部分落实了　　C. 未落实　　D. 不了解

10. 您认为青海省落实国家允许和鼓励科研人员离岗或兼职创业的效果如何？(　)

A. 很好　　B. 较好　　C. 一般

D. 较差　　E. 不了解

11. 您所在地区（行业、部门、单位）是否制定了“在 3 年内保留人事关系，并与其他在岗人员同等享有参加职称评聘、岗位等级晋升和社会保险等方面的权利”的离岗创业政策？(　)

A. 已经制定　B. 正在制定　　C. 尚未制定　D. 不了解

12. 您所在地区（行业、部门、单位）是否制定了“高校、在青科研院所科技人员在完成本单位布置的各项工作任务前提下在职到众创空间等创业平台创业，其收入归个人所有”的兼职创业政策？

A. 已经制定　B. 正在制定　　C. 尚未制定　D. 不了解

13. 您对国家出台的科研人员创业创新的激励制度是否了解？(　)

A. 完全了解　B. 部分了解　　C. 不了解

14. 您认为青海省是否落实了国家的科研人员创业创新激励制度？(　)

A. 落实了　　B. 部分落实了　　C. 未落实　　D. 不了解

15. 您所在地区（行业、部门、单位）是否制定了“科技人员以知识产权和科技成果作价入股到众创空间等创业平台创办企业，其占股比例不设上限，由各方共同商定，属职务创造发明的，相关个人可以个人名义持有一定股权”的创业创新激励制度？

A. 已经制定　B. 正在制定　　C. 尚未制定　D. 不了解

16. 根据您所在单位的规定，如果您的研究团队研发的成果转化成功并获得巨大收益，科研团队可以分得收益的比例大约是：

（请选 0 ~ 100 之间的整数）(　　)%

17. 您认为青海省落实国家的科研人员创业创新激励制度的效果如何？(　)

A. 很好　　　B. 较好　　　C. 一般

D. 较差　　　E. 不了解

18. 您认为青海省是否落实了国家关于大学生休学创业的政策？(　　)

A. 落实了　　B. 部分落实了　　C. 未落实　　D. 不了解

19. 您所在单位（行业、部门）是否将科研人员创业创新政策与激励制度纳入目标责任考核评价范围？(　　)

A. 已全部纳入　B. 只考核不评估　C. 只评估不考核

D. 均未纳入　　E. 不了解

20. 您认为科研人员创业创新政策存在哪些问题，有什么意见与建议：

（1）问题：

（2）意见与建议：

21. 您认为科研人员创业创新激励制度存在哪些问题，有什么意见与建议：

（1）问题：

（2）意见与建议：

青海省大众创业万众创新调查问卷（6－A－2）

一 基本信息

1. 您所在的地区是？请写明：______州（市）______县（区）

2. 您的民族是？请写明______

3. 您的年龄段是（　）

A. 22 周岁以下　　B. 22～39 周岁

C. 40～49 周岁　　D. 50 周岁及以上

4. 您的最高学历是（　）

A. 博士研究生　B. 硕士研究生　C. 大学本科

D. 大专　E. 高中/中专/技校　F. 其他

5. 您所在单位的机构类型属于（　）

A. 科研院所　B. 高等院校　C. 普通中学

D. 中专、技校、职业中学　E. 医疗卫生机构

F. 技术推广与服务组织　G. 科普场馆

H. 大型企业　I. 中小企业　J. 园区管委会　K. 其他

6. 您所在单位的性质属于（　）

A. 事业单位　B. 国有（或国有控股）企业

C. 集体企业　D. 私营/民营企业

E. 外资企业　F. 港澳台资企业

G. 社会团体　H. 政府部门

I. 其他

7. 您的职业身份是（　）

A. 工程师/工程技术人员　　B. 医生/医务工作者
C. 科研人员　　D. 大学教师
E. 中专/中学教师　　F. 技术推广人员
G. 科研辅助/教学辅助人员　　H. 科技管理人员
I. 科技服务人员　　J. 其他

二　主要内容

8. 您对国家允许和鼓励高校、科研院所、技术推广单位和国有企业等企事业单位科技人员经批准后到众创空间离岗或兼职创业的政策是否了解？（　）

A. 完全了解　B. 部分了解　C. 了解不多　D. 不了解

9. 您认为青海省是否落实了国家鼓励科研人员创业政策？（　）

A. 完全落实了　B. 部分落实了　C. 未落实　D. 不了解

10. 您对青海省鼓励科研人员创业创新政策是否满意？（　）

A. 满意　B. 比较满意　C. 不满意　D. 不了解

11. 您所在地区（行业、部门、单位）有没有出台专业技术人员离岗创业或兼职创业政策？（　）

A. 有　B. 没有　C. 不了解

12. 如果您所在地区（行业、部门、单位）出台离岗创业的政策，您对创业的态度是？（　）

A. 愿意创业　B. 可能会　C. 观望
D. 不会　E. 不清楚

13. 为鼓励科研人员创业，国家出台了“在3年内保留人事关系，并与其他在岗人员同等享有参加职称评聘、岗位等级晋升和社会保险等方面的权利”的离岗创业政策，您所在单位是否允许离岗创业？（　）

A. 允许　B. 不允许　C. 不清楚

14. 如果您离岗创业，您最大的担心是（可多选）？（　）

A. 岗位没有了　B. 待遇降低了
C. 社会地位降低了　D. 影响职务、职称晋升

E. 被认为对单位不忠诚　　　　F. 被朋友或家人等认为不务正业

G. 创业失败后回原单位很没面子　H. 创业风险

I. 其他（请注明）

15. 您所在地区（行业、部门、单位）是否制定了“科技人员以知识产权和科技成果作价入股到众创空间等创业平台创办企业，其占股比例不设上限，由各方共同商定，属职务创造发明的，相关个人可以个人名义持有一定股权”的创业创新激励制度？（　）

A. 已经制定　B. 正在制定　C. 尚未制定　D. 不了解

16. 根据您所在单位的规定，如果您的研究团队研发的成果转化成功并获得巨大收益，科研团队可以分得收益的比例大约是：

（请选 0 ~ 100 之间的整数）（　　）%

17. 您认为科研人员创业创新政策存在哪些问题，有什么意见与建议：

（1）问题：

（2）意见与建议：

18. 您认为科研人员创业创新激励制度存在哪些问题，有什么意见与建议：

（1）问题：

（2）意见与建议：

青海省大众创业万众创新调查问卷（6-B-1）

一　基本信息

1. 您所在的地区是？请写明：______州（市）______县（区）

2. 您的性别（　）　A. 男　　B. 女

3. 您的民族______

4. 您的学校______

5. 您的所学专业属以下哪一类？

   A. 经管类　　B. 机械类　　C. 建工类　　D. 艺术类

   E. 化工、医药类　　F. 信息、软件类

   G. 文法类　　H. 其他（请注明）______

6. 您的年级是（　）

   A. 大一　　B. 大二　　C. 大三　　D. 大四

   E. 硕士生或博士生　　F. 已毕业、在职人员

   G. 已毕业、自主创业　　H. 休学创业

7. 您来自（　）

   A. 农村　　B. 城镇　　C. 中小城市　　D. 大城市

8. 您家庭的人均月收入（　）

   A. 1000 元以下　　B. 1000 元～2000 元

   C. 2000～5000 元　　D. 5000～10000 元

   E. 1 万元及以上

二　主要内容

9. 您了解国家、青海省政府出台的大学生自主创业优惠政策吗？（　）

A. 经常关注，很了解　　　　B. 偶尔关注，比较清楚

C. 不关注，了解一点　　　　D. 没听过，一点都不知道

10. 您是否关注国家出台的扶持大学生自主创业方面的相关政策和法规？（　）

A. 经常关注，时时留意　　　　B. 偶尔关注，比较了解

C. 不关注，但知道一点

11. 您是通过什么途径了解到大学生自主创业优惠政策？（　）

A. 政府宣传　B. 学校宣传　C. 相关社团、组织

D. 老师、同学　E. 亲戚朋友　F. 网络

G. 报纸杂志

12. 您怎样看待大学生的创业创新政策？（　）

A. 积极支持，对社会有积极的影响

B. 反对，没有起到效果

C. 不容易实现，风险大，缺乏经验、资金

D. 反对，主要任务应是学习，应选择一份稳定的职业扎稳根基

E. 不关注，每个人都有自己的生活追求

F. 其他（请注明）______

13. 您知道的青海省大学生自主创业优惠政策有哪些（多选题）？（　）

A. 注册手续便捷　　　　B. 相关税费减免

C. 金融贷款　　　　D. 人事档案管理

E. 在校大学生休学创业

14. 您认为青海省是否落实了国家关于大学生休学创业的政策？（　）

A. 落实了　B. 部分落实了　C. 未落实　D. 不了解

15. 您知道您所在大学有举行关于大学生自主创业的培训吗？（　）

A. 知道但没参加过　　　　B. 知道而且参加过

C. 不知道

16. 您对大学生创业引领计划是否了解？（　）

A. 完全了解　　　　B. 部分了解

C. 听说过但不了解　　　　D. 没听过

17. 在国家大学生创新引领计划的激励下，您个人是否有过创业的想法？（　）

A. 不想创业　　B. 有创业意愿，还没有着手准备

C. 有初步的创业规划　　D. 已经开始创业

18. 您认为政府相关扶持政策对大学生创业是否重要？（　）

A. 非常重要　B. 比较重要　C. 不重要　D. 不知道

19. 您对目前大学生创业的保障机制（包括政府扶持政策、创业教育培训、金融支持、社会环境等综合因素）是否满意？（　）

A. 非常满意　B. 比较满意　C. 一般　D. 不满意

20. 您对大学生创业服务体系是否了解？（　）

A. 完全了解　B. 部分了解　C. 听说过但不了解　D. 没听过

21. 您所在大学是否出台了弹性学制管理办法？（　）

A. 出台了　B. 没出台　C. 不清楚

22. 您对青海省出台的大学生自主创业政策是否满意？（　）

A. 满意　B. 比较满意　C. 不满意　D. 不了解

23. 您参加过创业创新知识的讲座或培训吗？有多少次？（　）

A. 从来没有　B. 1 ~ 2 次　C. 3 ~ 5 次　D. 5 次以上

24. 您所参加的活动类型是（可多选）：（　）

A. 讲授讲座　　B. 创业成功人士报告

C. 实际技能培训　　D. 其他（请注明）______

25. 您认为这些讲座或培训对您是否有帮助？（　）

A. 帮助很大　B. 有些帮助　C. 帮助不大　D. 没帮助

26. 如果您所在大学开设创业创新培训课程，您希望内容更注重哪些方面（可多选）？（　）

A. 创业政策宣传　　B. 创业创新知识

C. 市场营销　　D. 财务税收

E. 个性化辅导　　F. 人际交流与沟通技巧

G. 与自己创业方向相同的实际活动　H. 其他（请注明）______

27. 在您看来，青海省的大学生自主创业优惠政策起到什么样的作用？（　）

A. 起到很显著、极其重要的作用　B. 作用有限

C. 作用因人而异D. 没作用　　E. 不了解

28. 您认为，青海省大学生自主创业优惠政策对大学生创业支持不大的原因主要是（可多选）？（ ）

A. 政策宣传力度不足，大家对其不了解

B. 政策不给力，支持力度不大，范围不广

C. 申请门槛高，求助无门

29. 您希望学校为大学生创业提供哪些支持和平台呢？（ ）

A. 场地　B. 硬性措施　C. 专家指导

D. 创业教育　E. 创业服务体系　F. 其他

30. 您对青海省出台的大学生创业引领计划是否满意？（ ）

A. 满意　B. 比较满意　C. 不满意　D. 不了解

31. 您对青海省建立的大学生创业服务体系是否满意？（ ）

A. 满意　B. 比较满意　C. 不满意　D. 不了解

32. 您对学校出台的大学生休学创业弹性学制管理办法是否满意？（ ）

A. 满意　B. 比较满意　C. 不满意　D. 不了解

33. 您所在地区（学校）是否优先落实了高校毕业生在众创空间创办小微企业的场租、水电及其他创业补贴政策？（ ）

A. 完全落实　B. 部分落实　C. 尚未落实　D. 不了解

34. 您认为青海省在落实大学生创业创新政策方面存在哪些突出问题（可多选）？（ ）

A. 地方政府重视程度不够

B. 地方政府政策设计可行性不强

C. 财政资金支持力度不够

D. 本学校或有关部门重视程度不够

E. 相关单位没有出台推动政策落实的配套措施

G. 大学生对政策响应不积极

H. 分管部门太多，尚未形成合力

35. 您认为大学生休学创业创新政策存在哪些问题，有什么意见与建议：

（1）问题：

（2）意见与建议：

青海省大众创业万众创新调查问卷（7－A）

一　基本信息

1. 您所在地区是：________州（市）________县（区）

2. 您的职业身份是：(　)

   A. 公务员　B. 事业单位职员　C. 企业职工　D. 学生

   E. 创业人员　F. 农（牧）民　H. 其他

3. 您的文化程度是：(　)

   A. 初中级以下　B. 高中　C. 大学

   D. 研究生　E. 其他

4. 您的民族是：________族

二　主要内容

5. 下列促进城乡就业创业的政策措施中，您比较熟悉的是（可多选）：(　)

   A. 国务院《关于大力推进大众创业万众创新若干政策措施的意见》

   B. 国务院《关于进一步做好新形势下就业创业工作的意见》

   C. 青海省人民政府《关于进一步做好新形势下就业创业工作的实施意见》

   D. 青海省人民政府办公厅《关于做好农民工等人员返乡创业工作的实施意见》

   E. 以上均不熟悉

6. 您认为目前青海省农村电子商务发展处于：(　)

A. 空白阶段　B. 初级阶段　C. 中级阶段

D. 高级阶段　E. 不了解

7. 您对青海省实施农村电子商务政策措施的成效如何评价？（　）

A. 成效明显　B. 成效一般　C. 成效较小

D. 没有成效　E. 不了解

8. 您所在地区有无面向基层的“集办公服务、投融资支持、创业辅导．渠道开拓于一体”的市场化网商创业平台：（　）

A. 有　B. 无　C. 不了解

9. 您所在地区农村互联网创业的状况是：（　）

A. 政策尚未落地，没有效果

B. 政策刚刚落地，效果不明显

C. 政策已落地，效果较明显

D. 不了解

10. 请对您所在地区城乡基层创业人员依托电子商务第三方交易平台开展创业的情况作出评价：（　）

A. 效果很好　B. 效果较好　C. 效果一般

D. 效果较差　E. 效果很差　F. 不了解

11. 您所在地区农村（牧区）劳动力转移就业的组织化程度：（　）

A. 很高　B. 较高　C. 一般

D. 较低　E. 很低　F. 不了解

12. 您所在地区返乡农民工创业的平台主要有（可多选）：（　）

A. 专业合作社　B. 家庭农场

C. 农民工返乡创业园　D. 特色专业市场

E. 网商平台　F. 其他（请注明）______

G. 不了解

13. 您所在地区是否实施了农村青年创业富民行动？（　）

A. 实施了　B. 未实施　C. 不了解

14. 请您对青海省落实农牧区劳动者就业创业政策措施的情况作出评价：（　）

A. 好　　B. 较好　　C. 一般

D. 较差　　E. 差　　F. 不了解

15. 您所在地区是否已将返乡创业人员纳入当地社保、住房、教育、医疗等公共服务体系？（　）

A. 全部纳入　　B. 部分纳入　　C. 未纳入　　D. 不了解

16. 您所在地区是否已将城乡基层就业创业人员纳入当地职业技能培训体系？（　）

A. 全部纳入　　B. 部分纳入　　C. 未纳入　　D. 不了解

17. 您认为青海省落实返乡创业政策措施的力度：（　）

A. 很大　　B. 较大　　C. 一般

D. 较小　　E. 很小　　F. 不了解

18. 您所在地区的偏远乡村是否有大型物流企业的服务网点？（　）

A. 有　　B. 有些有，有些没有

C. 无　　D. 不了解

19. 请您对青海省落实基层创业支撑服务政策措施的效果作出评价：（　）

A. 好　　B. 较好　　C. 一般

D. 较差　　E. 差　　F. 不了解

青海省大众创业万众创新调查问卷（7-B）

一　基本信息

1. 您所在地区是：________州（市）________县（区）

2. 您的职业身份是：（　）

   A. 公务员　B. 事业单位职员　C. 企业职工　D. 学生

   E. 创业人员　F. 农（牧）民　H. 其他

3. 您的文化程度是：（　）

   A. 初中级以下　B. 高中　C. 大学

   D. 研究生　E. 其他

4. 您的民族是：________族

二　主要内容

5. 您对促进城乡就业创业的政策措施是否了解？（　）

   A. 完全了解　B. 部分了解　C. 不了解

6. 您觉得在青海农村做电商容易吗？（　）

   A. 很容易　B. 比较容易　C. 不太容易

   D. 很不容易　E. 不了解

7. 您所在地区（县、市、区）有无针对农牧民的互联网创业平台：（　）

   A. 有　B. 无　C. 不了解

8. 您所在地区农村从事互联网创业的情况是：（　）

   A. 做的人较多，成功的也较多

   B. 做的人较多，但成功的较少

C. 做的人较少，有成功也有失败

D. 没人做　　　E. 不了解

9. 您或者您熟悉的人在电子商务第三方交易平台（如 B2B）做过交易吗？（　）

A. 做过交易　　　B. 听说过，但未做过交易

C. 从未听说过，不了解

10. 您对青海省促进农村电子商务发展的政策措施满意吗？（　）

A. 满意　　　B. 比较满意　　　C. 不太满意

D. 很不满意　　　E. 不了解

11. 您所在地区农村（牧区）富余劳动力是怎么出去打工的（可多选）：（　）

A. 政府组织外出　　　B. 劳务经纪人介绍

C. 亲朋好友带出去　　　D. 职业介绍所介绍

E. 个人外出寻找　　　F. 其他（请注明）______

G. 不了解

12. 您所在地区返乡农民工创业的平台主要有（可多选）：（　）

A. 专业合作社　　　B. 家庭农场

C. 农民工返乡创业园　　　D. 特色专业市场

E. 电商平台　　　F. 其他（请注明）______

G. 不了解

13. 您所在地区农村青年创业的主要途径是（可多选）：（　）

A. 农畜产品加工　　　B. 休闲农牧业

C. 乡村旅游　　　D. 农村牧区服务业

E. 其他（请注明）______　　　F. 不了解

14. 您对青海省落实农牧区劳动者就业创业政策措施的评价是：（　）

A. 好　　　B. 较好　　　C. 一般

D. 较差　　　E. 差　　　F. 不了解

15. 您觉得返乡创业人员在家乡办理社保等方面的转移接续手续方便吗？（　）

A. 方便　　B. 有些方便，有些不方便

C. 不方便　　D. 不了解

16. 您所在地区是否已将城乡基层就业创业人员纳入当地职业技能培训体系？(　)

A. 已全部纳入　B. 部分纳入　C. 未纳入　D. 不了解

17. 您所在地区的偏远乡村有无快递公司的服务网点？(　)

A. 有　B. 有些地方有，有些地方没有

C. 无　D. 不了解

18. 您对青海省支持基层创业的服务措施是否满意？(　)

A. 满意　B. 比较满意　C. 不太满意

D. 很不满意　E. 不了解

19. 您最希望政府在促进城乡基层就业创业方面还能做些什么？

青海省大众创业万众创新调查问卷（8-A）

一　基本信息

1. 您所在的地区是？请写明：______州（市）______县（区）

2. 您的职业身份是？（　）

   A. 公务员　B. 事业单位人员　C. 大学生　D. 企业员工
   E. 农牧民　F. 创业人员　G. 其他

3. 您的学历是？（　）

   A. 初中　B. 高中　C. 大学
   D. 研究生　E. 其它

4. 您的民族是？请写明______

二　主要内容

5. 您所在的地区（行业、部门、单位）在组织领导创业创新工作上是否重视？（　）

   A. 非常重视　B. 比较重视　C. 不够重视
   D. 不重视　E. 不了解

6. 您所在地区在推进创业创新工作时，是否建立了联席会议制度？（　）

   A. 建立了　B. 虽然建立了但作用不明显
   C. 未建立　D. 不了解

7. 您所在地区创业创新氛围是否浓厚？（　）

   A. 很浓厚　B. 比较浓厚　C. 不浓厚　D. 不了解

8. 您所在地区是否建立了创业创新政策协调联动机制？（　）

A. 建立了　　B. 虽然建立了但效果不明显

C. 未建立　　D. 不了解

9. 您所在地区是否建立了创业创新政策协调审查制度？（　）

A. 建立了　　B. 虽然建立了但效果不明显

C. 未建立　　D. 不了解

10. 您所在地区是否建立了创业创新政策落实情况督察督导机制？（　）

A. 建立了　　B. 虽然建立了但效果不明显

C. 未建立　　D. 不了解

11. 您所在地区是否建立了创业创新政策执行评估体系？（　）

A. 建立了　　B. 虽然建立了但效果不明显

C. 未建立　　D. 不了解

12. 您所在地区是否建立了创业创新工作通报制度？（　）

A. 建立了　　B. 虽然建立了但效果不明显

C. 未建立　　D. 不了解

后　记

大众创业万众创新是新时代的必然选择，是推动经济社会持续健康发展的动力之源。党的十八届三中全会提出全面深化改革的重大要求，实施创业创新改革是其重要体现，是贯彻落实党中央、国务院战略部署的内在要求。

2017年，为客观、全面、准确地认识青海省创业创新工作，梳理青海省对中央各项创业创新政策的贯彻落实情况，总结青海省创业创新中形成的切实可行的主要做法与成功经验，进一步扎实推进青海省创业创新工作，青海省委全面深化改革领导小组办公室委托青海省社会科学院对全省大众创业万众创新改革工作进行全面评估。青海省社会科学院接受这一任务后，院党组高度重视，专门组建了由孙发平副院长、研究员任组长的课题组，对全省大众创业万众创新改革工作进行了全方位的调查。因此，本书可以说是在完成评估工作基础上通过集体合著完成的关于青海省大众创业万众创新改革工作的一本调研报告。

课题组的调查研究工作历时9个月，主要分三个阶段进行。

第一阶段：学习文件，掌握政策，制作问卷。课题组以国务院《关于大力推进大众创业万众创新若干政策措施的意见》为主要依据，将十八届三中全会以来全省大众创业万众创新改革工作，具体细化为八个部分。在此基础上，按照八个部分多次研究讨论修改，制作了18套问卷调查表。

第二阶段：实地调查走访，掌握第一手资料。课题组先后赴青海省西宁市、城北区、城西区、大通县；海东市、平安区、化隆县；海南州、共和县、贵德县；黄南州、同仁县；海西州、德令哈市、格尔木市；海北州、海晏县等地进行了大量的实地调查。调研过程中，课题组会同当地政府、发改、科技、人社、就业、农牧、教育、统计、财政、金融、国税、团委、妇联、残联、工会、行政服务中心和创业园区等部门召开座谈会，实地考察各市（州）县（区）重点创业创新企业、创业孵化基地、众创空间等单位，收集大量基础性数据资料。同时，向开展“双创”工作的政府部门、创业创新企业和有关群众发放调查问卷，共发放各类问卷调查表3500份、收回问卷3400份，其中有效问卷3380份，有效率为96.6%。课题组还对政府工作人员、科技型企业代表、返乡创业人员、大学生、科研人员等参与“双创”主体进行了访谈，征求不同层面社会群体对大众创业万众创新工作的看法、意见和建议，为撰写书稿提供了大量素材。

第三阶段：撰写文稿，集体讨论，修改完善。在深入调查的基础上，课题组各成员分工撰写调查报告。形成初稿后，在征求相关单位意见建议的基础上，集体讨论10余次，最终形成了呈献给读者的这部著作。

本书作为集体成果，各位作者分别承担了撰稿任务：孙发平主要负责确定研究思路、提纲设计、内容安排、重大观点、主要结论和体例格式，承担了第一章、第十一章的部分内容，并对书稿进行全面修改完善，形成最终定稿。张立群主要撰写了第三章、第四章、第十章以及第十一章的部分内容；高永宏主要撰写了第六章、第七章、第八章、第九章以及第十一章的部分内容；崔耀鹏主要撰写了第一章、第二章、第五章以及第十一章的部分内容；郭斌参与了第八章部分内容的写作，并组织实施了所有调查问卷的发放、回收、整理、录入和分析工作。

在课题调查和研究过程中，青海省委全面深化改革领导小组办公室的王长安和吕先华副主任、马福成处长和李艳副处长作为本课题的顾问，为课题研究给予了大力支持和指导，为顺利开展实地调查做了许多协助和协调工作，该成果能够顺利完成并出版，与他们的鼓励和关心密不可分，在此，我们表示诚挚的感谢。

在调研过程中，我们还得到了青海省有关市州县各级党委改革办、地方政府以及发改、科技、人社、就业、农牧、教育、统计、财政、金融、国税、团委、妇联、残联、工会、行政服务中心、创业园区、创业孵化基地、众创空间和相关企业等单位与领导的大力配合和帮助，在此一并表示衷心的感谢。

大众创业万众创新改革工作内容广泛，涉及面广，不仅涵盖了政府、市场主体和人民群众各个层面，而且直接关联政府各个层级，是一项复杂的系统工程。我们目前的研究只是在这一领域迈出的第一步，还存在许多不足和问题，诸多问题需要进一步探索和研究，希望政府有关部门、创业创新者以及广大读者给予赐教和指正。

作　者

2019 年 1 月

图书在版编目（CIP）数据

大众创业万众创新实践与探索：以青海为例／孙发平等著．--北京：社会科学文献出版社，2019.5
ISBN 978-7-5201-4571-8

Ⅰ.①大… Ⅱ.①孙… Ⅲ.①创业-研究-青海
Ⅳ.①F279.274.4

中国版本图书馆CIP数据核字（2019）第054698号

大众创业万众创新实践与探索
——以青海为例

著　　者／孙发平　张立群　高永宏　崔耀鹏　郭　斌

出 版 人／谢寿光
责任编辑／陈　颖
文稿编辑／韩欣楠

出　　版／社会科学文献出版社·皮书出版分社（010）59367127
地址：北京市北三环中路甲29号院华龙大厦　邮编：100029
网址：www.ssap.com.cn
发　　行／市场营销中心（010）59367081　59367083
印　　装／三河市龙林印务有限公司

规　　格／开　本：787mm×1092mm　1/16
印　张：22　字　数：345千字
版　　次／2019年5月第1版　2019年5月第1次印刷
书　　号／ISBN 978-7-5201-4571-8
定　　价／88.00元